Manfred Hellmann

»Es geht kein Mensch über die Erde, den Gott nicht liebt«

Friedrich von Bodelschwingh d. Ä.

F. v. Bodelschwingh

Manfred Hellmann

»Es geht kein Mensch über die Erde, den Gott nicht liebt«

Friedrich von Bodelschwingh d. Ä.

R. BROCKHAUS VERLAG WUPPERTAL UND ZÜRICH

Umschlaggestaltung: Carsten Buschke, Solingen
Umschlag-Fond: Westlight – Mauritius, Mittenwald
Umschlagfoto: Werner Krüper, Bielefeld
Satz: OLD-Satz digital, Oetjendorf
Druck: gorenjski tisk, Slowenien
ISBN 3-417-24130-8

INHALT

1. »Sein in dieser Welt, wie Jesus in der Welt war«

Elternhaus – Kindheit – Jugend

Am Sonntag, dem 6. März 1831, nahm Charlotte von Bodelschwingh einen Predigtband des schwäbischen Erweckungspredigers Ludwig Hofacker zur Hand. Da sie die Geburt ihres sechsten Kindes erwartete, konnte sie ihren Mann, den Landrat Ernst von Bodelschwingh, nicht beim sonntäglichen Kirchgang begleiten. So las sie Hofackers Predigt über Lukas 2,41-52.[1] Es war die Geschichte vom zwölfjährigen Jesus im Tempel. Bei Hofacker stand der Satz, der für dieses Kind der Bodelschwinghs zu einem Leitsatz wurde: »Sein in dieser Welt, wie Jesus in der Welt war, heißt mit anderen Worten, ein Mensch sein, in dem das Bild Christi widerstrahlt ...« Charlotte sah es als eine Verheißung für jenes Kind, von dem sie wenige Stunden später entbunden wurde und das am 8. April auf die Namen Friedrich Christian Carl getauft wurde.

Haus Mark

Charlotte von Bodelschwingh, eine geborene von Diest, war bereits Vollwaise, als sie 1822 den ein Jahr jüngeren Ernst von Bodelschwingh heiratete, sehr zum Mißfallen ihrer Schwiegermutter Friederike, die sich für ihren Sohn, der ja immerhin aus dem westfälischen

Uradel stammte, eine Tochter des Freiherrn vom Stein gewünscht hatte.

Das Geschlecht der Bodelschwinghs kann bis in das Jahr 1272 zurückverfolgt werden, als Wasmodus de Budelsvinge zinspflichtiger Bauer und Schöffe in Hukarde, nordwestlich der freien Reichsstadt Dortmund, war. Dort befindet sich der Stammsitz der Bodelschwinghs, jene Wasserburg Bodelschwingh, die heute einem Dortmunder Stadtteil seinen Namen gibt. Die Ahnenreihe der Familie teilte sich später in die Dortmunder und in die Velmeder Linie.

Aus dem Haus Bodelschwingh-Plettenberg in Velmede stammte Ernst von Bodelschwingh, der Vater von Friedrich. Er hatte nach seiner Schulzeit die Nassauische Forstakademie in Dillenburg absolviert, sich dann aber im Herbst 1812 in der Berliner Universität eingeschrieben, um Jurisprudenz zu studieren. Als König Friedrich Wilhelm III. im Frühjahr 1813 seinen Aufruf zum Kampf gegen Napoleon, »An mein Volk«, erließ, folgte ihm auch Ernst von Bodelschwingh und trug sich unter dem falschen Namen »von Bode« in die Liste der freiwilligen Jäger ein, um seine Eltern in dem von Napoleons Bruder Jérome (König Lustig) regierten Westfalen nicht zu gefährden. Der Achtzehnjährige kämpfte in den Schlachten von Groß-Görschen und Bautzen, war an der Katzbach und in der Völkerschlacht bei Leipzig dabei und wurde mit dem Eisernen Kreuz I. und II. Klasse ausgezeichnet. Bei der Verfolgung der flüchtenden französischen Armee erhielt er am 21. Oktober 1813 einen lebensgefährlichen Lungendurchschuß. Da er nicht transportfähig war, lag er wochenlang, mehr tot als lebendig, im Hause des Stadtschreibers von Lauchstedt. Hier fand ihn dann im Februar 1814 seine Mutter.

Nachdem Napoleon nach Elba verbannt war, war Ernst von Bodelschwinghs Wunde verheilt, und er nahm sein juristisches Studium wieder auf. Als aber Napoleon 1815 von seinem Verbannungsort nach Frankreich zurückgekehrt war, meldete sich Oberleutnant von Bodelschwingh, diesmal unter seinem richtigen Namen, bei der Truppe, sehr zum Kummer und gegen den Willen seiner Eltern. Am Tage, als er sich von Unna aus mit der Postkutsche auf den Weg machte, kam es zu einer schicksalhaften Begegnung: Er leistete zwei jungen Damen Hilfe, die mit ihrer Kutsche einen Unfall erlitten hatten: den Schwestern Henriette und Charlotte von Diest.

Nach Abschluß seines Studiums kam der junge Referendar in die neue westfälische Provinzialhauptstadt Münster. Seine Ausbildung führte ihn dort erst in die Provinzialregierung und dann ans Land- und Stadtgericht. Entscheidend war für den Referendarius Bodelschwingh,

Die Mutter, Charlotte von Bodelschwingh, geborene von Diest (1793-1869)

Der Vater, Ernst von Bodelschwingh (1794-1854)

daß er im Haus des Oberpräsidenten Ludwig von Vincke, dem volkstümlichen Beamtenschreck, wohnen konnte, zu dem es verwandtschaftliche Bindungen gab. Der Referendar wird beauftragt, die Rückgabe des Gutes Kappenberg an den Freiherrn vom Stein, den Reformer der preußischen Verwaltung und Gegenspieler Napoleons, zu regeln. Dabei kam es natürlich auch zu einer Begegnung mit vom Stein, der Bodelschwingh nicht nur in seinen Familienkreis aufnahm, sondern ihm ein väterlicher Freund wurde. Am 13. Mai 1820 legte Bodelschwingh das Assessorexamen ab, wurde zehn Monate später nach Berlin an das preußische Finanzministerium versetzt und empfahl sich hier für höhere Aufgaben. Bereits im März 1822 erfolgte seine Ernennung zum Landrat in Tecklenburg, und am 27. Juni heiratete er sein »Lottchen«.

Als er zum Landrat ernannt wurde, war er gerade achtundzwanzig Jahre und für eine solche Aufgabe eigentlich viel zu jung, aber die Tecklenburger respektierten ihn. Nach neun Jahren, kurz nach der Taufe seines jüngsten Sohnes Friedrich, wurde er als Oberpräsidialrat an die Bezirksregierung nach Köln versetzt. Aber schon im selben Jahr hieß es für die von Bodelschwinghs erneut umziehen; Köln sollte nur eine Zwischenstation einer steilen Karriere sein. Bereits 1831 wurde er zum Regierungspräsidenten in Trier ernannt und bereits nach drei Jahren zum Oberpräsidenten der Rheinprovinz in Koblenz.

Seine Amtsführung war verbindlich in der Form, aber hart in der Sache. Er vermied Härten, so lange es eben ging. Als der rheinische Justizminister von Kamptz willkürliche Eingriffe in das Rechtswesen machte, erwirkte Bodelschwingh beim König die Entlassung des Ministers. Eine andere heikle Aufgabe erwartete ihn im Kölner Bischofsstreit, bei dem er 1837 die Verhaftung des Kölner Erzbischofs August Freiherr Droste zu Vischering anordnete. Die Ernennung Vischerings, der zuvor Weihbischof in Münster gewesen war, hatte sich als ein kirchenpolitischer Mißgriff entpuppt, an dem der preußische Kronprinz, der spätere König Friedrich Wilhelm IV., nicht unschuldig war. Bodelschwingh mußte die Sache für »seinen« König ausfechten. Die Loyalität zu einem schwachen König bestimmte und begleitete fortan Ernst von Bodelschwinghs Bilderbuch-Karriere.

Auf der anderen Seite engagierte er sich für die Diakonie. Bereits als Tecklenburger Landrat hatte er sich für die Arbeit von Amalie Sieveking in der Armen- und Krankenpflege interessiert. Während seiner rheinischen Tätigkeit lernte er Theodor Fliedner kennen und schätzen. Fliedner hatte 1833 das Diakonissenmutterhaus Kaiserswerth gegründet. Bodelschwingh unterstützte Fliedners Plan, eine Rheinisch-Westfälische Kirchenzeitung herauszugeben, mit der dieser publizistisch die Übergriffe des Katholizismus abwehren wollte, und er arbeitete auch in der von Fliedner gegründeten Gefängnisfürsorge mit. Aber auch mit Fliedner ging nicht alles »glatt«; der Oberpräsident mußte eingreifen und Fliedner »zurechtsetzen«, als dieser für die Erhaltung der presbyterial-synodalen Leitungsformen der Kirchengemeinden kämpfte und sich somit den Absichten des preußischen Königs Friedrich Wilhelm III. widersetzte.

Für die Bodelschwingh-Kinder war Koblenz ein Paradies – der romantische Rhein, in dem man schwimmen konnte, die Wanderungen, das weitläufige Haus mit seinem großen Obstgarten. Das alles prägte sich dem kleinen Friedrich fest ein.

Friedrichs Kindheit war nicht nur durch den Tod seines zwei Jahre älteren Bruders Ernst überschattet, der 1833 an Skrofulose starb. Wie er litt auch der ältere Bruder Karl an dieser Krankheit.[2] Er konnte nur an Krücken gehen und wurde von Friedrich gepflegt. Trotzdem rettete Karl ihm zweimal das Leben. Einmal, als Friedrich beim Spielen in der Nähe von Haus Heide, einer der Familienbesitzungen bei Kamen, in den Mühlbach stürzte, und ein andermal, als er von einem Kahn ins Wasser fiel.

Auch die vielen Krankenzeiten seines Vaters machten Friedrich für Not und Gebrechen aufmerksam. Infolge seiner Lungenverletzung war der Oberpräsident sehr anfällig für Lungenentzündungen. Die Kugel, die die Brust des Vaters durchbohrt hatte, so erinnerte sich Bodelschwingh 1909, *»war für uns Kinder ein Denkmal der Barmherzigkeit*

König Friedrich Wilhelm IV. (1840-1861)

Gottes gewesen«, sie habe den Auftrag enthalten, *»uns Kinder und das ganze Haus beten zu lehren«.*[3] Der kleine Friedrich hatte auf dem Boden die Uniform des Vaters mit dem Ein- und Ausschuß entdeckt. Durch die Löcher steckte er die Finger *»voller Stolz«*[4], wie er in seinem Alter an den amerikanischen Industriellen Andrew Carnegie schrieb. *»Achtmal hat Gott uns auf das heiße Flehen der Mutter und der Kinder den Vater erhalten. Diese Erfahrung, was gläubiges Gebet vermag, hat uns begleitet durch unser Leben.«*

Wenn der Vater dann genesen war, aber noch nicht seinen Dienst aufgenommen hatte, war das für Friedrich eine wunderbare Zeit. Ernst von Bodelschwingh beschäftigte sich dann mit den Kindern und vermittelte seinem Friedrich die ersten Lese- und Schreibkenntnisse. Der erste Satz, den ihn sein Vater lesen lehrte, hieß: »Mein Kind, Gott ist sehr gut. Er hat dich sehr lieb!«

Standesgemäß wurden die Kinder von Hauslehrern unterrichtet. Da der Vater großen Wert auf die Herkunft und christliche Gesinnung der Erzieher legte, hatte er sich an den Wegbereiter der Inneren Mission in Basel, Christian Heinrich Zeller, gewandt. Der schickte ihm den englischen Missionarssohn Menge, der einer geradezu puritanischen Erziehungsauffassung huldigte. Nach seiner Ansicht schloß die Sonntagsheiligung ein Spielverbot ein. Zwar war auch die Mutter eine äußerst fromme Frau, aber gleichzeitig eine sehr pragmatische. Sie verwandelte das Mengesche Sonntags-Spielverbot: Menge mußte nun am Sonntag den Kindern Geschichten erzählen oder vorlesen. Bildbetrachtungen gehörten ebenfalls zum Programm wie ausgedehnte Spaziergänge. Diese waren ganz im Sinne Ernst von Bodelschwinghs, der in seiner Jugend ein großer Wanderer gewesen war. Er konnte sich rühmen, von Westfalen aus in elf Wochen durch die Schweiz, Oberitalien bis nach Mailand und wieder zurück marschiert zu sein, »ohne ein Rad unter den Füßen gehabt zu haben«. Auf sein Drängen hin machten die Hauslehrer mit den Jungen nicht nur Spaziergänge, sondern marschierten mit ihnen in den Ferien von Koblenz nach Haus Heide. Dabei erlebten die Jungen die Natur und Heimat hautnah.

Menges Nachfolger waren die Theologen Doll und Velten, die nicht ganz so strenge Ansichten wie ihre Vorgänger hatten.

Die Bodelschwingh-Kinder wurden von einem politisch liberalen Vater erzogen, der sich aber einem zum Untergang verurteilten Feudalismus verpflichtet fühlte, obwohl das Bürgertum nach der Französischen Revolution auch in Preußen sein Recht gegenüber dem Adel verlangte. Doch zusätzliche Rechte erhielt es zunächst nur im militärischen Bereich. Jeder hatte das Recht, Soldat zu werden, und wer nicht wehrfähig war, trug einen Makel. Der Gleichheitsgrundsatz, den die Französische Revolution nach Preußen herübergeweht hatte, war allenfalls ein juristischer, kein sozialer.

Berlin, die Märzrevolution – Abitur in Dortmund

1842 wurde Ernst von Bodelschwingh als Finanzminister nach Berlin berufen. Der Umzug war auch für die Kinder mit Umstellungen verbunden. Franz und Friedrich besuchten nun ein Gymnasium. Der elfjährige Friedrich wurde in die Quinta des Joachimsthaler Gymnasiums aufgenommen. Es galt in der preußischen Hauptstadt als vornehmste und beste höhere Lehranstalt. Es war vom Neu-Humanismus geprägt und stellte in den alten Sprachen höchste Anforderungen. Überdies hatte der Direktor August Meineke den Ehrgeiz, sein Gymnasium zu einem zweiten Schulpforta, einer preußischen Elite-Schule, zu machen.

Ernst von Bodelschwingh hatte das Gymnasium jedoch nicht wegen seines elitären Rufes ausgesucht, sondern weil es dem Finanzministerium und damit der Dienstwohnung am nächsten lag. Die alten Sprachen bereiteten Friedrich mehr Sorgen als Freude; beinahe hätte er wegen seiner mangelnden Griechischkenntnisse die Untertertia zweimal durchlaufen müssen.

Zu den Lehrern, die Friedrich prägten, gehörte der Leopold von Ranke-Schüler Wilhelm Giesebrecht, der sich später als Historiker des preußischen Staates Verdienste erwarb. Sein Religionslehrer war Ludwig Wiese, ein Pädagoge von Format. Ein halbes Jahr Religionsunterricht hatte er auch bei Franz Steinmeyer, der damals hauptamtlich Pfarrer der böhmischen Weber-Kolonie bei Potsdam war und später einen Lehrstuhl für Praktische Theologie in Breslau bekam. Aber im übrigen stand der Geist der Schule, insbesondere der Schüler, nicht so recht im Einklang mit der hehren Zielsetzung des Direktors und erst recht nicht mit der des frommen Elternhauses. Dieser Gegensatz stürzte den Schüler Friedrich von Bodelschwingh sehr bald in schwere innere Konflikte.

Sie wurden von seinem Schulfreund Gustav Bossart ausgelöst, der mit seinen religiösen Zweifeln nicht zurückhielt. Diese nagten an Bodelschwinghs Kinderglauben. Später berichtete er, bei einem einsamen Spaziergang im Tiergarten habe ihn der Anblick des gestirnten Himmels zu folgender Überlegung gebracht: *»Es ist für deinen Verstand beides unmöglich, du kannst dir ebensowenig vorstellen, daß* *dieser Raum, in welchem dort die Sterne die Bahnen ziehen, ein Ende hat, als daß er kein Ende hat. Hätte er irgendwo ein Ende, so müßte ich wieder fragen, was ist denn dahinter, und so verliert sich das Endliche hier auch wieder in das Unendliche, und das zu fassen ist meinem Verstand nicht möglich.«*[5] Als Resultat blieb für ihn: *»Es gibt Geheimnisse im Reiche der Natur und vollends im Reiche der Gnade, welche der Verstand nimmer fassen und mit welcher der Glaube allein auskommen kann.«* Diese Erkenntnis machte ihn froh. Mit ihr konnte er nun Bossarts Zweifeln entgegentreten.

Die gegensätzlichen Auffassungen in religiösen Fragen trübte die Tertianer-Freundschaft nicht. Als Bossart einmal zu Unrecht vom Direktor der Beteiligung an einem »gemeinen Streich« bezichtigt wurde, wuchs Friedrich über sich selbst hinaus, lief, als er es erfuhr, aus dem Unterricht, klopfte mit Zittern und Zagen an die Tür des Direktors und heulte, als er im Zimmer stand, heraus: *»Sie haben Gustav Bossart Unrecht getan, er ist kein schlechter Mensch.«* Bodelschwingh erzählt später: *»Der gefürchtete Mann sah mich erstaunt an, ließ mich nähertreten, die Tränen abwischen und fragte mich freundlich nach allem aus. Er glaubte meinem Wort, ließ auch meinen armen Freund rufen, nahm sein Wort zurück, und von da an war unsere Furcht gegen ihn in Achtung und Liebe verwandelt.«*

1844 übernahm Ernst von Bodelschwingh das Kabinettsministerium und 1845 zusätzlich das Innenministerium. Die Familie zog deshalb in die Wilhelmstraße um. Dies bedeutete auch einen Schulwechsel auf das Friedrich-Wilhelm-Gymnasium in der Kochstraße. Auch der Direktor Ferdinand Ranke, ein jüngerer Bruder des Historikers Leopold von Ranke, war ein Absolvent von Schulpforta und beherrschte die alten Sprachen meisterhaft, wie sich das für einen Berliner Gymnasialdirektor der damaligen Zeit gehörte. Jedoch hatten sie bei ihm nicht den Rang wie im Joachimsthaler Gymnasium, und Friedrich konnte sich von Jahr zu Jahr verbessern, bis er in der Unterprima zu den Klassenbesten gehörte.

Auf der neuen Schule hatte er auch neue Freunde. Dazu gehörten Ernst Senfft von Pilsach und Gustav Bayer. Im Sommer wanderten sie zu den märkischen Seen, im Winter wurde auf den Tiergarten-Teichen Schlittschuh gelaufen, und in der Hasenheide wurde allwöchentlich geturnt, denn Direktor Ranke legte Wert auf die körperliche Ertüchtigung seiner Gymnasiasten. Da der Vater nur selten sein Pferd Kora reiten konnte, durften dies die Jungen tun. Besonderes Interesse hatte Bodelschwingh wie Ernst Senfft am Fechten. Er wußte, daß er es in dieser Sportart weit gebracht hatte.

Ernst Senfft von Pilsach

Hin und wieder durfte er seinen Vater auch bei der Jagd begleiten. Die Herren Minister hatten vom König vor den Toren Berlins Jagdreviere bekommen. Aber im Gegensatz zum Fechten machte dies Friedrich keine sonderliche Freude: *»Es ist immer ein Entschluß gewesen, auf ein armes Tier zu schießen, und deshalb habe ich es nicht weit in der Kunst gebracht.«* Nachdem er auf ein Reh geschossen hatte und ihn das sterbende Tier eindringlich anblickte, nahm er nie wieder eine Jagdwaffe in die Hand.

Die Wanderungen führten nicht nur in die nähere Umgebung, sondern bis zum Harz und an die Ostsee nach Heringsdorf, um den dort zur Erholung weilenden kranken Bruder Karl zu besuchen, der inzwischen völlig an den Rollstuhl gefesselt war. Wie sein Vater, erwanderte sich auch Friedrich seine Heimat und Europa.

Im Sommer 1847 machten die drei Bodelschwingh-Brüder Franz, Friedrich und Ernst[6] zusammen mit Ernst und Arnold Senfft eine Wanderung quer durch Deutschland. *»Als wir heimkehrten, waren wir stolz, 87 Burgen bestiegen oder doch wenigstens gesehen und außerdem in sieben deutschen Strömen oder Flüssen gebadet zu haben.«*

Obwohl Ernst von Bodelschwingh der wichtigste Minister des Königs war und somit auch der erste Politiker Preußens, führte er ein außerordentlich zurückgezogenes Leben. Bälle, Empfänge und der gesamte höfische Glanz lagen ihm nicht. Seine Frau ließ sich oft wegen der Krankheit ihres Sohnes Karl entschuldigen, und Minister von Bodelschwingh blieb meistens nur kurze Zeit, bis er seine protokollarischen Pflichten erfüllte hatte und sich, ohne den König zu brüskieren, zurückziehen konnte. Zum täglichen Umgang des Ministers gehörte der einzige noch lebende Bruder seiner Frau, der General Heinrich von Diest, der ein hochgebildeter und geistig lebendiger Mann war und mit dem er sich durch gemeinsame kirchliche Interessen verbunden fühlte. Auch »Tante Jettchen«, die unverheiratete Schwester der Mutter, Charlotte von Bodelschwingh, die für Friedrich »eine liebe, einfältige Seele« war, gehörte zur Hausgemeinschaft der Bodelschwinghs.

Zu den Freunden zählte auch der Vater des Schulfreundes, Ernst Freiherr Senfft von Pilsach. Er war jetzt Geheimer Oberfinanzrat im Ministerium und besonderer Vertrauter von König Friedrich Wilhelm IV., insbesondere in kirchlichen Angelegenheiten.

Friedrich war dazu ausersehen worden, Spielgefährte des gleichaltrigen Prinzen Friedrich-Wilhelm, des späteren 99-Tage-Kaisers Friedrich III., zu werden. So verbrachte Friedrich seine Sonntagnachmittage in der Regel im kronprinzlichen Palais in der Beerenstraße und im Sommer in Potsdam-Babelsberg. Diese Spielgemeinschaft entwickelte sich zu einer Freundschaft, die bis zum Tod hielt. Der Ministersohn erlebte, wie schlicht es am preußischen Königshof zuging. Die Prinzen schliefen auf Strohbetten, und an Sonntagen mußten die Königlichen Hoheiten weitgehend für sich selbst sorgen, damit die Dienstboten nicht nur zur Kirche gehen konnten, sondern auch ihre Sonntagsruhe hatten. Diese Lehren beherzigte der spätere Pastor als Anstaltsleiter in Bethel und »Kurdirektor« von Amrum.

Durch den Umgang mit dem Prinzen gab es für Bodelschwingh viele interessante Begegnungen. Dazu gehörte die Bekanntschaft mit dem Historiker und Archäologen Professor Ernst Curtius, dem Erzieher des Prinzen, und dessen Freund, dem Dichter Emanuel Geibel. Der übte mit der kleinen Gesellschaft Theaterspiele ein. Friedrich lernte dabei auch den späteren deutschen Kaiser Wilhelm I. und Vater des Kronprinzen Prinz Wilhelm sowie dessen Frau Prinzessin Augusta kennen, die als Enkelin Karl-August von Weimars Goethe noch persönlich erlebt hatte. Gelegentlich, wenn Minister Ernst von Bodelschwingh mit nach Potsdam-Babelsberg herauskam, machte Prinzessin Augusta mit ihm Erkundigungsfahrten in die Arbeiterviertel, wobei er die sozialen Verhältnisse mit sehr kritischen Augen sah.

Im Hause des Ministers[7] war auch Johann Hinrich Wichern vom Rauhen Haus in Hamburg ein willkommener Gast. Wichern, der Begründer der »Inneren Mission«, sah in der Diakonie »das Bekenntnis des Glaubens durch die Tat der rettenden Liebe«. Auch Theodor Fliedner aus Kaiserswerth genoß, wenn er in Berlin war, die Gastfreundschaft der Bodelschwinghs, zumal Ernst von Bodelschwingh auch als Finanzminister Fliedners Werk förderte, wo es nur eben ging. Er begleitete seinen König bei einem Besuch in Kaiserswerth, förderte auch das Berliner Diakonissenmutterhaus Bethanien, während Charlotte von Bodelschwingh sich der Kaiserswerther Diakonissen annahm, die in der Berliner Charité ihren Dienst versahen.

Durch diese Beziehungen seines Vaters und durch das Leiden seines Bruders Karl war Friedrich gegenüber der Not und dem Leiden anderer sehr aufmerksam.

In Berlin gab es einen Verein junger Mädchen, der sich der sozialen Not armer Leute annahm. Allerdings durften die Mädchen selbst nicht in die Elendsquartiere. *»Dieses Amt hatte ein trefflicher junger Hauslehrer«*, heißt es bei Bodelschwingh, *»der mich öfter mit auf seinen Kundschafterwagen nahm.«* Hierbei erhielt er tiefe Eindrücke von Hunger, Not und Elend der Armen, *»ganz besonders aber auch von dem unbillig großen Abstand zwischen arm und reich. Ich erinnere mich, daß ich einmal nach einem Diner, das im Finanzministerium stattgefunden hatte, meinem Vater auf einem Spaziergang mein bekümmertes Herz ausschüttete über den bei solchen Mahlzeiten üblichen Überfluß. Der Vater, der nichts weniger als ein Freund des Luxus war, erklärte mir nun mancherlei, wie die überflüssigen Ausgaben der vornehmen Leute doch den Armen Brot und Verdienst verschaffte«*. Der Junge sah dies halbherzig ein, fragte aber dann: *»Das, was die reichen Leute zu ihrem eigenen Schaden zuviel essen und trinken oder sich zu ihrer eigenen Beschwerde zuviel an Kleidung auf den Leib hängen, das könnte doch wohl besser für die Mägen der Hungrigen, für die Stärkung der Kranken und für die Kleidung der Frierenden angewendet werden.«*

Er sah auch den Gegensatz zwischen den vielen großen Zimmern und Sälen, die meist leer standen und nur gelegentlich für festliche Prunkgesellschaften benötigt wurden, und jenen *»jämmerlichen Winkeln«*, die er bei seinen Gängen mit dem jungen Hauslehrer kennengelernt hatte und in denen ganze Familien zusammengepfercht waren. *»Immer blieb mir die jammervolle Lage einer Witwe vor Augen, die mit sieben Kindern in einer noch nicht einmal heizbaren Kammer wohnte und für alle zusammen nur ein einziges Bett hatte, welches nachts durch eine schmale hölzerne Bank ein wenig verbreitert wurde …«*[8]

In Berlin wurde Friedrich nicht nur mit dem sozialen Elend, sondern auch mit dem Tod konfrontiert. Karls Leiden hatte sich von Jahr zu Jahr verschlimmert, bis er völlig gelähmt war. Die Mutter lehnte es ab, sich zur Pflege eine Schwester aus der Charité kommen zu lassen, weil sie damit den Kranken dort eine Pflegekraft entziehen würde. *»Sie übernahm überall die Pflege selbst, ob es nur ein armes Dienstmädchen war oder ein schwindsüchtiger Kandidat der Theologie, den sie im Finanzministerium bis zu seinem Ende gepflegt hatte«*, entsann sich Friedrich.

1845 wurde Bruder Karl von seinem Leiden erlöst, aber ein Jahr später schlug der Tod erneut zu. Sein acht Jahre älterer Bruder Ludwig wurde das Opfer eines Duells. In einem Berliner Bierlokal hatte es Streit gegeben, und ein Referendar namens Jagor, Sohn eines Hoflieferanten, offenbar ein politischer Gegner des Innenministers Bodelschwingh, zwang Ludwig aus nichtigem Anlaß zum Duell. Wie aus einem Abschiedsbrief an seine Eltern und Geschwister hervorging, der nach seinem Tode gefunden wurde, hatte Ludwig sein Ende geahnt. Er betonte in dem Brief seine Unschuld an dem Zweikampf und bat seine Eltern um Vergebung. Eine eindringliche Passage richtete er an seine Geschwister: »Alle beschwöre ich, daß ihnen mein Tod eine ernste Warnung fürs ganze Leben bleiben möge, die Sünde zu fliehen und einen ernsten, Gott wohlgefälligen Wandel zu führen. Ja, seid Ihr alle der Trost meiner armen Eltern, liebet und verehret sie und bedenket, daß Ihr das nie wieder gutmachen könnt, was Ihr an ihnen verschuldet.« Die Geschwister schrieben diese Worte in ihre Bibel, *»um sie nicht zu vergessen«*, hielt Friedrich in seinen Erinnerungen fest.

Die Mutter und Friedrich hatten den Verletzten gepflegt, aber dann stellte sich eine Blutvergiftung ein, gegen die es kein Mittel gab. Am Sterbebett reichte der Hofprediger Snethlage das Abendmahl. Friedrich kam es vor, *»als sei der Himmel ganz nah auf der Erde, wie ich es vorher nie gespürt«*.

Ein Jahr später bekam der Vater wieder eine schwere Lungenentzündung. Der König schickte seinen Leibarzt Dr. Schönlein ans Krankenbett. *»Wir Kinder waren alle in dem Vorzimmer versammelt und die Mutter allein mit dem Arzt, an dem Bette des Vaters. Das ist mir unvergeßlich, wie der Doktor mit ernster Miene heraustrat und uns Kinder mit größter Gewißheit die Ankündigung brachte, daß der Vater höchstens noch eine Viertelstunde leben würde. Während er uns dies mit etwas ärztlicher Selbstüberhebung anzeigte, stand die Mutter hinter ihm und schüttelte leise lächelnd den Kopf. Das sah mein Bruder Franz. Er konnte sich über diesen Zwiespalt der Mutter und des Dok-*

tors des Lachens nicht erwehren, sondern prustete laut los, so daß Dr. Schönlein über den gefühllosen und ungezogenen Jungen ziemlich erzürnt davon ging.« Weiter erinnerte sich Friedrich: *»Die Mutter hatte recht gehabt, es war nicht der letzte Todesschweiß gewesen, wie der Arzt meinte, sondern der kritische Schweiß der Genesung.«* Dafür aber starb 1847 der General von Diest. Wieder war es Charlotte von Bodelschwingh, die ihrem Bruder nach langer Pflege die Augen zudrückte.

Die Revolution

Die Jahre 1846 und 1847 hatten als Folge der Mißernten Hungersnöte gebracht, und in der preußischen Hauptstadt fristeten zehn Prozent der Bevölkerung ihr Leben als Almosenempfänger.

König Friedrich Wilhelm IV. aber wollte das Grollen des Vormärz, das in Paris seinen Ausgang genommen und in den sozialen Mißständen einen Resonanzboden hatte, nicht hören.

Als 1847 dann die Vorboten der heraufziehenden Revolution in Berlin lautstark an die Grundpfeiler des Staates pochten, opferte Ernst von Bodelschwingh sich in »vorbildlicher Pflichterfüllung«, um sei-

Barrikade an der Neuen Königsstraße in Berlin am 19. März 1848

nen König nicht zu desavouieren, der ein Romantiker auf dem Thron war oder, wie der Historiker Heinrich von Treitschke urteilte, »ein rätselhafter Charakter und der größte aller geistreichen Dilettanten«[9].

Friedrich Wilhelm IV., dessen Kabinett als »Pietistenkabinett« verspottet wurde, war im Grunde eine feinsinnige Künstlernatur, jedoch sprunghaft und in seinen Stimmungen unberechenbar. Sein Blick war in die Vergangenheit gerichtet. Er lebte in der Sehnsucht, die politischen Verhältnisse des Mittelalters wiederherzustellen, und träumte trotz des Scheiterns des französischen Königs Ludwigs XVI. vom Ständestaat. 1840, als er König wurde, machte er Polizeimaßnahmen seines Vaters rückgängig und rief Ernst Moritz Arndt sowie Friedrich Ludwig Jahn zurück. Er rehabilitierte auch einige der sieben Göttinger (darunter die Gebrüder Grimm), die gegen den Verfassungsbruch von Friedrich Wilhelm III. protestiert hatten und amtsenthoben worden waren. Schließlich versuchte er, den Frieden mit der katholischen Kirche wiederherzustellen und die evangelische zu reformieren. Er schwärmte von einem »Sakrament der Ehe zwischen König und Volk«, wobei er sich als den unumschränkten Patriarchen sah, der »kein geschriebenes Blatt« zwischen sich und seinen Untertanen dulden wollte.

Die brennende soziale Frage, die nicht nur durch die Weber-Aufstände 1844 in Schlesien sichtbar geworden war, übersah er, und Mahnungen seiner Minister, zu denen auch Bodelschwingh gehörte, überhörte er. Treitschke skizziert den »im Grunde liberalen« Bodelschwingh als den letzten hervorragenden »Vertreter des alten absolutistischen Beamtentums«, der sich für verpflichtet hielt, »die Willensmeinung des Königs, sofern sie nur dem Rechte nicht offenbar widersprach, mit der ganzen Selbstverleugnung eines altgermanischen Vasallen zu verteidigen«[10].

Der König hatte schließlich unter dem Druck der Ereignisse Bodelschwingh beauftragt, die seit 1815 ungelöste preußische Verfassungsfrage zu einem guten Ende zu bringen. Dies war eine Sisyphusarbeit, denn der Monarch träumte davon, Preußen zu einer musterhaften, geordneten Monarchie zu machen und der von Frankreich her eindringenden Demokratie einen Damm entgegenzusetzen.

Ernst von Bodelschwingh wurde federführendes Mitglied der Verfassungskommission. Das Patent, wie es damals hieß, war am 3. Februar 1847 von Friedrich-Wilhelm IV. allein unterzeichnet worden. Damit sollte der Welt demonstriert werden, daß auch in Fragen der Verfassung nur sein Wille galt. Mit diesem Werk stellte der König, wie ihm sein Innenminister prophezeit hatte, niemand zufrieden. Bodelschwingh aber fiel die Aufgabe zu, dieses ungeliebte Reformwerk, das er für undurchführbar hielt, vor dem Parlament zu vertreten. Der Monarch hatte ihm das aufgebürdet, weil er der rhetorisch gewandteste aller Minister war, und nun mußte er dem Parlament die Stirn bieten. Bodelschwinghs Mission geriet natürlich zu einem Mißerfolg, und Theodor Fontane spottete später in seinem satirischen Gedicht, in dem er empfahl, zu den Inkas oder Botokuden auszuwandern:

»Selbst im Nasenbein der goldene Ring
trägt sich leichter als von Bodelschwingh.«

Friedrich von Bodelschwingh erlebte in den revolutionären Märztagen des Jahres 1848 einen Vater, der versuchte, die Lage zu entschärfen, aber keinen Einfluß auf den König hatte und sich doch vor seinen Monarchen stellte. Ihm wurde letztlich das Verhalten von Friedrich Wilhelm IV. angelastet, insbesondere durch den späteren Reichskanzler Otto von Bismarck, der ihn obendrein der Feigheit bezichtigte[11].

Als Bodelschwingh wußte, daß er kein Gehör mehr beim König hatte, bot er am 12. März seinen Rücktritt an. Daß dieser angenommen wurde, erfuhr der »treue Vasall« Bodelschwingh indirekt durch die Berufung seines Nachfolgers.[12] Am 20. März verließ er mit seiner Familie Berlin. Er ritt auf seiner Kora voran, die Mutter folgte mit den Schwestern im Wagen, die Jungen gingen zu Fuß hinterher. In Potsdam wollten sie die weiteren Ereignisse abwarten. Als Bodelschwingh am 21. März erfuhr, der König habe sich mit einer schwarz-rot-goldenen Schärpe auf sein Pferd gesetzt, sei mit den republikanischen Farben durch Berlin geritten und habe sich so zum Gespött bei Freund und Feind gemacht, beschloß er spontan, nach Amerika auszuwandern. Aber das Reiseziel hieß dann doch Westfalen.

Die Familie von Bodelschwingh zog sich zunächst auf eine der Familienbesitzungen, Haus Heide bei Kamen, zurück und siedelte dann nach Velmede über. Friedrich absolvierte sein letztes Schuljahr in Dortmund. Die März-Tage des Jahres 1848 hinterließen bei ihm offenbar ein regelrechtes Revolutionstrauma, das später sein politisches und soziales Handeln bestimmte. Das Trauma wurde noch verstärkt durch die politisch-religiösen Schülerstreitigkeiten, die er nun in Dortmund erleben mußte.

Der Direktor des Dortmunder Stadt-Gymnasiums war Bernhard Thiersch, der Dichter des Preußenliedes »Ich bin ein Preuße, kennt ihr meine Farben?« Doch auf seinem Gymnasium ging es alles andere als preußisch zu, vielmehr frönte ein großer Teil der Primaner dem Revolutionsgedanken, und so zog sich ein tiefer Graben durch die Oberprima. Zu den »Revolutionären« gehörten Schüler aus dem Rheinland,

»Ich stelle mich an die Spitze der Bewegung« – Karikatur auf das Verhalten Friedrich Wilhelms IV. während der Revolution 1848

die nach Bodelschwinghs Meinung hofften, in der westfälischen Provinz leichter ihr Abitur zu erwerben, und sie verspotteten die preußisch denkenden Westfalen mit dem Vers:

»Freiheit, Gleichheit, Republik,
Wär'n wir doch die Preußen quitt.«

Während die anderen skandierten:

»Freiheit, Recht und Königtum!
Wer verletzt das Heiligtum?
Ach, es ist die Republik!
Wär'n wir doch das Völkchen quitt.«

Durch die schulischen Anforderungen fühlte sich Friedrich in Dortmund keineswegs ausgelastet, und da es kein Englisch gab, ließ er es sich von seiner Schwester Sophie so weit beibringen, daß er *»alle englischen Bücher mit Leichtigkeit lesen«* konnte. Außerdem versenkte er sich in die geliebte Klassik. Im März 1849 legte er das Abitur ab.

Danach reiste er nach Berlin, nahm bei seinen Freunden Ernst und Arnold Senfft von Pilsach Quartier, um auch in der Prima seines alten Gymnasiums einen Besuch abzustatten. Das stieß aber keineswegs auf die Zustimmung seines Vaters, der auf ein Studium drängte.

Berufswahl – Soldat – Studium

Friedrich hatte bei der Entlassung vom Dortmunder Gymnasium angegeben, er wolle das »Bergfach« studieren. Das entsprach auch den Vorstellungen seines Vaters, der eine Laufbahn als Jurist im preußischen Staatsdienst bei den damals herrschenden Verhältnissen für zu unsicher hielt. Um den Beruf kennenzulernen, hatte Friedrich in einer Dortmunder Zeche unter Tage hospitiert. Aber er konnte dieser Arbeit im Dunkeln mehrere hundert Meter unter der Erde nicht die rechte Freude abgewinnen. So nahm der Plan, Landwirt zu werden, Gestalt an. Da das Gut »Heide« der ältere Bruder Franz erben würde, war sein Vater zunächst dagegen, denn ein Gut für den jüngeren Sohn zu erwerben, lag außerhalb seiner finanziellen Möglichkeiten. Deshalb korrespondierte Ernst von Bodelschwingh mit Senfft von Pilsach, der im August 1848 aus dem preußischen Staatsdienst ausgeschieden war. Der zerstreute Bodelschwinghs Gedanken und antwortete: »Übrigens hat, wenn ich mich nicht sehr irre, Dein Friedrich viel mehr Fähigkeiten dazu, ein tüchtiger Landwirt zu werden, als mein Ernst.«[13] Aber bevor die Landwirtschaftslehre Realität wurde, begann Bodelschwingh im Sommer-Semester 1849 zunächst mit dem Studium der Philosophie in Berlin.

Die Entscheidung über den zukünftigen Beruf fiel dann im Spätsommer 1849, und Mitte September brachte Ernst von Bodelschwingh seinen Sohn zu Ökonomierat Johann-Gottlieb Koppe auf die Domäne Kienitz im Oderbruch, um die Landwirtschaft zu lernen. Der Vater hatte als Finanzminister Koppe kennengelernt und war der Meinung, ein besserer Lehrherr sei im preußischen Osten nicht zu finden. Koppe hatte an der Agrargesetzgebung entscheidend mitgewirkt und war der Verfasser des Werkes »Unterricht im Ackerbau und in der Viehzucht«.

Ernst von Bodelschwingh hatte vom König die Anfrage erhalten, ob er als Premierminister ins Kabinett zurückkehren wolle, doch er lehnte ab und wurde, um nicht untätig zu sein, 1852 Regierungspräsident in Arnsberg, wo er seinen Bruder Karl ablöste, der dann als Finanzminister nach Berlin berufen wurde.

Als Bodelschwingh als Eleve in der Landwirtschaft begann, war sie noch gezeichnet von dem Kampf, den ein großer Teil der Großgrundbesitzer gegen die landwirtschaftliche Gesetzgebung führte. Koppe hingegen, der selbst der Sohn eines »hörigen Kleinstellenbesitzers« war, hatte sich für die kleinen Landwirte eingesetzt und die menschenwürdige Behandlung der Landarbeiter eingefordert. Die damals noch übliche Prügelstrafe lehnte er ab; nur bei roher Mißhandlung des Viehs hielt er sie für angebracht.

Der Landwirtschafts-Eleve Bodelschwingh begann auf Gut Kienitz seine berufliche Karriere hinter einem Pflug, der von fünf Ochsen gezogen wurde. *»Die Ochsen wurden zweimal den Tag umgespannt, aber der Ochsenpflüger mußte von morgens fünf bis abends acht aushalten, und es war damals in den Septembertagen noch eine recht heiße Sonnenglut«*, schrieb Bodelschwingh in seinen Erinnerungen. Die Knöchel schwollen ihm vor Anstrengung, aber er hielt durch. Bei der Herbstbestellung wurde dann mit Pferden gepflügt, *»deren immer drei und vier voreinander vor einem Pflug gespannt waren«*, und *»völlig lahm«* wurde er, als er das Säen des Winterroggens aus dem Säelaken lernte, denn immerhin war darin ein halber Scheffel, etwa 27 Liter, eingebunden.

So absolvierte er eine sehr intensive und harte Lehre. Die Rübenbestellung gehörte ebenso dazu wie im Winter das Ausholzen der Weiden, und hierbei, so berichtete er, *»mußte ich eine Kunst erlernen, die immerhin heilsam ist, nämlich treu auf dem bestimmten Posten auszuharren«*[14].

Vierzehn Wochen war er ununterbrochen von morgens bis abends acht Uhr auf dem Felde. Seine Mittagsmahlzeit nahm er an irgendeinem Grabenrand ein. *»So eintönig diese Arbeit scheint, so hat sie mir doch große Freude gemacht, und das Eintönige derselben erleichterte ich mir dadurch, daß ich in der Frühstücks- und Mittagszeit meinen armen Rübenhackerinnen schöne Geschichten vorlas.«* Dazu trug er immer Werke von Matthias Claudius in der Tasche.

Im Spätherbst 1850 drohte ein Krieg zwischen Österreich und Preußen. Bei der Mobilmachung wurden viele Mitarbeiter von Koppe, darunter auch sein erster Inspektor, eingezogen, und so mußte Bodelschwingh ihn bereits nach einjähriger Lehrzeit vertreten. Doch das nur kurze Zeit, dann meldeten sich Friedrich und sein älterer Bruder Franz als Freiwillige bei den Gardejägern in Potsdam. Da der Vertrag von Olmütz die Kriegsgefahr bannte, konnte Friedrich aber seine Lehrzeit in Kienitz fortsetzen. Nachdem auch der erste Inspektor wiederkam, schickte Koppe den Eleven zu seinem Bruder Moritz nach Wollup, einem Gut, das ebenfalls im Oderbruch lag. Hier lernte er nicht nur

Gebiete der Landwirtschaft kennen, die es in Kienitz nicht gab, sondern auch die Folgen der Branntweinbrennerei.

Wenn am Sonntag in der Wirtschaft Karten gespielt wurde, ging Bodelschwingh demonstrativ in die Kirche, nicht etwa, weil der Pastor ihm viel zu sagen hatte, sondern aus Solidarität, da die Kirchgänger verspottet wurden. Darüber hinaus pflegte er am Sonntag in seinem Tacitus zu lesen und weite Spaziergänge über die von ihm bestellten Felder zu machen.

Doch nach einem Jahr und sieben Monaten meldete sich Bodelschwingh als Einjährig-Freiwilliger beim Kaiser-Franz-Grenadier-Regiment in Berlin und zog am 1. April 1851 die Soldatenuniform an. Damit fand seine Lehrzeit ein Ende. Gleichzeitig ließ er sich wieder an der Philosophischen Fakultät immatrikulieren. Allerdings wird er kaum die Vorlesungen besucht haben. Sein Dienst war zunächst erträglich, zumal er außerhalb der Kaserne wohnen durfte, denn sein Kompanie-Chef, sein Vetter August von Witzleben, verschaffte ihm einige Privilegien und drängte ihn, Offizier zu werden. Doch das, so meinte er, fordere einen Mann nicht und verleite zu Müßiggang und Oberflächlichkeit.[15] So beschäftigte er sich in seiner Freizeit viel mit der preußischen Geschichte.

Zunächst war sein Soldatenleben vom Wachdienst, der ihm einige Freude bereitete, und Teilnahme an den Paraden des Gardekorps bestimmt. Aber im Sommer kam bei einer Felddienstübung am Kreuzberg das Ende seiner Soldatenzeit. An einem knallheißen Tag, bei dem der Grenadier Bodelschwingh in seiner Uniform völlig durchgeschwitzt war, holte er sich eine Erkältung. Er meldete sich jedoch nicht krank, sondern versah seinen Dienst weiter, ging sogar noch in das Moabiter Wellenbad, um eine Wette im Schwimmen auszutragen. Erst als er mit Atemnot zu kämpfen hatte, meldete er sich beim Regimentsarzt, der ihn krank schrieb. Das hieß, er konnte in seinem Quartier bei seinen *»guten jüdischen Wirtsleuten«* bleiben. Der Zufall wollte es, daß ihn sein Schulfreund Gustav Bossart, der in Berlin studierte, besuchte und einen Schwerkranken vorfand. Er wachte in der Nacht am Bett des hochfiebernden Freundes und brachte ihn am nächsten Tag in das Militärlazarett in der Grünen Straße. Hier wurde Lungenentzündung und eine feuchte Rippenfellentzündung diagnostiziert. Man tat, was man damals zu tun pflegte: Man ließ den Kranken zu Ader. Aber ein junger Militärarzt schröpfte ihn dabei zu stark, so daß der Patient einen zu hohen Blutverlust erlitt. Und damit nicht genug – der unerfahrene Arzt verordnete eine zu hohe Dosis Digitalis mit der Folge, daß der Patient tagelang zwischen Tod und Leben schwebte.

Er verlor das Bewußtsein und hatte Fieberphantasien, bei denen ihm klargeworden sei, *»was Paulus erfahren hat: außer dem Leibe wandeln. Es war mir nämlich so, als ob ich selbst die Schmerzen gar nicht mehr erlitte, die mein armer Leib zu tragen hatte. Ich sah in der schlimmsten Nacht einen Menschen, in welchem ich mich selbst erkannte, auf einem scharfen, hohen Berggrat liegen. Die eine Hälfte dieses Menschen war ganz in Eisklumpen, die andere stand in rotglühender Hitze«*, erinnerte er sich später.

Durch Gustav Bossart erfuhr Onkel Karl von Bodelschwingh, wie es um seinen Neffen bestellt war. Vater und Mutter kamen umgehend angereist, und die Mutter, die ja große Erfahrungen bei der Behandlung von Lungenentzündungen hatte, übernahm nun die Pflege ihres Sohnes.

Für ihn aber war seine Erkrankung eine Fügung Gottes, der ihn aus der Großstadt und damit auch aus ihren Versuchungen herausführte. Nachdem Bodelschwingh so weit genesen war, daß er verlegt werden konnte, erholte er sich in der Wohnung seines Onkels im Finanzministerium. Erst nach fünf Wochen konnte er seinen Heimaturlaub antreten. Als er sich bei seinem Regiment zurückmeldete, schrieb ihn der Regimentsarzt für dauernd dienstuntauglich, und am 14. Januar 1852 wurde er »wegen chronischer Engbrüstigkeit als nicht anspruchsberechtigter Halbinvalide« und als »unbrauchbar zur Disposition der Ersatzbehörde« entlassen.

Der mit der Muskete ausgebildete Halbinvalide ging in den Oderbruch zu seinem Lehrmeister Koppe zurück, bei dem inzwischen auch Ernst Senfft eine landwirtschaftliche Lehre begonnen hatte. Die beiden Freunde beschlossen, im Sommer auf das Senfftsche Gut nach Gramenz zu gehen.

Anfang April 1852 begann dann die Tätigkeit in Gramenz. Gutsherr Senfft von Pilsach war inzwischen wieder in den preußischen Staatsdienst zurückgekehrt und Oberpräsident in Stettin geworden. Das Gut im hinterpommerschen Kreis Neustettin hatte er 1830 für 60 000 Taler erworben, und es hätte seinem Besitzer eine gute Rendite gebracht, aber der Herr Oberpräsident, der in Berliner Regierungskreisen als »Riesler« und »Projektmacher« bespöttelt wurde, begnügte sich nicht mit seinem Gut. Nach Friedrichs Darstellung war Senffts Finanzmisere erheblich daran mitbeteiligt, daß sein Vater Ernst von Bodelschwingh 1844 aus dem Finanzministerium ins Kabinettsministerium wechselte. Senfft wußte, daß sich sein Freund Bodelschwingh querlegen würde, wenn es darum ging, vom König ein Darlehen zu erlangen. Daher soll er Friedrich Wilhelm eingeredet haben, für Bodelschwinghs angegriffene Gesundheit sei das Finanzministerium eine zu große Belastung.

Obwohl sein Grundbesitz mit einem königlichen Darlehen von 150 000 Talern belastet war, vermehrte er es auf 17 000 Morgen, und das war selbst für hinterpommersche Verhältnisse ungewöhnlich groß. Aber statt sich zu sanieren, geriet er immer mehr in die roten Zahlen. Er verkalkulierte sich bei der Rübenzucht, der Anlage einer Fabrik; auch die Pferdezucht war ein Zuschußbetrieb, und seine Wiesenkulturen konnte er erst nach dem Bau einer kostspieligen Bewässerungsanlage nutzen. Als die beiden Freunde in Gramenz eintrafen, waren gerade die ärgsten Geldnöte überwunden, aber nur vorübergehend.

Ernst Senfft verwaltete das Vorwerk Raffenberg und Bodelschwingh die beiden Vorwerke Schoffhütten und Zechendorf. Bodelschwingh machte dabei die für ihn betrübliche Feststellung, daß die pietistische Frömmigkeit bei dem Gutsbesitzer und Oberpräsidenten Senfft die eine Seite war. Die andere Seite erlebte er, wenn Senfft nach Art der Junker ohne jedes soziale Verantwortungsgefühl mit seinen Leuten umsprang. Um sich selbst zu retten, vertrieb er Pächter von ihrer seit Generationen angestammten Scholle.

Sohn Ernst war mit dem »Auskaufen« der Bauern durchaus nicht einverstanden, und Bodelschwingh schrieb später darüber: *»Er konnte wohl in seiner romantischen Art, wenn wir abends über die schönen Eichenhöfe von Schoffhütten nach Buchwald jagten, irgendwo unter einer alten Eiche im Mondschein stille halten und sich dann in die Seele eines alten, vom Vater ausgetriebenen Erbpächters hineindenken, wie derselbe seine mit ihm ausgetriebenen und zu Tagelöhnern heruntergesunkenen und heruntergestoßenen Leidensgefährten versammelt und ihnen dann eine Rede hielt, in welcher er sie zum Aufruhr gegen ihren Bedränger aufforderte.«*[16]

Das Gesetz von 1850, das unter der Mitwirkung von Koppe entstanden war, hatte genau das verhindern wollen, was Senfft wie auch andere Großgrundbesitzer praktizierten: Es wollte durch den Ankauf von Bauernstellen ermöglichen, daß Erbpächter und Erbzinsleute zu freien Eigentümern wurden, doch bevor es wirksam wurde, waren die meisten bereits entwurzelt.

Der junge Gutsinspektor von Bodelschwingh sah in seinem Chef durchaus einen Menschen *»voller inniger, ungeheuchelter Frömmigkeit«*. Er war der Mann, der gerade auf dem Gebiet der kirchlichen Fragen und insbesondere der christlichen Liebestätigkeit das Ohr des Königs hatte. Senfft war Gründungsmitglied des Centralausschusses für Innere Mission und der Gründer der »Knabenrettungshäuser« Grünhof bei Bärwald. Als Wichern im Juli 1850 Gramenz besuchte, war er tief beeindruckt von dem christlichen Geist des Hauses. Bodelschwingh sah aber auch die Widersprüche im Charakter dieses Mannes, und er sah das Elend und die Not der landwirtschaftlichen Arbeiter.

Senfft von Pilsach hatte seinem jungen Verwalter einen Betrag von 100 Talern gegeben, mit dem er die ärgste Not lindern sollte, aber Bodelschwingh war davon überzeugt, daß der Gutsherr vor dem sozialen Elend auf seinen Gütern wie auch vor deren Unwirtschaftlichkeit die Augen verschloß. Um so schärfer sah der junge Bodelschwingh die Verflechtung von innerer und äußerer Not. Dies geht aus einem Brief hervor, den er seinem Vater am Himmelfahrtstag 1852 schrieb: *»Bei diesen Leuten, die unter rohen Inspektorhänden auf etwas brutale Weise verkümmert und verkommen waren, war es meine erste Sorge, wenigstens dem gröbsten Elend abzuhelfen.«*[17] Wie entsetzlich das Branntwein-Elend war, illustrierte er mit einer makabren Begebenheit in einer Rauchkate in Zechendorf. Auf dem Boden hatte er eine Leiche gefunden, die mit einer Lumpendecke zugedeckt war. *»Es war die Mutter des Hauses. Als ich etwas entsetzt von dem Anblick der Not und des Jammers dastand, da bewegte sich die Decke, und ein schmutziger Kinderkopf und bald noch einer guckten unter derselben hervor, um sich gleich wieder zu verkriechen, denn es war bitter kalt. ... Nun, bei dieser Familie habe ich zuerst mein Heil versucht mit meinen 100 Talern, bin aber hier gründlich zu Schanden geworden und habe gelernt, daß mit bloß menschlichen Künsten der Gutmütigkeit gegen menschliches Elend und die Sünde, von der es stammt, nichts auszurichten ist. Das Brot, das ich den Armen kaufte, der Roggen, den ich ihnen schenkte, die Kleider für die armen zerfetzten Kinder – alles wurde wieder in Branntwein verwandelt, so weit es irgendwie möglich war. Meine 100 Taler waren im Umsehen in den beiden armen Dörfern ausgegeben, und ausgerichtet hatte ich – nichts. Und diese Lehre war mir nicht zum Schaden.«*

Bodelschwingh praktizierte von nun an Hilfe zur Selbsthilfe. Er teilte den Tagelöhnern regelrecht ihre Vorräte für die Mahlzeiten zu, daß sie zwar immer etwas zu essen hatten, aber nicht genug, um es in Branntwein umzusetzen. Zum andern gelang es ihm, wie er schrieb, sie von der »Gramenzer Inspektorenkamarilla« loszubinden. Die hatte es verstanden, die Tagelöhner so in Schulden zu stürzen, daß sie ausschließlich für die Zinsen arbeiten mußten. Bodelschwingh ließ die Schulden, aber auch den Lohn der Tagelöhner erst mal auf sich übertragen. Er teilte das wenige Geld dann so ein, daß sowohl Geld für Lebensmittel da war, als allmählich die Schulden getilgt wurden. Die,

die arbeiten wollten, erhielten auch von ihm Arbeit. Vermutlich wurde in Gramenz das Credo seines Lebenswerkes »Arbeit statt Almosen« begründet.

In der Bekämpfung der Alkoholsucht war er sich mit dem Gutsherrn völlig einig. Der hatte einen christlichen Feststil eingeführt, bei dem es absolut alkoholfrei zuging. Bei den Festen, die meistens an einem Waldrand stattfanden, wurde Kaffee gekocht und Kuchen und Obst verteilt. Bodelschwingh erinnerte sich: *»Da gab es denn zuerst manch fröhliches Lied im Kirchen- und Volkston, danach eine Ansprache an die ganze Versammlung«*, bevor Kinder und die jungen Leute zu den *»mannigfaltigsten Spielen eingeladen«* wurden. Der Ausklang war dann Gesang und Gebet. Nicht allen behagte natürlich diese Art Feste. Einmal war es Unbekannten auch gelungen, ein *»Schnapsfäßchen«* herbeizurollen. Nachdem der Branntwein gewirkt hatte, kam es zu der *»beliebten Schlägerei«*, und Bodelschwingh und sein Freund Ernst mußten dann *»mitten zwischen die Knüppel hineinspringen«*.

Im Sommer 1853 wurde ein neuer Inspektor eingestellt, und als Eleven begannen in Gramenz Arnold Senfft, der eigentlich eine Künstlernatur war, und Moritz Snethlage, der Sohn des Hofpredigers. So waren die Freunde wieder zusammen, die sechs Jahre zuvor ihre Sommerferien auf Gramenz verbracht hatten, allerdings nur für kurze Zeit. Im Herbst wurde Ernst Senfft Soldat, und dies bedeutete mehr Arbeit für Bodelschwingh. Er hatte nun insgesamt zwölf Inspektoren, die aber alle *»der Leitung und Aufsicht bedurften«*. Sowohl bei ihm wie auch bei seinen Eltern tauchte der Gedanke an ein Universitätsstudium wieder auf. Der Vater stellte ihm frei, was immer er studieren möge, allerdings – von einem riet der Vater ab: von der Juristerei, diesmal mit der Begründung, sie sei für Friedrich zu trocken.

Die Last der Verantwortung für die Menschen, auch für jene *»armen Branntweinsäufer, die mit keinem Mittel menschlicher Weisheit aus ihrem Elend gerissen werden konnten«*, erweckte bei Bodelschwingh das Bedürfnis nach einer christlichen Gemeinschaft. Er suchte sie nicht mit seinem puritanischen Gutsherrn und auch nicht mit dem Ortspfarrer, der ihm zu *»heftig«* war; er fand sie mit Otto Mellin und mit dem kranken Fritz. Otto Mellin war Wirtschaftsinspektor gewesen, hatte seine Stellung aus Gesundheitsgründen aufgeben müssen und war nun Posthalter in Gramenz. »Seine Majestät die Post« wurde er respektvoll genannt, und neben seinen Briefmarken lag immer die Bibel. Wenn ein Postkunde Sorgen und Kummer hatte, nahm der Posthalter den Kunden mit in sein Kämmerlein hinter dem Postraum und wurde zu dessen Seelsorger.

Mellin hatte Bodelschwingh in eine Kate geführt, in der auch große Armut, Krankheit und Elend herrschten, aber hier hatte *»der Friede Gottes das Regiment«*. Auf einem sauberen Leinentuch lag seit 28 Jahren der kranke Fritz. *»Er besaß etwas, was mehr ist als alle Schätze Ägyptens«*, schilderte ihn Bodelschwingh.[18] Dieser Mann *»wußte, was er an Jesus hatte, nämlich die Erlösung durch sein Blut, die Vergebung der Sünden, und das machte ihn reich und glücklich«*.

Der Dritte von Bodelschwinghs Freunden war der Kolporteur, den Senfft vermutlich auf Wicherns Veranlassung zur Verbreitung christlicher Schriften für seine Zuckerfabrik angestellt hatte. Die Leute nannten den Kolporteur, der auch Morgen- und Abendandachten in der Zuckerfabrik zu halten hatte, den »Lüttje Preister« (kleinen Priester). Er, dessen Name sich nicht mehr feststellen läßt, wurde für Bodelschwingh zu einer Schicksalsfigur, wie sich bald zeigte. Von ihm kaufte er Traktate, unter anderem die der Baseler Missionsgesellschaft, die er abends bei der Lohnauszahlung sowohl den Kindern als auch den Arbeitern in die Hand drückte.

Im Mai 1854 erhielt Bodelschwingh die Nachricht, daß sein Vater an einer Lungenentzündung gestorben sei. Als Friedrich eintraf, konnte er nur noch am Grab von seinem Vater Abschied nehmen. Bodelschwingh behielt in Erinnerung, daß es erstmalig zu einer sehr persönlichen Aussprache unter den Geschwistern kam, denn es war auch im Haus Bodelschwingh nicht üblich, seine Gefühle offenzulegen. *»Wir Geschwister waren nie gewöhnt, uns über das auszusprechen, was den tiefsten Herzensgrund bewegt. Aber diesmal öffnete die ernste Stunde uns den Mund.«*[19]

Als er nach Hinterpommern zurückkehrte, erlitt er einen Reitunfall. Sein »Soliman«, der längere Zeit nicht bewegt worden war, war übermütig, überschlug sich und begrub seinen Reiter unter sich. Doch der kam mit einer relativ leichten Verletzung davon.

Bodelschwingh wertete den Unfall als einen Fingerzeig Gottes, denn nun hinderte ihn seine Ellenbogenverletzung daran, an Sonntagnachmittagen zu kegeln. So kam er zu seinen stillen Sonntagnachmittagen und seiner Bibel-Lektüre. *»Jedes Wort der Schrift – ich pflege jedesmal ein Kapitel aus dem Neuen Testament zu lesen – sah mich nun mit ganz anderen Augen an als je zuvor.«*

In einem Traktat der Baseler Schriftenmission mit dem Titel »Tschin, der arme Chinesenknabe«, das er von dem Kolporteur bekam, glaubte er, erneut Gottes Fingerzeig zu spüren. Es erzählte die Geschichte des neunjährigen chinesischen Fischerjungen aus Schanghai, der während des Opiumkrieges englische Soldaten vor vergiftetem Wasser gewarnt hatte. Ein Offizier nahm ihn deshalb mit nach England, um ihn der Rache der Chinesen zu entziehen. Er wurde in der Christlichen Erziehungsanstalt Asycroft erzogen, aber nach wenigen Jahren, bevor er seinen Entschluß verwirklichen konnte, in den Missionsdienst zu gehen, von »einer Krankheit dahingerafft«. Das Traktat endete mit einer Aussage von Tschin: »Mit welcher Stirne soll ich am Tage des Gerichtes den Chinesen gegenübertreten, wenn sie mit lauten Stimmen wider mich zeugen werden, daß ich den Weg zum Heiland gewußt habe, und bin doch nicht zu ihnen gekommen, um auch ihnen denselben zu zeigen!«

Bodelschwingh bekannte später: *»Wo ich diese einfachen Worte las, war es plötzlich, als ob mir die Schuppen von den Augen fielen in bezug auf meinen eigenen Lebensberuf. Ich hätte bis dahin niemals auch nur einen leisen Gedanken gehabt, auch hat es weder Vater noch Mutter noch irgendein anderer Mensch mir je von ferne nahegelegt, daß ich Pastor werden möchte. In diesem Augenblick aber wurde es mir so vollständig gewiß, daß mir Gott diesen Beruf geschenkt habe, daß auch kein leisester Zweifel von der Stunde an über mich kam, und ich konnte Gott mit Freudentränen dafür danken.«*

Kurze Zeit später hörte er auf dem Missionsfest im Nachbarstädtchen Bublitz die Festpredigt zu Matthäus 9,37 und 38: »Die Ernte ist groß, aber der Arbeiter sind wenige, darum bittet den Herrn der Ernte, daß er Arbeiter in seine Ernte sende.« Da war es Bodelschwingh, als habe Gott ihm nun den endgültigen Hinweis für seinen zukünftigen Beruf gegeben. Nachdem Ernst Senfft, der sein Jahr beim Militär abgedient hatte, nach Gramenz zurückkehrte, nahm Bodelschwingh seinen Abschied; nur seinem Freund Otto Mellin und dem kranken Fritz vertraute er an, welchem Ruf er folgte. Seinem Freund Ernst vermochte er nicht seinen inneren Entschluß offenzulegen. Am Tag seiner Abreise las er im Andachtsbuch von Bogatzky: »Ich will dich erretten von dem Volk und von den Heiden, unter welche ich dich jetzt sende, aufzutun ihre Augen, daß sie sich bekehren … (Apostelgeschichte 26, Vers 17 und 18).«[20]

Als sein Onkel und Vormund Karl von dem Plan seines Neffen hörte, brach es spontan aus ihm heraus: »Fritz, bist du verrückt geworden?« Aber sein väterlicher Freund und Lehrer, Hofprediger Snethlage, ermutigte ihn und schickte ihn zu seinem Amtsbruder, dem Hofprediger Wilhelm Hofmann. Dieser war außerordentlicher Professor der Theologie und zuvor Missionsinspektor in Basel gewesen, Nachfolger von Christoph Gottlieb Blumhardt. Er riet: »Gehen Sie nach Basel«, plädierte zwar für ein Universitätsstudium, öffnete ihm aber zugleich mit einer Empfehlung das Missionshaus. Charlotte von Bodelschwingh war mehr als einverstanden; es sei nicht nur ihr langgehegter Lieblingswunsch, sondern auch der des Vaters gewesen, daß einer ihrer Söhne Theologie studieren möge.

Am 6. November 1854 traf Bodelschwingh in Basel ein und nahm Quartier bei zwei alten Damen und deren Hausmädchen Rösle Schwarz am Petersplatz 251a. Ein kurzer Weg führte zu dem alten Spalentor, hinter dem damals noch unbebautes Land lag. Hier ging der Student Friedrich von Bodelschwingh morgens spazieren und las, bevor die Vorlesungen begannen, ein Kapitel aus seinem griechischen Neuen Testament.

In Basel erhielt er seine entscheidenden theologischen Prägungen, vor allem von Carl August Auberlen und vom schwäbischen Pietismus. Der Student Bodelschwingh fand sofort Anschluß an die Erweckungsbewegung. In ihren Kreisen fühlte er sich heimisch. Einmal, weil er dort ein Stück Elternhaus wiederfand, zum andern, weil diese Theologie seinem kindlichen Glauben entgegenkam. Bereits im ersten

Wohnung des Studenten Friedrich von Bodelschwingh in Basel 1854-56

Semester zeichnete sich ab, daß für den 33jährigen Bodelschwingh der Umgang mit der theologischen Wissenschaft, wie sein Biograph Martin Gerhardt richtig sagte, »kein Anreiz zur eigenen Forschung war, sondern in erster Linie ein Wegweiser, um in die Mission gehen zu können«. Carl August Auberlen[21], der 1851 den Ruf an die Universität angenommen hatte, sollte sein wichtigster Lehrer werden. Auberlen war, vom Humanismus Goethes und Hegels kommend, zu der Überzeugung gelangt, die Grundprinzipien des Christentums seien unvereinbar mit der modernen Weltanschauung, und er predigte darum die »Theologie des Kreuzes«. Die Bibel war im Gegensatz zu liberalen, modernen Strömungen der Zeit für ihn ein in jeder Beziehung unteilbares Ganzes. Das Alte Testament verstand er als eine große Weissagung auf das Kommen Christi und deutete es typologisch im Sinne eines Urbildes, das erst im neutestamentlichen Christusgeschehen seine volle Entfaltung findet.

Bodelschwingh hörte bei Auberlen die »Erklärung des Hebräerbriefes«, »die Geschichte der Offenbarung«, die Auberlen als die historische Einleitung ins Alte Testament sah, sowie »Apologetik zugleich als Einleitung in die Dogmatik«. Hinzu kam ein Privatissimum über die Offenbarung des Johannes und schließlich »evangelische Glaubenslehre« und »Geschichte der protestantischen Missionen«. Der Studiosus Bodelschwingh durfte Auberlen bei manchen Spaziergängen begleiten, »namentlich, wenn es zu den Missionsfesten hinausging, an denen er (Auberlen; M. H.) gern teilnahm«. So hat sicherlich Auberlen, der von Bodelschwingh mit Hofacker und Woltersdorf verglichen wurde, den Wunsch des Studenten, später in der »Heidenmission« zu arbeiten, noch verstärkt.

Seine Lehrer für das Neue Testament waren Christoph Johannes Riggenbach und Immanuel Stockmeyer. Bei Riggenbach hörte er die »Erklärung der drei synoptischen Evangelien bis zur Leidensgeschichte« und »Erklärung der Leidensgeschichte nach den vier Evangelien«. Riggenbach war ein universal gebildeter Gelehrter, der zunächst Naturwissenschaft studiert hatte und aus der sogenannten kritischen Schule kam, sich aber im Landpfarramt der »altgläubigen Gruppe« zugewandt hatte und zu einem konservativen Gegenüber der liberalen Theologie geworden war.

Stockmeyer, ein Freund Riggenbachs und Dozent für Exegese und homiletische Übungen, lehrte eine Theologie mit einer orthodoxen Grundeinstellung, die sich an »Bibel und Bekenntnis« festmachte.

Sein Hebräischlehrer war Samuel Preiswerk, der Lehrer am Missionshaus gewesen war. Bodelschwingh hörte bei ihm *»fast ganz al-*

lein« hebräische Grammatik, und dies geriet letztlich zu seinem Nutzen, denn er fühlte sich von ihm so gefördert, daß er *»binnen kurzer Zeit«* das Alte Testament in der Ursprache lesen konnte. Allerdings stimmt diese Selbstbeurteilung nicht mit dem späteren Zeugnis Preiswerks überein, der Bodelschwingh attestiert, daß er in der Lage war, »leichtere Stücke zu lesen«.[22]

Im ersten und dritten Semester hat Bodelschwingh an nichttheologischen Vorlesungen lediglich Geschichte der Philosophie bei Carl Steffensen belegt. Den bedeutendsten Kopf der Baseler Universität, Jakob Burckhardt, hat er allerdings nicht gehört, denn, so Gerhardt: »Der Geist einer an den Griechen der Renaissance und dem Humanismus gebildeten Auffassung der Kulturgeschichte, die durchsättigt war von sublimster geistiger Genußfähigkeit und dennoch in feinem dichterischen Gefühl um die Traurigkeit der Vorgänger alles Schönen wußte, kam aus einer Welt, die Bodelschwingh mied.«[23]

»Soviel gesunde Speisen auch damals die Universität Basel bot, so war mir das Missionshaus doch noch lieber«, heißt es in Bodelschwinghs Erinnerungen. Universität war das, was sein mußte, und das Missionshaus das, wo er sein wollte. Auf die Fürsprache des Hofpredigers Wilhelm Hofmann hatte er auch die Möglichkeit, an dem Unterricht im Missionshaus teilzunehmen. *»Da ging es dann freilich weniger gelehrt, aber doch noch inniger und zutraulicher zu als auf der Universität.«* Es sei insbesondere der Pfarrer Friedrich Geß, der spätere Generalsuperintendent in Posen, gewesen, der *»uns mit seiner Tiefe und Einfachheit in die Heilige Schrift einführte«*. Auch in diesen Äußerungen wird deutlich, wo er die Prioritäten setzte, denn er gab der theologischen Wissenschaft einzig und allein die Bedeutung eines Schlüssels zum Glauben, und je einfacher sie dargeboten wurde, um so mehr kam sie seinem kindlichen Glauben entgegen.

Die Baseler Mission war auf dem Boden der »Deutschen Christentumsgesellschaft« entstanden, die zugleich, wie es Gerhardt formuliert, »der Mutterschoß für die gesamtdeutsche Erweckungsbewegung« war. Als dann Christian Friedrich Spittler aus Schwaben als Neunzehnjähriger nach Basel kam, war er die treibende Kraft gewesen, ein Missionswerk für die »Heidenwelt« zu schaffen. Unterstützt wurde er dabei von seinem schwäbischen Landsmann Christoph Gottlieb Blumhardt, der zuvor Sekretär der Christentumsgesellschaft gewesen war. Als Bodelschwingh in Basel weilte, hatte sich der 73jährige Spittler offiziell aus dem Missionshaus in sein »Fälkli« zurückgezogen und widmete sich seinen verschiedenen Werken, insbesondere der von ihm gegründeten Pilgermission. Im »Fälkli« befand sich auch

Friedrich von Bodelschwingh als Student

eine christliche Buch- und Traktathandlung, die auf den jungen Bodelschwingh eine besondere Anziehung ausübte, denn aus ihr stammte das Traktat über den Chinesenjungen Tschin.

Die Baseler Mission hatte turbulente Zeiten hinter sich, Turbulenzen, die nicht nur wirtschaftlicher, sondern auch konfessioneller Art waren. Sie waren aber durch den aus Schwaben stammenden Theologen Joseph Josenhans überwunden worden. Bodelschwingh fühlte sich von diesem Missionsinspektor, aber insbesondere von dessen Schwager und Landsmann Friedrich Geß angezogen, der auch als Lehrer am Missionshaus wirkte. Der Student Bodelschwingh beteiligte sich nicht nur am Unterricht, sondern auch an den regelmäßigen Missions- und Bibelstunden und an den sonntäglichen Familienabenden. Die Abschiedsfeier der ausziehenden Brüder, die Berichte aus den Missionsgebieten waren für ihn eine *»unmittelbare Einführung in das Arbeitsgebiet der Heidenmission«*, zumal er hoffte, bald auch in jene Gebiete ausgesandt zu werden.

Im Missionshaus lernte er jüngere Lehrer und, wie es damals hieß,

Missionszöglinge kennen, die alle im schwäbischen Pietismus ihre Verankerung hatten. Einer von ihnen war der Kandidat der Theologie und Hilfslehrer Theodor Haug. Bei einem Pfingstspaziergang eröffnete ihm dieser, er habe genau vor vier Jahren auf den Tag sein Augenlicht wiederbekommen, und zwar »auf das Gebet des lieben Pfarrers Blumhardt« hin, der inzwischen nach Bad Boll gegangen war. Nach Bodelschwinghs Erinnerung versuchte Haug selbst in *»etwas übertriebener Weise in Blumhardts Fußstapfen zu wandeln. Er ging auf jedermann geradewegs zu, egal wo er ihn traf, auf der Straße oder in der Eisenbahn, und fragte, ob er auch an den Heiland glaubt«.*[24] *»Was Blumhardt bei einzelnen in seiner großen Einfalt durchführen konnte, geriet dem jungen Haug freilich oft übel, indem er viele Grobheiten erfahren mußte.«*

Von einem Kommilitonen fühlte sich Bodelschwingh ganz besonders angezogen, es war Jacob Riggenbach, der fünf Jahre älter als er war und sich erst nach einer Kaufmannstätigkeit zum Theologie-Studium entschlossen hatte. In Basel lernte Bodelschwingh schließlich auch den Theologiestudenten Jules Steeg aus Paris kennen. Der jüngste seiner Freunde war der siebzehnjährige Theodor Zahn, mit dem er öfters zusammenarbeitete und der später Professor für Neues Testament wurde.

Zu den vielen christlichen Persönlichkeiten, die er 1855 in Basel kennenlernte, gehörte auch der Berater des Missionskomitees, der greise Christian Heinrich Zeller in Beuggen. Ihm hatte der Großherzog Ludwig von Baden für die Gründung einer freiwilligen Armenschule und Armenkinderanstalt das alte Deutschordenschloß in Beuggen überlassen. Als traditionsgemäß nach dem Abschluß der Baseler Festwochen, die »eine Menge Freunde des Reiches Gottes« aus der Schweiz, Deutschland und Frankreich zusammenführte, man sich bei ihm traf, war auch Bodelschwingh dabei. Zellers Name war ihm seit seiner Kindheit vertraut, und deshalb suchte er ihn auch in *»stilleren Zeiten«* auf, wie sich Bodelschwingh später erinnerte. Mit Spittler war sich Zeller darin einig, daß es sich bei der sozialen Arbeit auch um eine Missionsarbeit handelte, die »aber nicht der Heidenmission draußen, sondern der Heimat galt«. Diese Auffassung hatten sie schon, bevor Wichern den Namen »Innere Mission« geprägt hatte. So erfuhr Bodelschwingh von ihnen die Einheit und die Wechselbeziehung zwischen Äußerer und Innerer Mission, die sein Sohn Fritz später einmal so formulierte: »Die Innere Mission ist, so will mir scheinen, zuerst die Tochter, dann die Schwester, schließlich wird sie Mutter der Äußeren Mission.«[25] Bodelschwingh lernte in Basel aber auch ökumenisches Denken, denn der schwäbische Pietismus hatte keine konfessionelle Enge, sondern ein weites Blickfeld.

Eines Tags kam Rösle Schwarz, das fromme Dienstmädchen seiner Wirtsleute, mit einem »schwarzen Mädchen« zu ihm. Es war Pauline Fatmèle, die Tochter eines abessinischen Fürsten, die, nachdem ihr Vater ermordet worden war, von Sklavenhändlern verschleppt, an den Hof des ägyptischen Vizekönigs verkauft und dort einem deutschen Reisenden geschenkt wurde. Der hatte sie mit nach Stuttgart genommen. Basel war jedoch die Endstation in ihrem Leben. Sie bekam, wie Bodelschwingh sich erinnert, einen Bluthusten, das untrügliche Zeichen für Tuberkulose, an der sie nach wenigen Wochen starb. Die Abessinierin war, wie viele andere, die aus den Missionsgebieten nach Europa gebracht wurden, Opfer ihrer Befreiung. In ihrer Heimat waren die Afrikaner nicht mit europäischen Krankheitskeimen, darunter den Tuberkelbazillen, in Berührung gekommen und hatten somit keinerlei Abwehrstoffe, als sie sich mit ihnen in Europa infizierten. Die meisten von ihnen starben nach wenigen Jahren, ohne daß es eine exakte Erklärung dafür gab. Vielfach meinte man, sie seien an »Heimweh dahingeschieden«.

Bodelschwingh war sehr aufgerührt, hatte er doch jetzt unmittelbar einen Menschen aus einem Missionsland erlebt. Als Spittler Bodelschwinghs Interesse bemerkte, entwickelte er den Plan, ihn nach Abessinien zu schicken. *»Er bereitete die Sache stille, aber mit großer Entschlossenheit vor, brachte es bis zum Frühjahr (1855) dahin, daß man in einer ordentlich berufenen Sitzung beschloß, mich armen, jungen Studenten als Boten der Pilgermission an den Hof des Königs Theodorus zu geben. Ich sollte zunächst bei Bischof Gobat in Jerusalem das Abessinische lernen und von da mit einigen Pilgermissionaren weiterziehen. Man kann denken, daß solche Aussichten mein Gemüt lebhaft anzogen und ich im Geiste schon auf dem Ölberg stand, um von da aus meinen Weg mit dem Kämmerer aus Mohrenland anzutreten.«*

Doch die unterschiedlichen Auffassungen zwischen einer mehr emotionalen (Spittler) und einer mehr theologisch fundierten (Josenhans) Sicht in der Mission erwiesen sich als Schranke. Bei dieser Gelegenheit mußte Bodelschwingh dann die Erfahrung machen, daß es auch innerhalb der Mission heftigste Kontroversen gab. Als nämlich der Missionsinspektor Pfarrer Josenhans von dem Plan seines greisen Vorgängers erfuhr, ließ er Bodelschwingh kommen *»und ergoß sich in einem Strom von Zorn über meinen lieben alten Freund, (...), einen jungen Studenten mit solchen Plänen der Eitelkeit zu umstricken«.*

Bodelschwingh war irritiert und verhehlte Spittler nicht seine Bedenken. Bei dem gab es zwar keinen Zornesausbruch, *»aber auch eine Schilderung der Verkehrtheiten des Missionshauses, daß ich gar nicht wußte, wie ich dran war«*. Die Kontroverse zwischen Spittler und Josenhans hatte sich zwar an der Person Bodelschwinghs entzündet, war aber in den Verschiedenheiten der Konzeptionen begründet. Spittler vertrat ebenso wie Vater Goßner die Ansicht, daß Gelehrsamkeit den Missionaren recht wenig nütze, sondern der Glaube das Wesentliche sei. Da sie sich draußen selbst ihren Unterhalt verdienen müßten, bildete Spittler seine Sendboten auch als Handwerker und Landwirte aus.

Josenhans setzte dagegen auf gründliche wissenschaftliche Bildung auch in den alten Sprachen und glaubte, *»den Missionaren durchaus ein auskömmliches Gehalt geben zu müssen, damit sie ihre ganze Kraft dem Dienst des Wortes widmen können«*. Das Schlimmste aber war für Bodelschwingh, daß es bei dem Streit um seine Person ging. Da gerade Fastnachtstrubel in Basel war und alles in den Hauptstraßen in Fastnachtskappen herumlief, wäre es Bodelschwingh lieber gewesen, wenn *»der alte Spittler und Josenhans sich Schellenkappen aufgesetzt hätten und auf der Gasse mit den Narren herumgesprungen wären, als daß sie sich in solcher Weise um meine Person gezankt hätten«*.[26]

Bodelschwingh mied während seiner Baseler Zeit weitgehend das *»Weltliche«*, vielleicht mit einer Ausnahme, und das nur sehr kurz. Anfänglich hatte er sich dem Schwizerhüsli, einer nicht schlagenden Studentenverbindung angeschlossen. Doch über den Rang eines Schwizerhüsli-Konkneipanten brachte er es nicht, und das hatte sehr profane Gründe: Er konnte den Tabakdunst nicht vertragen.

Seine Studentenzeit in Basel wurde durch eine Cholera-Epidemie überschattet. *»Manche Leiche wurde an meiner Tür vorüber durch das Spalentor hinausgetragen und drüben jenseits des Waldes eingescharrt.«* Auch er bekam einen Anfall von Cholera, *»und ich habe mir den Tag im Bogatzky notiert, an dem ich mich nahe vor Todestüren glaubte und mir fest vornahm, nun meine ganze Lebenszeit so zu führen, als ob ein jeder Tag der letzte sein könne«*. Aber die Todestür tat sich vor ihm nicht auf.

Dann kam sein Schulfreund Gustav Bossart nach Basel. Der hatte sein Assessorenexamen bestanden. Beide brachen zu einer Italienreise auf. Bodelschwingh sah dieser Reise mit seinem Schulfreund wegen dessen Glaubenszweifeln allerdings mit sehr gemischten Gefühlen entgegen. *»Ich bekannte ihm, daß es mir fast unmöglich sei, wochenlang mit ihm zu pilgern, ohne von dem einen, was Not ist, mit ihm zu reden; wenigstens möchte er mir erlauben, jeden Morgen und Abend* *ein Kapitel aus dem Neuen Testament mit ihm zu lesen.«* Doch Bossart erwiderte, er möge ihm diese Qual nicht antun. Als Kompromiß schlug er ihm vor, auf die abendliche Bierkneipe zu verzichten.

Die erste Wegstrecke wanderten sie zusammen mit Professor Auberlen und einigen Studenten bis zum Weißenstein, dann war er mit seinem Freund und dem gemeinsamen Schweigen allein. *»Je schwerer mir selbst aber das Schweigen ward, desto köstlicher war es mir, morgens früh noch zeitiger als mein Freund aufzustehen und mit meinem Testament hinauszugehen in die Stille, wo es an verborgenen Kämmerlein hinter Felsen und Klippen ja nicht fehlte.«* Die Wanderung führte sie über Bern, Thun, Interlaken zur Wengernalp hinauf.

Als sie den Rhônegletscher überqueren wollten, hätte die Wanderung beinahe ein böses Ende genommen. Das Schweigen zwischen den beiden war längst gebrochen, und Bodelschwingh notierte in seinen Erinnerungen, daß sie bei den Gesprächen nicht auf den Weg geachtet und sich verirrt hatten. Weil sie einen Umweg sparen wollten, nahmen sie eine vermeintliche Abkürzung, die sie aber in eine lebensgefährliche Irre führte. Unter ihnen tobte in großer Tiefe ein Sturzbach, und es tat sich ein Abgrund auf. *»Da klebten wir nun an der Felswand und wußten weder vorwärts noch rückwärts zu kommen. In diesem Augenblick fing mein Freund an zu fluchen, was er bis dahin ganz unterlassen hatte«*, erzählte Bodelschwingh und bat ihn, *»in diesem Augenblick nicht zu fluchen, es gelte jetzt, Seufzer nach oben zu schicken«*. Bossart versprach es, *»und nun ließ uns Gott gelingen, die sichere Straße wiederzufinden, ohne daß unser Fuß strauchelte«*.

Bodelschwingh hatte sein Neues Testament unterwegs einer Magd geschenkt. Als er alleine war, holte er deshalb jetzt ein kleines Buch mit seinen eigenen Dichtungen aus seiner Wandertasche. *»Aber als ich eine Weile hineinschaute, kam mir im Vergleich zu dem, was Gott an köstlichen geistlichen Liedern geschenkt, mein Machwerk so elend vor, und auf der anderen Seite erschien mir die Gefahr, sich in solchen eigenen Erzeugnissen zu sonnen, so groß«*, daß er das Buch mit einem Stein versah, und es *»in die Tiefe des Sees schleuderte. Ich war froh, wieder ein Stück des alten Adams abgetan zu haben.«*

Mit dem Zug fuhren sie nach Genua weiter und verbrachten zwei Tage am Mittelmeer. Aber die Stadt war ihnen unheimlich, zumal auch hier die Cholera eingekehrt war. So fuhren sie zurück nach Mailand, wanderten durch das Engadin und kamen in das Dorf im Prattigau, wo Freund Riggenbach eine kleine Pfarre hatte. Der hatte keinerlei Ahnung, welche geistlichen Konflikte zwischen den beiden Freunden herrschten. So berichtete Riggenbach unbekümmert, als er mit ihnen gemeinsam nach Zürich wanderte, von seiner seelsorgerlichen Tätigkeit und seinem Dienst bei den Sterbenden.

In Basel angekommen, mußten sie feststellen, daß auch hier die Cholera noch wütete und zahlreiche Opfer forderte. Gustav Bossart blieb trotzdem. Eines Abends bat er: »Friedrich, gib mir die Bibel«, und am nächsten Sonntag sagte er: »Ich gehe mit dir in die Kirche.« Als Bossart wieder in Berlin war, schickte er seinem Freund einen Brief, in dem es hieß: »Ich kann wieder beten.« Es war allerdings das letzte Lebenszeichen, das Gustav Bossart seinem Freund schickte, denn kurze Zeit später erlag er *»einer hitzigen Krankheit«.*

Bodelschwingh sollte noch einen zweiten Freund verlieren: Anfang März 1856, zum Ende seines dritten Semesters, erhielt er von Ernst Senfft einen Brief, in dem dieser mit seinem Jugendfreund abrechnete und ihn als Affen titulierte: »Deine Anlage betreffend, so bist Du wirklich fast ein Genie, wo es der Auffassung praktischer Verhältnisse gilt; der liebe Gott hatte Dein Wirken in dem gewählten Beruf sichtbar gesegnet … Dagegen fehlt Dir aller Halt, aller Grund und Boden, wo Du Dich auf das Gebiet der Abstraktion begibst.« Senfft hielt ihm vor: Was seinen Lebenswandel beträfe, so habe er ihnen alle »als Muster gedient«. Aber in seiner »Hinneigung zu Gottes Wort« habe er »bar aller dogmatischen Klarheit« eine »so traurige schiefe Auffassung der christlichen Heilswahrheiten« gezeigt. Er sprach ihm die Befähigung zum Theologen ab und meinte, er sei von »jeher ein eingebildeter Tropf, was Deine geistigen und Charakterleistungen anbetrifft, rücksichtslos, wo Deiner Individualität eine andere nahte; und diese Eigenschaften saßen keineswegs äußerlich, sondern waren tief innerlich in Dein Wesen verflochten und waren ein selbständiges Mitgift Deiner Natur, daher Du immer äußerlich als ein Muster an Bescheidenheit erscheinen konntest. Nun sieh zu, mit diesen Eigenschaften wagst Du es, Dich der Theologie zu widmen (den ursprünglichen Gedanken an die armen Heiden, die Du Tor bekehren willst, mag ich gar nicht berühren).« Senfft warf in dem Brief, in dem sich Wahrheiten, Halbwahrheiten, aber auch Fehleinschätzungen vermischten, seinem Freund »völlige Impotenz und Unberechenbarkeit auf allen rein geistigen Gebieten« vor. Er testierte ihm die Fähigkeit zu einem Sektenstifter. »Du bist ein genialer, phantastischer, durch und durch inkonsequenter und insofern charakterloser Mensch.«[27] Sein Freund Senfft hatte offenbar nicht verwunden, daß Bodelschwingh ihn bei seinem Abschied in Gramenz nicht ins Vertrauen gezogen hatte.

In einem Punkt irrte Senfft allerdings gewaltig: Der realistische Bodelschwingh war nie in Gefahr, sich an eine Sekte zu verlieren.

Auch als er sich später erheblich an der Amtskirche rieb, war es für ihn kein Thema, sie zu verlassen.

Kurze Zeit nach Erhalt des Briefes hieß es für Bodelschwingh, Abschied von Basel zu nehmen. Um in Preußen sein Examen ablegen zu können, mußte er die letzten Semester in Preußen absolvieren. Zunächst aber wollte er noch ein Semester in Erlangen ablegen. Zuvor konnte er am 20. März, Karfreitagabend 1856, seine erste Predigt in der kleinen Elisabethkirche in Basel halten. Der Predigttext war Jesaja 53,11 und 12: »Von der Mühsal seiner Seele wird er Frucht sehen und sich sättigen.«

Bodelschwingh verließ Basel mit dem Wunsch, einmal in das Baseler Missionsgebiet hinauszuziehen, aber er war nicht mehr in Versuchung, mit *»halbierter theologischer Bildung ohne weiteres in die Heidenwelt hinauszuziehen, wie es der alte Spittler wünschte«.*

Am Morgen des 10. Aprils 1856 kam er in Erlangen an und mit ihm sieben seiner Baseler Freunde, darunter auch Theodor Zahn. Die theologische Fakultät der Erlanger Universität stand damals in ihrer Blütezeit, nicht zuletzt durch Johann Christian Konrad von Hofmann. Kurz bevor Bodelschwingh sein Hörer wurde, war dessen zweites großes Hauptwerk erschienen: »Der Schriftbeweis, ein theologischer Versuch«. Aber der berühmte Theologe, der auch Ehrenbürger der Stadt Erlangen war, machte auf Bodelschwingh keinen Eindruck, er konnte sich mit Hofmanns Ansichten sowieso nicht befreunden, *»weil er durchaus eine andere Sprache redete und jedes Wort Gottes mit anderem Namen nannte als andere gläubige Theologen«.* Auch war es ihm zuwider, daß ihn so viele Studenten *»und namentlich die, welche ihn am wenigsten verstanden, zu sehr vergötterten«.* Unter anderem hörte Bodelschwingh bei Hofmann die Erklärung der Offenbarung des Johannes und die Auslegung der Psalmen. Aber selbst diese Vorlesung bedeutete Bodelschwingh kaum mehr als eine Bestätigung von Auberlens Auslegung, wie Martin Gerhardt schreibt.[28]

Das Positive für den Studiosus Bodelschwingh: *»daß der hochgelehrte Mann für Studenten ein Missionskränzchen hielt«.* Dort fühlte sich Bodelschwingh *»von Baseler Heimatluft umweht«*, in ihm gab er dann auf Wunsch von Professor Gottfried Thomasius eine Übersicht über den Stand der evangelischen Mission und schloß den Vortrag mit seinem Lebensmotto: *»Wenn wir Leute sind, denen Barmherzigkeit widerfahren ist, so wollen wir nicht müde werden, auch sie einzuladen zu dem Heil, das uns selig gemacht.«*

In Erlangen erlebte er den Hader zwischen den verschiedenen evangelischen Konfessionen noch stärker als in Basel. Mit diesen Eindrücken wanderte er am Himmelfahrtstag 1856 nach Neuendettelsau zu Wilhelm Löhe, der einen langjährigen dogmatischen Streit mit der bayerischen Landeskirche ausgetragen hatte. Löhe war dabei so weit gegangen, daß er jede Abendmahlsgemeinschaft mit den Reformierten, auch wenn sie durch Notfälle eigentlich erforderlich war, als Sünde ablehnte. Aber bei Löhe in Neuendettelsau lernte Bodelschwingh eine Innere Missionsarbeit kennen, die auf den lutherischen Bekenntnisgrundlagen fußte und im Gegensatz zu Wicherns Vereins- und Anstaltsarbeit gegründet worden war. Der streitbare Pfarrer sah in Wichern zu Unrecht den Vorkämpfer einer bekenntnislosen Union und lastete ihm so die Zerstörung der Gemeinden an. Löhe war davon überzeugt, daß für den Aufbau der weiblichen Diakonie eine straff organisierte Anstaltsarbeit unentbehrlich war, wobei er die Mutterhäuser mit dem Gemeindegedanken verbinden wollte.

Da Bodelschwingh sich in Erlangen nicht recht heimisch fühlte, kehrte er nicht in die Universitätsstadt zurück, sondern wanderte ins schwäbische Städtchen Welzheim, wo sein Freund Gottfried Haußer als Missionar von Josef Josenhans ordiniert und nach Indien ausgesandt werden sollte. Bei der Wanderung trug er einen grauen Kittel und zog wie ein Handwerksbursche durch die Lande. So schloß sich ihm auch ein Handwerker als Weggenosse an, mit dem er seine Wirtshauskammer teilte und der ihn mit den Sitten und Gebräuchen der Handwerksburschen auf Reisen vertraut machte. Als die Welzheimer Gemeindemitglieder seinem Freund Haußer eine Wegzehrung in Form von Geld zusteckten, versorgten sie auch den vermeintlichen Handwerksburschen Bodelschwingh mit Zehrgeld.

Josenhans nahm ihn mit nach Calw und erzählte ihm während der Reise von Visionen oder »Gesichten«, die er gehabt habe. Einmal, bei einem Fieberanfall in Basel, habe er die »Herrlichkeit der Welt«, einschließlich der Kaufläden gesehen, die »mit all ihrer Pracht« anfingen zu tanzen. Sie seien nacheinander in einen Abgrund gestürzt. Dann seien die Türme von Basel zusammengebrochen, und danach seien die Berge des Schwarzwaldes, des Jura und der Alpen eingestürzt. Er sei zurück in seine Heimat Stuttgart gelaufen, und da habe er eine Begegnung mit seinem damals zwölfjährigen Sohn gehabt, der ihm zugerufen habe: »... Vater, komm, sie warten schon alle ...« Eine »unübersehbare große Schar« habe vor ihm gestanden, unter ihnen der Kirchenvater Augustinus, der mit gewaltiger Stimme gerufen habe: »Kommt, wir wollen dem Herrn entgegengehen.« Die Gläubigen aus der katholischen Kirche hätten sich mit strahlendem Antlitz aufgemacht, eine andere große Schar sei blaß und grau gewesen und habe sich in die Löcher der Erde verkrochen. Dann sei Martin Luther aufgetreten, und der habe wieder überlaut gerufen: »Kommt, laßt uns dem Herrn entgegengehen.«

In Bodelschwinghs Erinnerungen nahm die Schilderung von Josenhans einen relativ breiten Raum ein, dagegen widmete er seiner Begegnung mit Johann Christoph Blumhardt in Boll nur ein paar Zeilen, bemerkte jedoch, die Tage bei Blumhardt dem Älteren seien ihm *»zu großem bleibenden Segen geworden«*.

Während seines Aufenthaltes in Schwaben gab es für ihn noch eine andere wichtige Begebenheit. Zusammen mit Josenhans besuchte er Dr. Albert Zeller in dem alten Deutschordensschloß Winnental, wo dieser eine staatliche »Irrenanstalt« leitete. Der Arzt faßte seine Arbeit nicht nur als rein medizinische, sondern auch als seelsorgerliche auf. Er versuchte – für die damalige Zeit sehr ungewöhnlich –, den Menschen als eine Ganzheit zu sehen, nicht nur die Zusammenhänge zwischen dem organischen Leiden des Körpers, sondern auch der Funktionen der Seele zu erkennen. Auf beide versuchte er heilend einzuwirken. Zeller wies der Seelsorge eine entscheidende Rolle zu, zumal jeder Kranke individuell behandelt werden müsse.

Bei dieser Begegnung lernte Bodelschwingh etwas kennen, was ihm später in Bethel außerordentlich wichtig werden sollte: Die Arbeitstherapie. Zeller war von der Heilkraft durch Beschäftigung der Kranken in der Landwirtschaft und im Handwerk überzeugt. Ein anderer Faktor war für ihn die »Freude«. Deshalb veranstaltete er für seine Kranken musikalische Darbietungen und wissenschaftliche Vorträge.

Das Erlanger Semester war aufgrund der ausgedehnten Wanderung durch die Innere Mission im Hinblick auf die theologisch-wissenschaftliche Ausbeute sehr beeinträchtigt worden, aber für Bodelschwinghs Lebenswerk von unschätzbarem Wert. Die Beobachtungen in Winnental fielen bei ihm auf fruchtbaren Boden, und seine Eindrücke in Riehen, Neuendettelsau und Winnental trugen dazu bei, Verständnis für die Not der »Abnormen« zu bekommen. In Erlangen besuchte er darüber hinaus ein pädagogisches Seminar und belegte auch eine Vorlesung über Psychiatrie mit klinischen Demonstrationen bei Professor Solbrig, der eine angesehene Autorität war und unermüdlich für die Gleichstellung der Psychiatrie mit anderen medizinischen Fächern kämpfte.

Hinzu kam eigenes Erleben in und am Krankenbett. Wegen seiner bohrenden Kopfschmerzen und unerklärlichem Nasenbluten mußte sich Bodelschwingh in der Erlanger Universitätsklinik behandeln lassen. Dort im Krankenzimmer fand er zwei Leidensgefährten. Einer der beiden, Student wie Bodelschwingh, war hoffnungslos an Schwindsucht erkrankt und von den Ärzten aufgegeben worden. Bodelschwingh hatte aufgeschnappt, wie einer der Assistenzärzte sagte: »Wir haben ihn nun so lange gepflegt, nun wollen wir auch seine Leiche haben.« Dies empörte ihn aufs äußerste, und er erwirkte beim Klinikdirektor, daß die Mutter ihren todkranken Sohn abholen konnte.

Nach einem Semester brach Bodelschwingh seine Zelte in Erlangen ab, um in Berlin die letzten beiden Semester zu studieren.

Auf seinem Weg von Velmede nach Berlin unterbrach er seine Reise in Bielefeld, um einen Berliner Schulkameraden zu besuchen, der als Kandidat in der »Rettungsanstalt« in Schildesche (damals noch ein Vorort von Bielefeld) unterrichtete. Diese Rettungsanstalt für gefährdete Jungen, aus der später das Bielefelder Johanniswerk hervorging, war die älteste ihrer Art in Ost-Westfalen und eine »Verkündigung mit den Händen« der Erweckungsbewegung des Ravensberger Landes. Bei diesem Abstecher kam es dann für Bodelschwingh zu einer Begegnung mit der Ravensberger Erweckungsbewegung um Johann Heinrich Volkening aus Jöllenbeck.[29] Bodelschwingh übernachtete bei dem zweiten Ortspastor, Carl Siebold. Dabei wurden entscheidende Beziehungen angeknüpft, ohne die vermutlich Bodelschwinghs Lebensweg anders verlaufen wäre.

Die Reise nach Berlin setzte Bodelschwingh nach seinem Bekenntnis mit *»ziemlichem Herzklopfen«* fort, und das hatte zweierlei Gründe. Einmal mußte er seine theologischen Studien abschließen, und zum andern würde er seine Cousine Ida wiedersehen. Ida hatte ihn zusammen mit ihrem Vater Karl von Bodelschwingh in Basel besucht. Friedrich hatte sich bei dem Besuch in sie verliebt, sie aber liebte Wilhelm von Diest, seinen Vetter.

Aber als Bodelschwingh in der ihm vertrauten Wohnung des Finanzministers in Berlin eintraf, fand er eine total verweinte Tante Elise vor, die ihm berichtete: »Ida ist sehr krank, und wir haben sie heute zum Schweizerhof bringen müssen.« Das war eine Einrichtung in Zehlendorf für psychisch kranke Patientinnen, wo der Arzt Dr. Heinrich Laehr ähnlich wie Zeller in Winnental eine ganzheitliche Leib-Seele-Therapie anwandte. Ida hatte, wie es damals hieß, eine periodisch auftretende Schwermut; die neue akute Psychose war ausgelöst worden, als ihre Eltern die Zustimmung zur Heirat mit ihrem Auserwählten verweigerten. Man hatte sie zuvor schon bei anderen Depressionen in dem zu Kaiserswerth gehörenden Marthashof in Berlin unterbringen müssen, wo sie ihre Freundin, die spätere Oberin Hedwig von Brauchitsch, kennenlernte.[30]

Bodelschwingh mietete sich eine Studentenbude in der Artilleriestraße 13 und hörte bei Ernst Wilhelm Hengstenberg, dem Herausgeber der Evangelischen Kirchenzeitung, die einen prägenden Einfluß auf fast alle deutschen Landeskirchen ausübte.

Außerdem besuchte er das homiletische Seminar bei K. J. Nitzsch. Bodelschwingh schilderte ihn als einen Professor, bei dem es besonders ernst zuging. *»Eitlen jungen Studenten, die bei ihren Predigtübungen mit oberflächlichen Redensarten und schönen Worten zu glänzen suchten, wußte er den Hoffartteufel gründlich auszutreiben.«* Das brauchte er bei Bodelschwingh sicherlich nicht, denn der wäre am liebsten in die Erde versunken, als er vor dem gestrengen Professor zu predigen hatte, dies frei versuchte, steckenblieb und sein Konzept *»demütig herauslangen mußte«*. Es war allerdings auch das einzige Mal, daß ihm solches Unglück widerfuhr. Später war es freilich auch darum unmöglich, weil er niemals ein Konzept benutzte.

Professor Nitzsch nahm seine Studenten regelmäßig mit in die Probsteischule an der Nicolaikirche, *»wo wir eine Katechese zu halten hatten. Hierbei ging es mir so gut, daß er mich besonders in sein Herz schloß und mich zu seinen regelmäßigen Studentenfamilienabenden einlud«*. Aber auch Hengstenberg nahm Bodelschwingh *»mehrmals liebreich bei sich auf«* und erteilte ihm *»freundlichen Rat«*.

Obwohl das Examen jetzt vor der Tür stand, richtete Bodelschwingh sein Studium ausschließlich nach seinem Einsatz auf dem Missionsfeld aus. *»Da ich zu den Heiden wollte, suchte ich mir auch die von den Missionaren geforderten Kenntnisse in der Krankenpflege und der Arzneilehre zu erwerben.«* Der Regimentsarzt des Kaiser-Franz-Regimentes, Dr. Lauer, ließ ihn als Lazarettgehilfen hospitieren. Er lernte dabei Verbände anzulegen und kleine Behandlungen durchzuführen. Bodelschwingh zog das Fazit: *»Es brachte mir diese Arbeit an den armen, kranken Soldaten für meinen Beruf manche Förderung, und die Assistenzärzte benahmen sich nicht nur zuvorkommend, sondern waren freundlich mir gegenüber.«* Für ihn war es daher unverständlich, daß es sich *»nicht schicke, wenn Theologen in der zweiten Hälfte ihres Dienstjahres Lazarettgehilfendienste täten«*[31]. (So laut Bodelschwingh die Meinung des Oberkirchenrats.) *»Ich kann mir nicht vorstellen, wie Ärzte gebildeten jungen Theologen gegenüber … jemals taktlos sein könnten.«*

In Berlin traf er auch einen *»Gymnasialgenossen«* vom Joachimstaler Gymnasium wieder, nach Bodelschwinghs Laienurteil war er *»wegen seiner mangelhaften Ernährung und schlechten Wohnung nicht nur körperlich, sondern auch geistig krank geworden«*. Spontan lud er ihn ein, bei ihm zu wohnen. Aber die Wohngemeinschaft wurde für den Gastgeber zu einem Martyrium, denn der Schulkamerad entwickelte sich zum Haustyrann.

Nachdem Bodelschwingh seine Lazarett-Hospitation beendet hatte, konzentrierte er sich wieder aufs Studium und arbeitete das Buch Hiob im Urtext durch. Gegen Ende des Wintersemesters schlugen ihm sein Onkel und seine Tante vor, zu ihnen in die Dienstwohnung im Finanzministerium zu ziehen, denn er müsse ordentlich ernährt werden; weil sie während des Sommers vermutlich sehr viel abwesend seien, könne er sich dann auch um seine Vettern Gustav und Udo kümmern. So zog er in das Zimmer seiner Cousine Ida, die wegen ihrer Depressionen noch immer in Behandlung war.

Nach dem zweiten Berliner Semester, am 10. August 1857, nahm er Abschied von Berlin und fuhr mit dem Nachtzug nach Hamburg. Von dort ging es hinaus nach Wandsbeck, der Heimat von Matthias Claudius, aus dessen Schriften er vieles auswendig konnte. Er lernte auch das Rauhe Haus kennen und spielte mit dem Gedanken, dort als Erzieher zu arbeiten. Es war immerhin eine Möglichkeit, in Deutschland bei Ida zu bleiben.

Doch bevor er sein Examen machte, wurden bei einem Besuch in Barmen die Weichen für seinen Lebensweg erneut gestellt. Er traf bei den Barmer Festwochen seinen Baseler Freund Jules Steeg wieder und lernte durch ihn Pastor Louis Meyer aus Paris kennen. Der war Prediger an der Église des Billettes. Er schilderte sehr anschaulich die Not der Deutschen, insbesondere die Not der deutschen Kinder in Paris, und klagte: »Es fehlt eben ein Lehrer an der Gassenkehrer-Schule zu St. Marcel in Paris.« Bodelschwingh fühlte sich gerufen und wollte ihm nach bestandenem Examen für ein halbes Jahr *»dienen«*. Es wurden feste Vereinbarungen getroffen, und der französische Pastor mit dem deutschen Namen begleitete ihn auch zu seiner Mutter nach Velmede. Der war es »ein Lichtstrahl in ihr Mutterherz«, daß sein Weg zunächst statt nach Indien oder Afrika nach Paris gehen sollte.

Wie immer ging Bodelschwingh sofort tatkräftig ans Werk, machte einige Kollektenreisen für die Pariser Mission und lernte Johann Heinrich Volkening in Schildesche bei Bielefeld kennen. So vertiefte er seine Beziehungen zur Minden-Ravensberger Erweckungsbewegung, die auch später seine Arbeit in Paris unterstützen sollte.

Bevor er an die Examensvorbereitungen ging, hieß es noch, Josenhans über die anvisierte Aufgabe im *»Missionsgebiet Paris«* zu informieren. Am 4. Januar 1858 schrieb er ihm. Er zog dabei zunächst eine Bilanz seines Studiums und erinnerte den Missionsinspektor daran, daß er sich beim Abschied von Basel *»von dem Besuch der deutschen Hochschulen wenig Segen«* versprochen habe, und *»soweit meine Augen sehen, haben mich diese Befürchtungen nicht getäuscht«*. Dann kam er auf seine Bekanntschaft mit Pfarrer Meyer und dessen Angebot, stellte aber in Zweifel, daß er in Paris eine ständige Wirkungsstätte habe, und hoffte, *»doch noch einen Weg nach Basel offen zu finden«*.[32]

Aus diesen vagen und widersprüchlichen Aussagen las Josenhans offenbar keine Absage, sondern eine Zusage heraus, und der Vorstand der Baseler Missionsgesellschaft berief Bodelschwingh nach Cannanore in Ostindien. In seinem Berufungsschreiben vom 19. Februar 1858 teilte ihm Josenhans mit, daß seine Abreise spätestens »September oder Oktober dieses Jahres erfolgen« müsse. Am 7. März gab Bodelschwingh von Berleburg aus, wohin er sich nach Abschluß eines Seminarkursus zur Examensvorbereitung zurückgezogen hatte, unter Berufung auf Gottes Willen eine endgültige Absage: *»Hätte Gott es zugelassen, daß mir Ihr Ruf vor dem des Herrn Pfarrer Meyer zugegangen wäre – so glaube ich wohl, daß alle meine Bedenken sofort genommen worden.«* Martin Gerhardt meint, in diesem Brief werde die Frage unabweisbar, »ob nicht noch andere, rein persönliche Beweggründe hinter Bodelschwinghs Haltung gegenüber der Baseler Berufung gestanden haben«.[33] Er vermutet nicht zu Unrecht, daß diese in seiner Liebe zu Ida von Bodelschwingh zu finden waren, denn darüber war sich Bodelschwingh bereits in Berlin im klaren: Sein Onkel Karl würde sie ihm nicht mitgeben *»zu den Heiden«*.

Aber es kam noch ein anderer Grund hinzu: Meyer hatte ihm versprochen, *»arme Kinderchen unterrichten zu dürfen«*.[34] Dabei wollte er erproben, *»was echt«* war von seinem geistlichen Wissen. Der Widersprüche der verschiedenen theologischen Systeme, die manches vor seinen Augen *»dunkel werden«* ließen, war er überdrüssig.

Das Examen legte er bei der zuständigen Kirchenleitung in Münster mit der Note »gut« ab. In seiner Examensarbeit über die *»Bedeutung der Höllenfahrt Christi in der Lehre von der christlichen Hoffnung«* spielte die Mission eine große Rolle. Seine Gedanken kreisten dabei um die Hoffnung, die aus der christlichen Botschaft kommt, *»und diese selbe Hoffnung ist es nun auch, welche den richtigen Missionsgeist wirkt«*. Über sein Examen urteilte er, man sei sehr glimpflich mit ihm umgegangen. Mit der Licentia concionandi (der Berechtigung zum Predigen) in der Tasche stieg er am 23. April 1858 in den Zug nach Paris.

2. *»Dieser Hügel gehört dem Herrn«*

Gassenkehrer-Pastor – Gemeindepastor – Feldprediger

»Die große Weltstadt übte einen beengenden Eindruck auf mich aus«[1], beschreibt Bodelschwingh seine ersten Eindrücke von Paris, das für ihn das Babel des 19. Jahrhunderts war. Unter den 1,7 Millionen Einwohnern waren etwa 60 000 bis 80 000 Deutsche. Etwa die Hälfte davon waren Protestanten, die von der Konfession her einen nicht einfachen Stand hatten, denn nachdem Napoleon die katholische Kirche und den Staat wieder fest miteinander verknüpft hatte, hatten die nichtkatholischen Kirchen einen schweren Stand.

Unter den Deutschen in Paris konnte nur eine geringe Zahl von dem Flair der Großstadt mit ihrem Nachtleben, ihren Salons und literarischen Zirkeln profitieren. Die meisten Deutschen lebten im sozialen Elend, verrichteten die niedrigsten Arbeiten, waren Gassenkehrer und Müllmänner. Sie lebten in einem Milieu, wie es Victor Hugo in seinem Roman »Les Misérables« eindrücklich beschrieben hat.

Es hatte immer wieder Versuche gegeben, die Stellung der Protestanten, die seit der Hugenottenverfolgung nur ein kümmerliches Leben am Rande der Legalität führen konnten, zu festigen. Sogar ein Diakonissenmutterhaus war unter Mithilfe des Kaiserswerther Verbandes entstanden. Aber die verschiedenen protestantischen Strömungen hatten sich immer wieder gespalten. Nur die Lutheraner bildeten eine geschlossene konfessionelle Einheit. Es gab zwei lutherische Kirchen in Paris, die Kirche Billettes und die Kirche Rédemption. In Rédemption predigte Pastor Meyer, der auch Präses des lutherischen Konsistoriums war. Beide Kirchen gehörten den französischen Lutheranern.

Louis Meyer nahm sich wie sein Amtsbruder Louis Vallette an der Kirche Billettes der deutschen Einwanderer an. Die Deutschen in Paris hatten *»eine Missionsgesellschaft«* gebildet, mit dem Ziel, *»die in dem großen französischen Babel zerstreuten armen Leute aufzusuchen und sie in den Kirchen und Schulen zu sammeln«*, beschreibt Bodelschwingh die damalige Situation. *»Dazu hatten sie mehrere junge deutsche Geistliche berufen«*, die sich die Arbeit in der Großstadt teilten.

Das Quartier St. Marcel war auch das Quartier der unterprivilegierten Gassenkehrer, und hier in der Nähe des Jardin des Plantes wohnte Pfarrer Meyer. Bodelschwingh verbrachte seine ersten Wochen in

Meyers Haus, in der rue Cuvier 16, und war über den Ausblick in den Park des Plantes am Seineufer mit seinen dunkelgrünen Zedern geradezu entzückt. Sie konnten ihm aber nicht die Sicht auf das Elend verstellen.

Sehr bald kristallisierte sich dann sein Arbeitsfeld heraus: Er sollte einen der anderen Pastoren in der nördlichen Pfarre an der Eglise des Billettes ersetzen, da dieser nach Rédemption berufen worden war.

Bodelschwingh bestieg zunächst den Montmartre, um sich die Lage generalstabsmäßig von oben anzusehen. Es war sozusagen auch eine patriotische Reminiszenz, denn Blücher hatte es auch getan, bevor er vom Montmartre aus in Paris eingezogen war. In der rue des brouillards 13, im Norden der Stadt, fand er in einer Mietskaserne zwei Zimmer, *»von denen das Wohnzimmer nach Paris herunterschaut, das Schlafzimmer aber in die schöne weite Ebene von St. Denis nach Deutschland zu«*. Es war sein *»Nebelschloß«*, allerdings mit einem bescheidenen Mobiliar: eine eiserne Bettstelle, ein Tisch, zwei Stühle, ein alter Lehnstuhl und ein kleines Harmonium, das ihn *»nur 100 Franc«* gekostet hatte. Dies brauchte er, um mit Kindern zu singen, da er keine Gesangsstimme hatte.

Er, der schon im Studium für die Armenpflege sensibilisiert worden war, begann unverzüglich damit, seine Gemeinde zu sammeln, und dabei traf er auf zwei Kinder. Wegen ihrer blonden Haare und blauen Augen vermutete er in ihnen Deutsche und sprach sie an. Es waren Elisabeth und Margarethe Braun, die Kinder eines Gassenkehrers aus Hessen. Bodelschwingh nahm sie mit in seine Wohnung und begann mit dem, was er eigentlich in Paris wollte: deutschen Kindern Schulunterricht zu geben. Die beiden Mädchen brachten am nächsten Tag noch andere Kinder mit. Es dauerte nur wenige Wochen, da war sein Wohnzimmer als Unterrichtsraum zu klein. *»Ich mußte Wohn- und Schlafzimmer gleichzeitig meinen kleinen Schülern einräumen, ohne daß schon auf ein Aufhören des täglichen neuen Zulaufs armer Gassenkehrer-Kinder zu rechnen war. So lieb mir diese Arbeit auch war, so hatte sie doch ihre mannigfachen, mir bis dahin unbekannten Schwierigkeiten, und ich mußte merken, daß Schulehalten eine überaus saure Arbeit ist, besonders für den, der es noch nicht versteht, sondern erst lernen will.«*

Die Schwierigkeiten für den nur unzureichend ausgebildeten »Lehrer«, der lediglich einen sechswöchigen Pflichtkursus an einem Lehrerseminar gemacht hatte, erhöhten sich, weil seine einklassige Schule regelrecht zusammengewürfelt war; die Kinder waren zwischen fünf und 18 Jahren alt. Hinzu kamen die verschiedenen sozialen Schichten mit ihrem unterschiedlichen Wissensstand. Einige Kinder waren vollkommen verwildert. Sie hatten ihren Eltern zwar versichert, sie gingen in eine französische Schule, hatten sich in Wirklichkeit aber, da sie in der fremden Sprache nichts verstanden, herumgetrieben und waren Analphabeten. Andere Kinder wieder waren erst kurz in Frankreich und hatten bis dahin deutsche Schulen besucht. Außer den Kindern, so mußte er bald feststellen, hatte er noch ungebetene Gäste, nämlich Wanzen und anderes Ungeziefer.

Bodelschwingh mußte aber nicht nur Schule halten, sondern war auch Seelsorger. In einem Laden auf dem Montmartre hielt er jeden Sonntagnachmittag Gottesdienst und jeden Donnerstagabend eine Bibelstunde. Sonntagnachmittags hielt er zusätzlich in der Vorstadt Puteaux, die er nur mit der Eisenbahn erreichen konnte, Gottesdienst.

Es war eine wechselnde Gemeinde, die Bodelschwingh um sich sammelte. Vielfach mußten sich Gemeindeglieder auch entschuldigen, weil sie keine Zeit hatten, zur Kirche zu kommen. Bodelschwingh schrieb: Ihnen lag *»das harte Joch«* so *»schwer auf ihrem Hals, daß man sie sonntags nicht freiließ von ihrer Arbeit. Wie oft kam es vor, daß, wenn unsere armen Gassenkehrer ein Kind zur Taufe brachten, keinen Urlaub hatten bekommen können«*. In den Fabriken war es so: *»Weil dieselben montags für gewöhnlich feierten, konnten sie den Sonntag nicht entbehren. Der Fluch solcher Arbeit hatte den blauen Montag ziemlich allgemein gemacht.«*

Trotz dieser Widrigkeiten wuchs die deutsche Gemeinde schneller als die französische. Bodelschwingh und ein französischer Amtsbruder hatten die beiden Krankenhäuser Lariboisière und St. Louis zu betreuen. Das erste war ein Musterhospital; eine Gräfin hatte es der Stadt Paris unter der Bedingung gestiftet, daß es ihren Namen tragen sollte. Es war ein Bau mit neun prachtvollen, dreistöckigen Pavillions. Im großen Eingangsportal, direkt gegenüber der Hospitalkirche, lag auf einem schwarzen Marmorsarg das Testament der Gräfin, mit ihrem Namen in Goldbuchstaben. Für Bodelschwingh war dies *»ein abschreckendes Beispiel, wie Menschen ihren eigenen Namen zu verherrlichen verlangten«*.

Das zweite Hospital war um so älter, aus den alten Reitställen Heinrichs IV. entstanden und in keinem guten Zustand. In jedem der Krankenhäuser versah Bodelschwingh pro Woche an einem Nachmittag die Krankenhausseelsorge. *»Die kranken Deutschen lagen fast ausnahmslos rechts und links neben Franzosen, mit denen sie teilweise nicht einmal sprechen konnten.«* Dies hatte allerdings den Vorteil, daß bei den seelsorgerlichen Gesprächen die Diskretion gewahrt blieb.

»Die Einsamkeit und Verlassenheit ließ den Besuch eines Deutschen, und wenn es selbst ein Pastor war, den man gar lange gemieden hatte, willkommen erscheinen.« So bildete sich langsam ein zutrauliches Verhältnis heraus. Volles Lob zollte Bodelschwingh den katholischen Schwestern, die ihm *»meist bereitwillig und mit zarter Aufmerksamkeit dienten, wenn es galt, hier und da in einem der großen Säle einem Kranken das heilige Sakrament zu reichen«*.

Bodelschwingh hatte zwar die Erlaubnis zu predigen, aber keineswegs die Erlaubnis, die Sakramente zu verwalten. So holte Pfarrer Meyer beim Oberkirchenrat zu Berlin die Erlaubnis ein, Bodelschwingh ordinieren zu dürfen, ohne daß dieser erst sein zweites Examen ablegen mußte. Am 29. August 1858 wurde er in Gegenwart aller deutschen Pastoren in der alten Billetteskirche ordiniert. Der Tagesspruch im Bogatzky lautete an diesem Tage: »So ziehet nun an, als die Auserwählten Gottes, Heiligen und Geliebten, herzliches Erbarmen, Freundlichkeit, Demut, Sanftmut, Geduld und vertrage einer den anderen« (Kolosser 3,12-14).

Bodelschwinghs *»Nebelschloß«* wurde für die vielfältigen Aufgaben bald zu klein. Er brauchte Raum, und er brauchte auch einen Lehrer. Eines Tages stieß er bei seinen Fußmärschen zwischen La Vilette und Belleville auf einen Kalksteinbruch. *»Aber am Eingang dieses Steinbruchs am Rande von La Vilette, wo die elendesten Hütten lagen, ragte ein kleiner Hügel in die Höhe, ganz grün mit Akazien, Ahornbäumen und Eschen bewachsen, etwa 30 Fuß hoch und einen Morgen groß.«* Es war der Hügel, auf dem die Galgen von Paris gestanden hatten und wo viele Hugenotten nach der Bartholomäusnacht 1572 umgekommen waren.

Auf diesem Hügel machte Bodelschwingh nun seine Mittagsrast. Er war eingeschlafen und wachte aus einem Traum auf, weil er glaubte, jemand hätte ihm zugerufen: »Dieser Hügel gehört dem Herrn.« Es sollte sein *»Grüner Hügel«* werden, wobei das Grün für die Glaubenshoffnung stand. Bodelschwingh erkundigte sich nach dem Besitzer, und der war bereit, ihm den Platz für eine Jahrespacht von 200 Francs zu vermieten. Unweit des Hügels fand er dann auch eine Fabrik, die vorgefertigte Schweizer Häuser aus Holz lieferte. Eines davon bestellte er.

Im September 1859 reiste er zum Kirchentag nach Hamburg – einmal, um für die Pariser Mission zu werben, zum anderen, um sich einen Lehrer zu suchen. Der Kirchentag, auf dem er auch Wichern begegnete, fand in der Hamburger Michaeliskirche statt, und der junge Pastor hatte gewaltiges Herzklopfen, als er *»vor der kolossalen*

Versammlung« stand. Nachdem er von der Arbeit berichtet hatte, trug er seine Bitte vor, *»ob nicht einer der anwesenden Herren mir einen Lehrer nachweisen könnte, dem es Lohn genug wäre, wenn er ein paar Augen vor Freude glänzen oder Tränen sähe, von Kindern, die noch nichts vom Heiland gehört hatten«.* Die Frau eines Hamburger Gymnasiallehrers schenkte ihm 200 Hamburger Kurantmark (= 40 Taler) für die Arbeit und steuerte auch später immer wieder ein Scherflein bei. Der holsteinische Elementarlehrer Heinrich Witt reichte ihm einen Taler mit den Worten: Kommen könne er selbst nicht, aber er wolle doch ein Opfer für die armen Pariser Kinder bringen. Er hatte aber nicht mit Bodelschwinghs Hartnäckigkeit gerechnet. Der antwortete: *»Freund, wo der Taler herkommt, kommt vielleicht auch der Geber nach.«* Er reiste Witt nach Glücksstadt hinterher und hörte sich dessen biblische Geschichtsstunde an. Nun ließ Bodelschwingh nicht mehr locker, bis Witt schließlich ja sagte.[2]

Als er wieder in seinem Pariser *»Nebelschloß«* war, bekam er Besuch von Jules Steeg, der den Anstoß zu seiner Pariser Arbeit gegeben hatte. Für Bodelschwingh wurde es ein schmerzlicher Besuch. Sein Freund kam aus Montauban, wo er die reformierte Fakultät besucht hatte. *»Er hatte hier leider noch mehr Gift eingesogen als in Straßburg, und die falsch berühmte Weisheit hatte ihm, dem einst so fröhlichen, kindlich frommen Jüngling, den Rest seines Glaubens geraubt … Der Professorenstolz, der sich ein Recht anzumaßen sucht, nicht die Schrift auszulegen in Demut, sondern über dieselbe zu Gericht zu sitzen, hatte diese traurige Frucht getragen«*, urteilte Bodelschwingh.

Wenige Wochen später aber, in der letzten Oktoberwoche, hatte er einen neuen Freund: Heinrich Witt hatte Wort gehalten und war gekommen. Sofort gingen sie an die Arbeit und entwarfen den Grundriß für das Häuschen auf dem »Grünen Hügel«. Es sollte Schule, Kirche, Lehrerwohnung und Pastorat sein. Der größte Raumanteil war für die Schule vorgesehen. In der Lehrerwohnung von Witt trennte ein Vorhang Wohn- und Schlafraum, dahinter lag Bodelschwinghs Wohnung – beide gleichermaßen spartanisch ausgestattet.

Am 7. Dezember 1858 stand das Häuschen. Bodelschwingh und Witt lebten fortan in einer Art Wohngemeinschaft. Das Beste aber war für Bodelschwingh: *»Daß nun – ein bis dahin ungehörter Klang für das arme Villette – die Weihnachtslieder für das nahe Weihnachtsfest eingeübt wurden und in täglich immer volleren und jubelnderen Tönen vom Hügel hernieder klangen, in die armseligen Hütten, die zu den Füßen des Hügels lagen.«*

Das Holzhaus hatte 3 000 Francs gekostet. Fast gleichzeitig mit der

Rechnung traf unerwartet die gleiche Summe aus Deutschland ein. Johann-Heinrich Volkening hatte in den »Ravensberger Monatsblättern« von der Pariser Arbeit berichtet und eine Sammlung initiiert.

Die Schule, die neue Kinder anzog, entwickelte sich zu einer großen Sozial- und Missionsstation. Über die Kinder kam es zu Kontakten mit den Eltern. Witt und Bodelschwingh gingen den Kindern nach, wenn sie nicht zur Schule kamen; sie holten sie ab, wie es Bodelschwingh später auch mit seinen Gemeindemitgliedern tat.

Typisch dafür ist die Geschichte des Michel. Er war völlig abgeglitten, und sein Vater hatte Bodelschwingh gesagt: »Es nützt nichts mehr, wie oft habe ich ihn schon wund und blau gehauen, aber er hört mich nicht.« Als Michel wieder nicht zur Schule kam, ging nun Witt in die Wohnung. Der Junge dachte, daß er wieder Prügel bekommen würde, aber Witt sprach kein böses Wort, sondern holte ein Buch aus der Tasche und sagte: »Michel, du bist nicht zur Schule gekommen, darum will ich dich hier unterrichten, denn ohne Unterricht darfst du doch nicht bleiben.« Das wirkte. Fortan brauchten die Lehrer nicht mehr hinter Michel herzulaufen.

Bodelschwingh erzählte dazu noch eine Begebenheit: Um die Schule wuchsen wilde Rosenstöcke. Einer davon hatte außerordentlich lange, spitze Dornen. Vor diesem Strauch fand Bodelschwingh

Paris, »Hügelkirche« von La Villette.
Hier war Bodelschwingh 1858-64 Pfarrer einer deutschen Gemeinde

eines Tages Michel, und der fragte: »War das solch ein Dornenast, den der Heiland um sein Haupt hatte am Kreuz?« Als der Pastor bejahte und sagte: *»Solche Dornen waren es auch, als er hinging, seine verlorenen Schafe zu suchen«*, meinte der Junge: »Ich war auch verloren.«

Nach einem halben Jahr besuchte der Bürgermeister von La Villette die Schule. Er machte große Augen und teilte mit, *»daß er die Schule schließen müsse, wenn wir nicht für die Mädchenabteilung eine Lehrerin fänden«*, denn die Gemeinschaftserziehung von Jungen und Mädchen war in Paris verboten. Jetzt war guter Rat teuer. *»Wie sollte eine deutsche Lehrerin es wagen können, in die Wildnis von La Villette hinauszuziehen, um mit uns beiden zusammen zu arbeiten«*, argwöhnte Bodelschwingh. Doch der Bürgermeister zeigte sich kompromißbereit. Er wollte sogar darüber hinwegsehen, daß Jungen und Mädchen im selben Klassenraum unterrichtet wurden, und gab ihnen eine Gnadenfrist, damit sie eine deutsche Lehrerin für die Mädchenklasse finden konnten, und wenn es nur eine Handarbeitslehrerin sei.

»So beschlossen wir denn, daß einer von uns beiden sich verheiraten müßte, und da ich dazu noch keine Gelegenheit vor Augen sah, so blieb die Sache auf meinem Freund Witt sitzen. Freund Witt wußte zwar, wen er gerne nach Paris holen würde, aber er wußte nicht, ob sie auch kommen würde.« Darum nahm Witt in den Ferien Heimaturlaub, und bald schrieb er nach Paris, er habe eine Braut: Marie to Alpern. Die Eltern wollten sie jedoch erst im Frühjahr fort lassen. Aber auch dieses Problem wurde gelöst, und das junge verheiratete Paar kam tatsächlich.

Doch nun stand ein Wohnungsproblem auf der Tagesordnung. Ein zweites Haus mußte her. Die Firma, die das erste geliefert hatte, konnte tatsächlich noch ein neues Haus als Restposten liefern. Es hatte zwei Etagen, in jeder Etage vier Räume und außerdem im Giebel ein Zimmer und einige kleine Kammern. Alles in allem kostete es 7 000 Francs. Es war trotzdem nur etwas mehr als ein Puppenhaus, denn jede Etage hatte nur 49 Quadratmeter. Im Sommer 1860 konnte Einzug gehalten werden.

Zu den gemeinsamen Pastoralkonferenzen der französischen protestantischen Geistlichen, die alle vier Wochen stattfanden, wurden auch die deutschen Pastoren geladen. *»Nationale Schwierigkeiten kannte man zu jener Zeit nicht. Wir Deutschen schoben unser Nationalbewußtsein nicht in den Vordergrund, und die Franzosen liebten uns als die Träger gründlicher deutscher Wissenschaft und als die Vorarbeiter für die Sammlung der Glieder Augsburgischer Konfession in Paris, die zu jener Zeit immer reichlicher dort zuströmten.«*

Das »Schifflein Christi in Paris«, mit dem Bodelschwingh missionarisch-publizistische Aktivitäten entfaltete

Allerdings herrschte auf zwei Gebieten ein beständiger Kampf: *»Wir Deutschen wollten, wenigstens für die ersten zwei Generationen der deutschen Einwanderer, die deutsche Sprache erhalten, während die Mehrzahl der französischen Pastoren einen eiligeren Übergang aus dem Deutschen ins Französische wünschten. Der andere Gegensatz bestand darin, daß wir Deutschen auf eine reichere Gestaltung des liturgischen Gottesdienstes drangen und in den äußeren Formen uns fester an die Ordnungen der alten lutherischen Kirche Deutschlands anschlossen.«*

Die kleine deutsche Pastoralkonferenz gab nicht nur ein Kirchengesangbuch für die lutherische Kirche Augsburgischer Konfession in Paris heraus, sondern auch ein kleines Blättchen mit dem Titel »Das Schifflein Christi in Paris«, das auch in Deutschland eine ziemliche Verbreitung fand.

Bodelschwingh gehörte zu den engagierten Autoren dieses Missionsblattes. Dabei geriet ihm das Missionieren und Werben um die Finanzierung zu einer Symbiose: *»Kommt herüber und helft uns, das wird wieder und immer wieder unser Ruf sein, dessen wir nicht müde* *werden dürfen.«* Er missionierte für die Pariser Sache auch in Kirchenpublikationen, so in der »Evangelischen Kirchenzeitung Berlin« oder im »Evangelischen Monatsblatt für Westfalen«. Mit diesen Artikeln erreichte er auch seine Freunde der Minden-Ravensberger Erweckungsbewegung, bei denen er immer offene Ohren fand und die manche Kollekte von Bielefeld in Richtung Paris schickten. In der Korrespondenz tauchte auch der Name Johann Bansi auf. Er war ein angesehener Bielefelder Likörfabrikant schweizerischer Abstammung. Sein Sohn Gottfried Bansi sollte später Bodelschwinghs Begleiter beim Aufbau in Bethel werden.

Aber zunächst stand in Paris die Gründung einer zweiten Schule an, denn die Hügelschule war längst zu klein geworden. Wieder appellierte Bodelschwingh an das *»liebe Ravensberger Land«*, denn es solle in der neuen Schulgründung *»der Herr Jesus und sein Wort die erste Stelle einnehmen«*[3]. Diese zweite deutsche Schule sollte an der Kirche von Batignolles errichtet werden; das Missionskomitee bewilligte Bodelschwingh einen Mitarbeiter dafür. Dies wurde der Pastor Julius Müller. Er hatte zuletzt eine Hauslehrerstelle in Rußland innegehabt und war, was die Organisation seines eigenen Lebens betraf, regelrecht linkisch, wurde aber laut Bodelschwingh *»als eine Perle unseres kleinen Freundes- und Bruderkreises geliebt und geschätzt«*.

Dann kam die Zeit, wo auch Bodelschwingh auf Freiersfüßen wandelte. Nur in einem Brief an seine Mutter hatte er zuvor von seiner Liebe zu seiner Cousine Ida gesprochen. Auch in seinen Lebenserinnerungen wird sie nur einmal erwähnt. Bevor er an seinen Onkel Karl schrieb, mußte noch ein Hindernis beseitigt werden: Zwischen seinem Vetter Wilhelm von Diest und Ida von Bodelschwingh gab es immer noch eine *»Herzensbindung«*. In Velmede hatten die beiden Männer eine klärende Aussprache, deren Ergebnis Diest nicht nur schriftlich bestätigte, sondern auch Ida mitteilte. Er sehe es als seine Pflicht an, Ida freizugeben, da er keine Hoffnung mehr habe, die Einwilligung von ihren Eltern zur Hochzeit zu bekommen. Von Bodelschwinghs eigentlicher Brautwerbung ist lediglich das Briefkonzept erhalten; es stammt vermutlich von Ende September oder Anfang Oktober 1860. In ihm schreibt er an seinen Onkel Karl: *»Nachdem ich soeben ausführlich mit meiner guten Mutter geredet und ihre fröhliche Einstimmung zu diesen Zeilen erhalten habe, wende ich mich getrost an Dich und an die liebe Tante mit einer recht großen Bitte; ich bitte Euch herzlich: Gebt mir Eure Ida!«*[4]

Aber in dem Brief bekennt er auch: *»Ich kann Euch für Euer Kind nur eine sehr bescheidene, verborgene irdische Stellung versprechen;*

sie muß wirklich in bezug auf die äußeren Lebensverhältnisse eine ziemliche Stufe abwärts steigen, wenn sie mir folgen will; mein gegenwärtiger Beruf und meine Vermögensverhältnisse gebieten mir, mich herunterzuhalten zu den Niedrigen.«

Auch Bodelschwinghs Befürchtung, der Finanzminister werde sich an seinen ärmlichen Verhältnissen stoßen, lösten sich in Luft auf. Karl von Bodelschwingh, dem Diplomaten ein Greuel waren, antwortete, er gebe seine Tochter lieber einem Pastor »der armen Gassenkehrer« als einem »vornehmen Gesandtschaftsprediger«.[4a]

Während Friedrichs Verwandtschaft keine Bedenken gegen die eheliche Bindung hatte, sich allenfalls nur wunderte, daß seine Wahl auf Ida gefallen war, warnte Wilhelm Löhe Bodelschwingh dringend wegen der engen Blutsverwandtschaft. Doch darüber setzte sich Bodelschwingh ohne Bedenken hinweg.

Bereits am 8. Oktober fand die Verlobung in Haus Heide statt. Am 12. Oktober teilte er Witt brieflich aus Schildesche bei Bielefeld die Verlobung mit und berichtete weiter: *»Morgen werde ich wohl vor mehreren tausend Menschen zu reden haben in einer schönen, gotischen Kirche.«* Es waren die *»lieben Bauersleute«*, bei denen er für »unser Kirchlein« werben wollte.[5] Einen Tag später schrieb er interpretierend an seine Braut: *»Der Zweck meiner Reise ins Ravensberger Land war nicht in erster Linie, hier materielle Hilfe zu suchen, sondern ich wollte für die geistlichen Bedürfnisse unserer aus den Trümmern erstehenden Pariser Kirche allerlei Bausteine sammeln, namentlich in bezug auf praktische kirchliche Fragen, Kirchenordnung, Kir-*

Haus Heide

chenzucht, Liturgie, Gesangbuch etc.« Außerdem wollte er sich mit den Männern der Erweckungsbewegung über die konfessionellen Nöte in Paris aussprechen.[6]

Mitte November kehrte Bodelschwingh mit reicher Kollekte nach Paris zurück. Die Einweihung einer kleinen Schule und Kapelle konnte am 10. Dezember 1860 in Batignolles gefeiert werden. Die deutschen Gemeindemitglieder aus St. Marcel und La Villette hatten dafür insgesamt 400 Taler gesammelt. Bodelschwingh berichtete darüber am Neujahrstag 1861 an seine Braut: *»Am Abend des ersten Weihnachtstages sah es gerade dort aus wie im Stall zu Bethlehem, das Öl in den Lampen war eingefroren und bei einem elenden Talglicht auf dem Altar, über welchen Frau Schnepps altes schwarzes Tuch gebreitet war, teilte ich zum ersten Mal hier das heilige Abendmahl aus.«*

Im Frühjahr hielt Bodelschwingh in Berlin einen Vortrag über die Pariser Arbeit, der in Hengstenbergs Evangelischer Kirchenzeitung publiziert wurde und eine gewisse Bedeutung erlangte. Als die Kaiserin und preußische Königin Augusta davon erfuhr, bestellte sie Bodelschwingh am 10. April zu sich und ließ sich von ihm ausführlich berichten. Bodelschwingh konnte danach sicher sein, daß das preußische Königshaus die Diaspora-Arbeit in der Hauptstadt des damaligen »Erzfeindes« nachdrücklich unterstützte, wie es auch schon Friedrich Wilhelm IV. getan hatte.[7] Allerdings – Bodelschwingh sah keineswegs in den Franzosen seine Erzfeinde. Vielmehr wandte er sich mit Entschiedenheit gegen die Christen, die *»lieblos über das französische Volk«* urteilten. Ihnen rechnete er vor, was die Pariser Armenverwaltung und *»das katholische Paris ohne alle Verpflichtungen für die leibliche Pflege unserer deutschen Brüder«* taten.

Als sich im Lombardei-Konflikt Napoleon III. auf Seiten der Italiener gegen die Österreicher stellte, machte auch Preußen mobil. Bodelschwingh hatte zwar gegen die militärische Vorsichtsmaßnahme keine Einwände, aber er beschuldigte *»gewisse Berliner Kreise«*, die Lage zu einer antifranzösischen Stimmungsmache auszunutzen. Diese wurde in erster Linie von dem Organ der preußischen Konservativen, der »Neuen Preußischen Zeitung« (Kreuzzeitung) geschürt; ein Blatt, aus dem ansonsten auch Bodelschwingh seine politische Meinung bezog. Aber in diesem Falle stellte er sich gegen die Haßkampagne und hielt *»das Predigen für den Krieg für unverantwortlich«*. Am 17. Juni 1850 hatte er an seine Mutter nach Velmede über diese Zeitung geschrieben: *»Sie schreibt Lügen über Lügen.«*

Am Sonntag, dem 7. April 1861, machte er in einem brieflichen Sonntagsgruß seiner *»Herzensida«* den Vorschlag, nach der Hochzeit den *»lieben Volkening«* in Jöllenbeck aufzusuchen und sich von ihm *»einsegnen«* zu lassen. Damit wollte er seine Braut in seine Kreise der Minden-Ravensberger Erweckungsbewegung einführen.

Die Trauung fand am 18. April 1861 in Haus Heide statt, wohin sich Karl von Bodelschwingh nach Quittierung seines Dienstes als Minister zurückgezogen hatte. Bodelschwinghs ehemaliger Berliner Universitätslehrer Wilhelm von Hengstenbach traute das Paar in der kleinen Dorfkirche zu Heeren. Danach brachen die beiden zur Hochzeitsreise ins Ravensberger Land auf. Bodelschwingh berichtete darüber: *»Wir machten Quartier in Rehme und taten unseren ersten Kirchengang in der schönen alten Kirche bei Vater Seippel. Dann ging es zum Senior des Ravensberger Landes, Pastor Friedrich Gottlieb Schröder, nach Bünde und weiter nach Enger. Wir machten die Hochzeitsreise zu Fuß.«*

Aber es war auch eine Hochzeitsreise mit Schwierigkeiten, bei der sich andeutete, daß die junge Frau dem robusten Leben Bodelschwinghs offenbar nicht gewachsen war. So heißt es bei ihm: *»An diesem Abend aber ermüdete Idchen und blieb längere Zeit im Chausseegraben liegen, so daß ich mich am anderen Morgen genötigt sah, von Enger nach Jöllenbeck uns ein Wägelchen zu kaufen, damit wir rechtzeitig zum Gottesdienst da wären. Vater Volkening, der durch seine Mitteilungen im Ravensberger Monatsblatt der Hauptbegründer unserer Hügelgemeinde war, segnete uns in der Nachmittagskinderlehre förmlich ein zu unserer gemeinsamen Missionsarbeit in der großen Weltstadt. Dann ging es natürlich nach Schildesche zu Siebold und Huchzermeier, und der alte Huchzermeier gab Ida das Trostwort mit: Sie kommen unter die Bären und Wölfe.«*[7a]

Bodelschwingh wollte seine junge Braut in seine Arbeit mit einbeziehen, damit sie das Leben nicht nur aus der Sicht der »Ministerhotels« kennenlernte. Wegen ihrer angegriffenen Gesundheit muß ihr die Wirklichkeit um so härter vorgekommen sein. Bodelschwingh meinte in seinen Erinnerungen: *»Der Einzug in Paris war doch in mancher Beziehung noch mit dürftigeren Umständen begleitet, als meine junge Frau sich gedacht hatte: ›Du mußt gründlich heruntersteigen‹, so gab es doch gerade in der ersten Hälfte des Heruntersteigens etwas viel. Erstens residierte Herr v. A.*[8] *noch in unserem Stübchen über uns, zweitens hatte Mutter Schnepp das unbedingte Regiment im Haushalt beansprucht, und drittens bestand unsere ganze Einrichtung aus einem äußerst dürftigen Bett, aus einem Tisch, zwei Stühlen und einem alten Lehnstuhl.«* Sie kauften noch ein kleines Sofa, sechs Stühle, einen kleinen runden Tisch und zwei Bettstellen. Ein Piano hatten die Verwandten zur Hochzeit geschenkt; obwohl es sehr klein war, mußte es durch das Fenster in die Wohnstube transportiert werden. Einen Ofen besaßen sie nicht. Die Wohnung wurde von dem kleinen eisernen Ofen in dem darunterliegenden Wohnzimmer von Lehrer Witt geheizt.

Nachdem sich Herr Adalbert von Arnim auf Nimmerwiedersehen empfohlen hatte, bekamen sie ein wenig Luft. Er war kein Adeliger, sondern ein gescheiterter Lehrer aus Schlesien, der wegen seiner Betrügereien aus Deutschland hatte flüchten müssen und sich mit falschen Papieren und falschem Namen über Wasser hielt. Bei Bodelschwingh hatte er sich mit seiner aufgesetzten Frömmelei eingeschmeichelt. *»Er war einer jener Zugvögel«*, wie Bodelschwingh resümierte, *»die den Pastor zunächst aus keinem anderen Grund aufsuchten, als ihn auf irgendeine Weise auszusaugen« ... »Da mußte man erst durch viele Erfahrungen einigermaßen klug werden, und doch wurden die Ältesten unter uns immer noch wieder betrogen.«* Bodelschwingh wurde im Hinblick auf Menschen nie aus Schaden klug. Vielmehr war sein Lebenswerk auch darauf ausgerichtet, diesen »Zugvögeln« eine Chance zu geben – manchmal auch mehrere.

Wie zwischen Bodelschwingh und Witt herrschte auch zwischen ihren Frauen gutes Einvernehmen. Dies machte das Leben auf engstem Raum einigermaßen erträglich. In dem kleinen Pfarrhaus ging es sehr gesellig zu, und es kam alles andere als Langeweile auf. Da gab es nicht nur für deutsche Freunde jeden Mittwoch einen offenen Teeabend. Freunde der Baseler Mission machten bei ihren Reisen nach und aus den Missionsgebieten in Paris Station und logierten in dem kleinen Haus. Einmal mußten sogar 35 Kinder beherbergt werden.

In seinem ersten nach der Hochzeit geschriebenen Brief an seine Mutter bekannte Bodelschwingh: *»Ich kann freilich nicht leugnen, daß ich nun auch Erquickungsstunden habe, die ich früher nicht kannte und die mir manche Stunde nehmen, die ich sonst dem Briefschreiben widmete. Du kannst Dir wohl denken, daß ich nun abends nach fünf- bis sechsstündiger Abwesenheit vom Haus kein gutes Gewissen haben werde, mich gleich wieder an den Schreibtisch zu setzen, sondern nun auch gerne mit Idchen ein Stündchen zusammensitze ...«*

Neben der seelsorgerlichen Betreuung der deutschen Unterprivilegierten sah er sein Wirken nicht nur unter missionarischen, sondern auch unter sozialen bzw. pädagogischen Aspekten. Einmal wollte er den Kindern durch Bildung eine Hilfe zu einem sozialen Aufstieg geben, und zum anderen versuchte er das, was er bei den Landarbeitern in Pommern gelernt hatte, jetzt auch in La Villette zu verwirklichen: Fürsorge für den ganzen Menschen. Wenigstens einige Familien sollten

Das junge Ehepaar Ida und Friedrich von Bodelschwingh

aus dem ärgsten Elend herausgeholt werden. Deshalb faßte er den Plan, ihnen gesunde und freundliche Wohnungen in der Nähe von Schule und Kirche zu einem mäßigen Mietpreis anzubieten. Tatsächlich gelang es ihm, *»die drei ersten Häuser«* in Selbsthilfe für diese Zwecke auf dem Hügel, wo er ein *»deutsches Dörflein«* bauen wollte, zu erstellen.

Am Sonntag, den 18. August 1861, konnte dann der Grundstein zu dem Bau der Hügelkirche gelegt werden. Bodelschwinghs Gemeinde zählte damals 196 Familien, davon waren 87 Deutsche, 80 Französische (davon 70 Elsässer oder Lothringer) und 29 gehörten anderen Nationalitäten an. Aber zwei Drittel der Gemeinde waren Tagelöhner. Zwischen 600 und 800 deutsche Arbeiter kamen zu der schlichten Feier. Bodelschwinghs Festpredigt lag der Text von 1. Samuel 7,12 zugrunde: »Da nahm Samuel einen Stein und setzte ihn zwischen Mizpa und Sen und hieß ihn Eben-Ezer und sprach: Bis hierher hat der Herr geholfen.«

Der gesamte Bau wurde auf 25 000 Francs geschätzt, wovon etwa die Hälfte bei der Grundsteinlegung vorhanden war. Die Gräfin Anna Pourtales, die Witwe des preußischen Gesandten in Paris, die zu Bodelschwinghs Förderinnen gehörte, stiftete nicht nur 1 500 Francs, sie schenkte außerdem eine Glocke, die an jedem Sonntagmorgen »die Arbeiterglocken übertönen sollte«, die »unsere armen Gemeindemitglieder auch am Tage des Herrn zum Frondienst rufen«.

Bodelschwingh hatte die Begabung, komplizierte Zusammenhänge einfach auszudrücken. So überforderte er nie seine Hörer und Leser; er erreichte sie, weil er ihre Sprache sprach, und konnte sie so auch für seine Vorhaben begeistern.

Seine Predigten waren schlicht in ihrer biblischen Aussage wie ihrer Diktion, aber äußerst eindringlich. Wenn er dagegen erzählte, sprach er äußerst blumig, manchmal auch weitschweifig. Geradezu typisch dabei ist, daß er Personen mit einem Adjektiv versah, *»der liebe Bruder«*, *»der treffliche Herr«*. Wollte oder mußte er von einer negativen Sache berichten, so verwendete er Adjektive wie *»Der arme …«* oder *»der unglückliche Herr …«* In Paris setzte er seine große Begabung ein, um mit seinen Worten Spender für seine Arbeit zu gewinnen, was Theodor Heuss später veranlaßte, ihn den »genialsten Bettler aller Zeiten« zu titulieren.

1862 fragte der damalige preußische Gesandte in Paris, Otto von Bismarck, im Auftrag der preußischen Regierung bei Bodelschwingh an, ob er Gesandtschafts-Geistlicher in Konstantinopel werden wolle. Bismarck gab ihm dabei den Rat, man müsse immer den Weg gehen, der einem nach Fleisch und Blut der am wenigsten angenehme sei. Bodelschwingh blieb trotz der geringen körperlichen Belastbarkeit seiner Frau, die sich im Alltag aufrieb, in Paris.

Im September 1863 erreichte Bodelschwingh das Angebot des Kuratoriums der Düsseltaler Anstalten in Düsseldorf, die Leitung dieser Einrichtung zu übernehmen. Die waren 1822 vom Grafen von der Recke gegründet worden und eine der ältesten diakonischen Einrichtungen in Deutschland. Aber der junge Pastor hatte Bedenken, die auch auf der Erfahrung beruhten, *»daß mein Name gerade bei meinem Beruf zu hoch angeschlagen wird. Mein Name soll ersetzen, was meine Person wirklich nicht hat«*. Da Bodelschwingh nach Berlin mußte und am 15. September am Kaiserswerther Jahresfest teilnahm, nutzte er die Gelegenheit, um die Düsseltaler Anstalten, die ihre Aufgabe in der Arbeit mit verwahrlosten Jugendlichen und Kindern sahen, zu besuchen und sich zu informieren.

In Kaiserswerth erlebte er einen todkranken Fliedner, der ihm nicht den Wunsch erfüllte, für die Krankenpflege eine Diakonisse nach Paris zu entsenden. Auf der Rückreise machte Bodelschwingh mit seiner Frau, die nach Berlin vorgereist war, noch einmal Station in den Düsseltaler Anstalten, ohne sich aber zu entscheiden. Nachdem er am 6. Oktober dem Kuratoriumsvorsitzenden Pastor Adalbert Natorp einen hinhaltenden Brief geschickt hatte, setzte er sich am 19. November in einem zweiten Brief noch einmal mit der gesamten Situation auseinander. Sein Hauptargument war die große Schuldenlast von 40 000 Francs, die auf seinem Hügel in Paris lastete: *»Diese Schuldenlast kann und darf ich den Vätern der Mission nicht auf den Hals werfen.«*[9] Der Brief war trotzdem kein klares Nein, sondern versuchte, wie bei den Verhandlungen mit der Baseler Mission, sich ein Hintertürchen aufzuhalten. So zog Bodelschwingh die Verhandlungen monatelang in die Länge.

Das Pariser Konsistorium wollte Bodelschwingh auf jeden Fall halten; es besserte sein Gehalt auf 5 000 Francs jährlich auf und beschloß, La Villette den Charakter einer besonderen Gemeinde (le caractère d'une paroisse spéciale) zuzuerkennen.

Dann aber kam es zu einer dramatischen Wendung. Am 7. Februar 1863 gebar Ida von Bodelschwingh ihren ersten Sohn, den Bodelschwingh acht Tage später zusammen mit zwei anderen *»armen Kindern«* auf den Namen Ernst in der Hügelkirche taufte. *»Da weinte die ganze versammelte Gemeinde, denn seine Mutter lag todkrank in dem kleinen Bretterhaus neben der Kirche«*[10], beschrieb der junge Vater die verzweifelte Situation, denn Ida von Bodelschwingh macht eine schwere Schwangerschaftspsychose durch. Auf Anraten des Pariser Arztes Gustav Monod wurde sie wieder nach Zehlendorf zu Dr. Laehr gebracht. Der Transport bis zur deutschen Grenze erfolgte im Salonwagen des Pariser Bankiers Jacob Rothschild, der zu den Förderern des »Grünen Hügels« gehörte.

Bodelschwinghs Schwester Frieda nahm in Hamm den Säugling in ihre Obhut. Bodelschwingh war tief gebeugt und schrieb Ende Februar an Natorp: *»Der Herr hat einerseits ein neues Zeichen seiner Einwilligung zu meinem neuen Lebensweg gegeben, indem die Kirchenkollekte für unser Werk nun bewilligt ist; andererseits bin ich ja nun ein armer, invalider, zerbrochener Mann.«*[11] Auf der Rückreise von Deutschland nach Paris machte er Station in Düsseltal und schlug vor, seine Schwester Frieda solle anstelle seiner Frau die hauswirtschaftliche Leitung übernehmen.

Bodelschwingh schrieb täglich an seine Frau. Die Briefe sind Dokumente seiner Fürsorge und auch seines tiefen Glaubens. So schrieb er am 1. April 1863: *»Ich bin dem Herrn dankbar, daß er Dir so viel Stille schenkt.«*[12]

Wider Erwarten nahm die Genesung seiner Frau einen günstigen

Verlauf. Aber Dr. Laehr riet davon ab, wieder in die beengten Verhältnisse nach Paris zurückzukehren. Ida von Bodelschwingh war nun bereit, mit ihrem Mann nach Düsseltal zu gehen. So gab er am 1. April die Zusage, bestand jedoch darauf, daß die Schwester des Gründers und deren Freundin in Zukunft nicht mehr in die Anstalt hineinregierten. Aber auch Graf von der Recke hatte offenbar seine Meinung geändert und stellte sich nun gegen Bodelschwingh. Als es am 7. April zur Abstimmung im Kuratorium kam, votierten nur drei Mitglieder für Bodelschwingh und sechs gegen ihn bzw. für den zweiten Kandidaten. Am 8. April schrieb Bodelschwingh erleichtert an seine Frau nach Zehlendorf: »Der Kelch ist vorübergegangen.« Am selben Tag wurde er erneut von einem Schicksalsschlag getroffen. Ihn erreichte die Nachricht, daß sein Lieblingsbruder Ernst in Kleve nach einem Schwächeanfall gestorben sei.

Haus Velmede

Ende Mai konnte Ida von Bodelschwingh entlassen werden, aber die kleine Familie blieb noch einen Monat in Velmede. Während dieses Aufenthaltes bahnte sich über eine Vertretungspredigt, die in Wirklichkeit eine Probepredigt war, eine Verbindung mit der Nachbargemeinde Dellwig an der Ruhr an, deren Pastor Carl Philipps wegen seines Lungenleidens dringend einen zweiten Pfarrer benötigte. Bodelschwingh reiste mit seiner Familie und Schwester Frieda nach

Dellwig und meinte hinterher ahnungsvoll: *»Sollte diese Stätte etwa eine neue Heimat für uns werden?«* Sie wurde es. Am 17. September wählte ihn die Gemeinde Dellwig mit 18 gegen 13 Stimmen zum zweiten Pfarrer.[13]

Im Juli waren die Bodelschwinghs nach Paris zurückgekehrt. Es war aber nur eine Rückkehr für einen Abschied, der sich ein Dreivierteljahr hinzog. Dabei legte Bodelschwingh nun wöchentlich einen Feiertag ein, der ganz seiner Familie galt.

In Paris hatte ihn noch ein Ruf von Spittler aus Basel erreicht, die Pilgermission zu übernehmen. Obwohl die »herrlich gesunde Luft auf dem Chrischonaberg«, wie sein väterlicher Freund schrieb, der jungen Frau sicherlich gut getan hätte und er durchaus nicht abgeneigt war – Bodelschwingh nahm nicht an, denn er glaubte, Gottes Finger weise ihn nun in seine westfälische Heimat. Auch Meyer machte noch einen vergeblichen Versuch, ihn in Paris zu halten.

Bodelschwinghs letztes Wirken in der französischen Hauptstadt zielte ausschließlich darauf, sein Werk ordnungsgemäß zu übergeben – im Hinblick auf die Eigentumsverhältnisse und die Finanzen wie auch die Nachfolge. Letztere erwies sich als das einfachste Problem, denn während Bodelschwinghs langer Abwesenheit war er von dem bereits in Paris tätigen, aus Württemberg stammenden Pfarrer Carl Berg vertreten worden, und der hatte sich dabei als der geeignete Nachfolger empfohlen. Durch die vom preußischen Oberkirchenrat bewilligte Kollekte, die in allen preußischen Provinzen durchgeführt wurde, waren die ärgsten finanziellen Nöte ausgestanden. Der Hügel war nur noch mit 13 000 Francs belastet.

Die Regelung der Eigentumsfrage machte trotzdem noch erhebliche Schwierigkeiten. Erst am Tag vor seiner Abreise gelang es, das Eigentum von Bodelschwingh auf die Deutsche Mission in Paris zu übertragen.

Seine Abschiedspredigt hielt er am 23. April 1864 über Johannes 16,33: »Solches habe ich mit euch geredet, auf daß ihr in mir Frieden habet. In der Welt habt ihr Angst …« Es war eine Bußpredigt, bei der er für die zurückbleibende Gemeinde die Losung ausgab: *»Angst in der Welt, Krieg mit der Welt, Sieg über die Welt, in Jesu Frieden.«*

Seinen letzten Abend in Paris, den 27. April, stellte er unter den 126. Psalm: »Wenn der Herr die Gefangenen Zions erlösen wird, so werden wir sein wie die Träumenden.« Der »träumende Bodelschwingh« aber nahm innerlich den »Grünen Hügel« im Norden von Paris mit; er war für ihn ein Symbol der Glaubenshoffnung.

Die Gemeindestrukturen der im Wachsen begriffenen Missionsgemeinde Paris und der märkischen Gemeinde in Dellwig waren vollkommen gegensätzlich. In Paris war eine Gemeinde heran- und zusammengewachsen, die sich, abgesehen von grundsätzlichen Fragen, selbst gestaltete, sich als eine missionierende empfand. In Dellwig wurde Bodelschwingh in eine Gemeinde gestellt, deren Tradition und Gebräuche mehrere hundert Jahre alt waren und von denen er meinte, daß einige noch aus heidnischer Zeit stammten. So beispielsweise, wenn ein Bauer starb und in derselben Minute eines seiner Schweine, gewissermaßen als Tieropfer, getötet wurde. Es war zum Kummer Bodelschwinghs keine Gemeinde, in der eine geistliche Erneuerung stattfand, sondern die in sich verharrte, und er klagte, er habe nicht eine Bekehrung in Dellwig erlebt.

Abgesehen davon, daß das Pfarrhaus, das er sich mit seinem Amtsbruder Carl Philipps teilte, mehr Raum bot als das Pariser Holzhaus, hatte Bodelschwingh sich wirtschaftlich verschlechtert. Sein Jahresgehalt betrug genau 633 Taler, 12 Silbergroschen und 9 2/5 Pfennig. Es setzte sich noch aus verschiedensten Faktoren zusammen, zu denen auch Pachteinkünfte und Naturalien gehörten. Hinzu kamen Einkünfte für Amtshandlungen. Bis zu Bodelschwinghs Zeiten gehörten aber auch die sogenannten Gerechtsamen dazu, Abgaben aus den Gemeinden Dellwig, Billmerich, Altendorf, Langschede, Strickherdicke und Ardey mit insgesamt 1 966 Seelen. Die Kirchengemeinde war 1642 protestantisch geworden. Trotzdem gab es noch eine Bindung zu der katholischen Mutterpfarre in Menden: An einen Bauernhof in Strickherdicke mußte von der evangelischen Tochterkirche in jedem Herbst die Kornabgabe in Gestalt eines Dukaten geliefert werden. Dazu mußte der katholische Pastor mit seinem Vikar erscheinen und dem Pfarrer von Dellwig und dem Presbyterium ein Essen geben, »das Petrizech«. In seinem ersten Jahr ließ Bodelschwingh es noch über sich ergehen, dann aber entband er seinen katholischen Amtsbruder von *»dieser Sitte«*, der im Gegenzug auf die »Kornabgabe« verzichtete, denn beide Pfarrer empfanden diesen Brauch als Demütigung.

In Dellwig machte Bodelschwingh Bekanntschaft mit den harten märkischen Trink- und Feiertagssitten. Er seufzte: *»Die Leute waren hier durch die jahrhundertelange Gewöhnung ans Trinken gebracht, und hier herrschte die meiste Verkommenheit und Armut.«*[14] Damit zielte er insbesondere auf Langschede, in dem die Ruhr-

Flußschiffahrt endete und der kleine Anlegeplatz von vier Gastwirtschaften markiert war.

Aber Bodelschwinghs Zorn wurde geradezu herausgefordert, wenn bei Begräbnissen das »Fell des Toten versoffen« wurde. Geradezu typisch dafür war eine Begebenheit im Jahre 1869. Ein junger Mann in der Gemeinde hatte sich nach einem Zechgelage erhängt. Tags darauf wurde ein fröhlich-deftiges Richtfest gefeiert. Bodelschwingh fuhr dazwischen und rief: *»Während die arme Witwe über den Tod ihres Sohnes verzweifelt, seid ihr hier am Tollen.«* Er drohte sogar: *»Ich schlage jeden tot, der nicht sofort nach Hause geht.«* Weil ihm einer entgegenhielt: »Man muß das Leben genießen, man lebt nur einmal«, griff er das Wort am nächsten Sonntag auf und predigte über das Thema: *»Man lebt nur einmal, aber man stirbt auch nur einmal.«*

Eine ganz schlimme Unsitte sah Bodelschwingh in den »Gebehochzeiten«. Diese waren, weil sie im allgemeinen in ein Trinkgelage ausarteten, zwar verboten, aber keiner richtete sich danach. Das Hochzeitspaar wurde dabei mit Geldgeschenken, Naturalien oder Getränken bedacht, und die Gäste gaben sich die größte Mühe, bei der Feier ihren Einsatz wieder herauszubekommen. Schließlich setzte Bodelschwingh aber durch, daß eine Gebehochzeit die kirchliche Trauung ausschloß.

Ein Dorn im Auge waren ihm auch die allgemeinen Tanzfeste, die in der Regel ebenfalls in wilder Trinkerei endeten. Bodelschwingh tat nun das, was er schon in Gramenz praktiziert hatte: Er versuchte, andere Feste aufzuziehen. Dabei griff er auf Matthias Claudius und dessen »Wandsbeker Boten« zurück und kreierte als Feste für die kalte Jahreszeit den »Herbstling« und das »Eiszäpfel«. Anstelle des Schützenfestes wollte er lieber ein großes Missionsfest feiern. Das Schützenfest schaffte er zwar nicht ab, aber er setzte das Missionsfest durch, obwohl die Kreissynode der Meinung war, für einen Kirchenkreis reiche ein Missionsfest aus. Doch Bodelschwingh wollte ein eigenes für seine Gemeinde, wobei er wiederum *»äußere und innere Mission«* als eine Einheit sah. Sein väterlicher Freund, Johann Heinrich Volkening aus Jöllenbeck, gehörte natürlich zu den Festpredigern. Darüber hinaus aber gründete er, um das geistliche Leben in seiner Gemeinde zu bereichern, nicht nur ein *»kleines Bibelkränzchen«*, sondern einen »Gesangs und Jünglingsverein«.

Ein besonderes Ärgernis war ihm der Alkoholgenuß bei den Taufen. Nach der Taufe wurde in der Regel »Eiserkuchen«, ein westfälisches Spezialgebäck, gegessen und dazu Kaffee getrunken. Bei den einfacheren Familien kreiste dann die Schnapsflasche. Der neue Pastor war aber nur bereit mitzufeiern, wenn er bis zum Ende bleiben konnte, um auch das Schlußgebet zu sprechen.

Sein Sohn Gustav urteilt über die Dellwiger Zeit seiner Eltern: »Es war eine köstliche Zeit der Stille ... nach der heißen Pariser Arbeitszeit.«[15] Doch man muß die Beurteilung als eine wohlwollende Beschreibung des Sohnes werten. Bodelschwingh hat es sich und den anderen nie leicht gemacht, er war immer der missionierende, kämpferische Pastor und dazu unorthodox. Er faßte mit an, wo angefaßt werden mußte, und half buchstäblich tragen, wenn er bei seinen Gängen durch die Gemeinde ein Gemeindemitglied unter einer schweren Last dahingehen sah, was er manchmal nur gegen deren Willen konnte.

Ebenso ungewöhnlich waren seine Predigtvorbereitungen. Während er in Paris, um seinem engen Pfarrhaus zu entfliehen, die Straßen zu seiner Studierstube machte, war es in Dellwig vorwiegend die Hulmke, ein Eichenwäldchen, wo er gern seine Predigten meditierend erarbeitete. Dabei ignorierte er den Wunsch seines Amtsbruders Philipps, die Predigtvorbereitungen schriftlich zu fixieren. Auch wenn er Besserung gelobte – er konnte es nicht. Am nächsten Samstag rief er seinem Amtsbruder wieder schmunzelnd zu: *»Philipps, ich muß auf deinem Kuhkamp noch ein bißchen auf- und ablaufen und meine Predigt studieren.«* Dem Amtsbruder blieb dann nur ein resignierendes »O Bodelschwingh« übrig. In seinen volksnahen Predigten aber sprach Bodelschwingh immer wieder Probleme aus seinen Gemeinden an, griff in Zwistigkeiten ein und redete den Gemeindemitgliedern ins Gewissen.

Typisch dafür war der Streit zweier Hofbesitzer in Altendorf, der auch die Gemeinde gespalten hatte. Bodelschwingh geißelte von der Kanzel: *»Schämt ihr euch nicht, ihr Altendorfer?«* Es gelang ihm schließlich, dem Streit und dem Haß die Spitze zu nehmen. Sein Sohn Gustav darüber: »Seine Liebe hatte schon damals eine Geduld und eine Glut, denen nur ein ganz verhärteter Sinn auf die Dauer widerstehen konnte.«[16]

Wo immer es möglich war, ging Bodelschwingh den Menschen nach und suchte sie dort auf, wo man ihn am wenigsten erwartete. Dabei hielt er sorgfältig Ausschau, wo er sie wie zufällig unter vier Augen sprechen konnte. Er praktizierte in Dellwig das, was er später in Bethel zu einer Kultur erhob: Lob und Tadel einzelner wurden nie in Gegenwart Dritter oder gar in der Öffentlichkeit ausgesprochen. Der Pastor, der selbst Landwirt gewesen war, wußte genau, welche Sorgen und Mühen den Alltag des Bauern ausfüllten, aber er wußte auch: Die Dellwiger waren nicht nur märkische Dickschädel, sie hatten auch einen Panzer um ihre Brust, an dem das meiste abprallte.

Trotz seines Namens, der ja in Dellwig etwas galt, mußte er mit einer Opposition leben, die ihm sein Wahlergebnis (18:13) signalisiert hatte. Für die unorthodoxe Art seiner Gemeindepflege und Seelsorge sowie seine souveräne Verachtung des kirchlichen Amtsschimmels hatte Bodelschwingh manche Rüge von seinen Kirchenoberen einzustecken. Auch auf der Kreissynode Unna trug er manchen Konflikt aus, denn den Synodalen ging der Geist der Ruhe und des Friedens über alles.

Als ein Beispiel für viele steht der Gesangbuchkonflikt im Jahre 1864: Sein Amtsbruder Wilhelm Hülsemann aus Elsey hatte nicht nur die alten Lieder bearbeitet, sondern sich auch als Kirchenlieder-Dichter betätigt und dabei seinen Namen in den Vordergrund gestellt. Bodelschwingh mißfiel dies; er stellte auf der Synode die neuen Texte den alten gegenüber und stellte den Antrag, *»ob nicht eine Revision unseres Gesangbuches auf Grundlage unserer alten Gesangbücher dringend wünschenswert«* erscheine. Daher solle die Synode einen entsprechenden Antrag auch an die Provinzialsynode richten, damit eine Kommission für die Vorarbeiten eingesetzt werde. Aber sein Antrag wurde mit 16 gegen 16 Stimmen abgewiesen, wobei die Entscheidung des Superintendenten den Ausschlag gab. Bodelschwingh reagierte auf seine Weise, nämlich mit der Zusammenstellung eines Anhanges *»unverfälschter Lieder«*.

Bodelschwingh wußte um die Kraft des gesprochenen und geschriebenen Wortes. In Paris hatte er Erfahrungen als missionarischer Publizist gesammelt. In Dellwig sollte er nun zum Zeitungsmacher und auch zum politischen Publizisten werden, obwohl er immer wieder betonte, er sei ein völlig unpolitischer Mensch. Sein Schwager Constantin Quadt hatte ihn und Philipps aufgefordert, »ein kleines Sonntagsblättchen für die Grafschaft Mark herauszugeben«. Es sollte nach Quadts Vorstellungen altpreußisch-konservativ und christlich zugleich sein. Das Verlangen nach einer solchen Publikation ging auf Johann-Hinrich Wichern zurück, der für die christliche Gemeinde solche Sonntagsblätter gefordert und dazu auch das redaktionelle Konzept geliefert hatte: Erbauliches in einfacher Form für den schlichten Mann, Geschichten aus dem Reich Gottes, die kurz und knapp dargestellt werden müßten, und jeweils einen wöchentlichen Überblick über die politischen Geschehnisse. (Frauen gehörten zu den Lesern, wurden aber nicht besonders angesprochen.)

Der »Westfälische Hausfreund«, der Anfang Januar 1865 erstmalig erschien, war eine geradezu schulmäßige Verwirklichung des Wichernschen Gedanken. Die erste Ausgabe trug das Motto: »Ich suche nicht das Eure, sondern Euch« (2. Korinther 12,14). Das Wochenblatt erschien jeden Samstag und wurde bei Rubens in Unna verlegt. Es war im engeren Sinne kein kirchliches Blatt, hatte sich aber auch zur Aufgabe gesetzt, wider den politisch liberalen Zeitgeist zu fechten. Bei alledem hielt sich Bodelschwingh zunächst politisch zurück.

Hauptmitarbeiter für die Politik wurde Pastor Carl Niemann in Mark bei Hamm, während Mitherausgeber Philipps das Blatt mit Nachrichten und Berichten aus der Natur sowie mit land- und hauswirtschaftlichen Fragen versorgte. Auch einige Lehrer arbeiteten mit. Bodelschwinghs publizistischer Part war es, sich mit Fragen des kirchlichen Lebens und des Glaubens, aber auch der Heimatgeschichte auseinanderzusetzen. Er verstand es, gleich mit den ersten Ausgaben das Interesse der Leser zu wecken, indem er aus dem Nachlaß seines Vaters Begebenheiten und Geschichten veröffentlichte. Dabei erwiesen sich die *»Züge aus dem Leben und Wirken«* des legendären Oberpräsidenten von Vincke, der als Bauer verkleidet durch das Land gewandert war, als Bestseller. Die Veröffentlichungen stießen allerdings auf den Widerstand von dessen Sohn Georg, dem die Darstellung zu unkritisch war. Er intervenierte derartig heftig, daß die Serie eingestellt werden mußte.

Bodelschwingh sah im »Westfälischen Hausfreund« auch eine Plattform in seinem Kampf gegen den Branntwein. Dabei war er zugleich auch bei dem Thema: Die Kirche und die Volksfeste. Am 17. Dezember 1865 schrieb er in ihm: *»Volksfeste sind nicht zu unterdrücken, sondern zu veredeln und womöglich mit der Kirche zu versöhnen.«*[17] Dabei sah er die Missionsfeste und die patriotischen Feste als Schritte in die richtige Richtung und war der Meinung, es müsse noch mehr als bisher versucht werden, diese Feste *»zum Segen und Gedeihen unseres Volkslebens zu entwickeln«*.

Eine sehr scharfe Klinge wurde im »Westfälischen Hausfreund« gegen eine freisinnige Lehrerschaft und gegen die liberale Theologie geführt. Das Blatt machte auch Front gegen das damals vielgelesene Unterhaltungsblatt »Die Gartenlaube«, die in Leipzig erschien, in Preußen aber verboten war. Bodelschwingh sah in der »Gartenlaube« eine Gefahr, weil sie für freidenkerische Geister eintrat. Dagegen setzte er sich für das 1864 entstandene Unterhaltungsblatt »Daheim« ein, das seine Existenz einer Anregung Wicherns verdankte und eine Gegengründung zur »Gartenlaube« war.

Wie ein roter Faden zieht sich durch die ersten Jahrgänge des »Westfälischen Hausfreundes« Bodelschwinghs Kampf gegen den 1863 gegründeten »Protestantenverein«, da dieser die bisherige konservative kirchliche Lehrbildung antastete. Geradezu polemisch ging Bodelschwingh gegen Darwins Abstammungslehre und deren Anhänger vor und scheute auch nicht vor diffamierenden Angriffen gegen die Wortführer zurück, z.B. in seinem Aufsatz *»Der Gorilla und Vater Uhlich«*. Dem Publizisten und Ortsschulinspektor in Personalunion war es darum zu tun, gegen die freisinnigen Lehren, die nach seiner Meinung den christlichen Glauben zersetzen konnten, so zu kämpfen, daß er auch vom einfachen Mann verstanden wurde. Dabei ging er im Eifer des Gefechts gelegentlich zu weit. Als dann gar der alte Unnaer Pfarrer Theodor Brockhaus, ein Schüler Schleiermachers, 1870 in seiner Konfirmationspredigt »die Lehre von einem übervorweltlichen Dasein Christi, die Lehre von seinen beiden Naturen, die Lehre von einer überweltlichen Dreieinigkeit« ablehnte, hatte er den »Westfälischen Hausfreund« gegen sich.[18]

Der Dellwiger Pfarrer kämpfte als Publizist für eine Kirche, *»in der er ohne Verletzung seines Ordinationsgelübdes leben und predigen konnte«*. »In der Behandlung der Bekenntnisfrage«, so Martin Gerhardt, »verband sich bei Bodelschwingh sein Biblizismus mit der in Paris gewonnenen und in Dellwig festgehaltenen lutherischen Bekenntnistreue. Eine andere Lösung gab es für ihn nicht. Er selbst hätte niemals einer Änderung der Bekenntnisse das Wort geredet.«[19]

War der »Westfälische Hausfreund« politisch absolut konservativ – in der sozialen Frage war er seiner Zeit weit voraus. Die Behandlung der Arbeiterfrage sollte bei ihm zu einem ständigen Thema werden, denn in ihr sah Bodelschwingh eine Schicksalsfrage, an der auch die Kirche nicht vorbeigehen konnte. Insbesondere nachdem Ferdinand Lassalle den »Allgemeinen Deutschen Arbeiterverein«, eine politische Arbeiterbewegung ins Leben gerufen und Karl Marx den ersten Band seines »Kapital« veröffentlicht hatte, widmete sich auch Carl Niemann im »Westfälischen Hausfreund« der Arbeiterfrage, da die »armen Arbeiter ... zwischen zwei Mühlsteinen« saßen, von denen sie »jämmerlich zerrieben« wurden. »Der untere Stein heißt Branntwein und der obere Kapital. Wer aber vermag diese Steine ins Meer zu werfen?!«

Bodelschwingh sah die Arbeiterfrage im Zusammenhang der christlichen Ethik und schrieb: *»Die Arbeiterfrage wird nur gelöst durch Lösung einer anderen Arbeiterfrage, von der Christus spricht (...) bittet den Herrn der Ernte, daß er Arbeiter in seine Ernte sende«* (Matthäus 9,38). Der Dellwiger Pastor hörte nicht nur das *»Jammergeschrei der irregeleiteten Massen«*, sah den Materialismus als die Wurzel allen Übels an, sondern rief, wie Martin Gerhardt schreibt, »den Kapitalfürsten und Industriekönigen in ihren Palästen unerschrocken ins Gewissen«. Als beispielhaft sah er den Spar- und Konsumverein der Metallwarenfabrik Turk in Lüdenscheid an, »weil er … den Arbeitern bei der billigen Beschaffung ihrer Bedarfsgüter half, Sparprämien zahlte und ihnen einen Anteil am Reinertrag des Unternehmens ausschüttete«.

So sehr er die sozialen Forderungen der Sozialisten im Kern anerkannte, lehnte er die Sozialisten schon deshalb ab, weil sie gegen die Kirche und somit für ihn atheistisch waren und sich gegen die *»Monarchie und damit gegen die von Gott eingesetzte Obrigkeit«* stellten. Die Arbeiterfrage verband er natürlich mit der Sonntagsfrage, und am 10. Dezember 1865 war im politischen Wochenbericht mit »großer Freude« vermerkt, daß nach einer Verfügung des Kriegsministers von Roon an Sonn- und Feiertagen *»auf königlichen Baustellen oder in königlichen Etablissements sowie für königliche Rechnungen überhaupt nicht mehr gearbeitet werden«* durfte.

Daß der »Westfälische Hausfreund« auch bei seinen Gegnern ernstgenommen wurde, zeigte sich sehr bald. Der »Sozialdemokrat« griff ihn 1865 an und warf ihm zu Unrecht vor, er sei ein Gegner des Genossenschaftswesens. Dies entsprach nicht den Tatsachen, denn der »Westfälische Hausfreund« würdigte die Erfolge von Schulze-Delitzsch auf dem Gebiet des Genossenschaftswesens, zumal dieser von einem Staatssozialismus nichts wissen wollte. Die Angriffe riefen jedenfalls Professor Victor Aimé Huber, einen Vorkämpfer für das Genossenschaftswesen, auf den Plan, und es wurden in zwei Folgen Auszüge aus einer Abhandlung »über christliches Genossenschaftswesen« veröffentlicht. Obwohl es zwischen Wichern und Huber Meinungsverschiedenheiten gab, identifizierte sich Bodelschwingh hier mit Hubers Grundforderung nach einer genossenschaftlichen Selbsthilfe des Arbeiters. Darin sah er christlich-sittliche Beweggründe. Damit distanzierte sich Bodelschwingh gleichzeitig von der damaligen konservativen Position zur sozialen Frage, indem er Position gegen die Konservativen und deren Organ, die Kreuzzeitung, bezog, weil sie »kein Herz« für die bedrohlichen sozialen Probleme hatten. Hier wird aber auch Bodelschwinghs Widersprüchlichkeit deutlich: Er zählte sich zu den Monarchistisch-Konservativen, war sich aber mit Huber darin einig, daß sich hinsichtlich der sozialen Frage die Konservativen in einer Sackgasse befanden und die Prediger nun eine Verantwortung für die Herde hätten. Denn die soziale Frage war für ihn ein unverwechselbarer Bestandteil des Christentums. Für ihn stand hier die Sache höher als die Partei, wobei er Wichern und der Inneren Mission anlastete, daß seine Gedanken und Vorschläge ungenutzt blieben.

Konflikt um Bismarcks Österreich-Politik

Einen redaktionellen Konflikt gab es, als in der Ausgabe vom 8. April 1866 Carl Niemann im »politischen Wochenbericht« Bismarcks Österreich-Politik angriff und über Geheimverhandlungen zwischen Preußen und Italien berichtete: »Wenn eine preußische Regierung sich dazu herbeilassen könnte, mit Italien sich gegen Österreich zu verbinden und dieses anzugreifen, dann verdiente sie gehängt zu werden.«[20]

Die Sätze waren ebenso aktuell wie peinlich. Aktuell, weil am Erscheinungstag der Bündnisvertrag tatsächlich abgeschlossen wurde. Peinlich, weil Bismarcks zurückgekehrter Finanzminister Karl von Bodelschwingh, Friedrichs Schwiegervater, bei dem Carl Niemann langjähriger Hauslehrer war, zu Unrecht verdächtigt wurde, Initiator des Artikels gewesen zu sein. Karl von Bodelschwingh hatte sich gegen Bismarcks Österreich-Politik gewandt und es abgelehnt, die Mittel für den Krieg bereitzustellen. Bodelschwingh dagegen war in dieser Frage ein Parteigänger Bismarcks, und obwohl er etwas gegen die »politische Schriftstellerei« hatte, übernahm er nun selbst die politischen Wochenberichte und schlug dabei sehr viel moderatere Töne an.

Der »Deutsche Krieg« Preußens und seiner Verbündeten gegen Österreich war am 14. Juni 1866 ausgebrochen. Bodelschwingh hatte, obwohl Bismarck damit von einem Verfassungsbruch ablenken wollte, keinen Zweifel, daß das Recht auf seiten der Preußen lag. Er sah in dem Krieg *»Gottes Walten«*. Im Vorfeld der Spannungen hatte er in seinem Wochenbericht vom 20. Mai 1866 argumentiert: *»Fürsten und Diplomaten könnten nichts tun, es sei denn mit Gottes Zulassung.«*[21] Damit sei jedoch nicht gesagt, *»daß Menschen unschuldig sind, wenn das schreckliche Leid eines Krieges hereinbricht. Vielmehr ist jeder Krieg allemal eine Heimsuchung Gottes, um der Menschen Sünde willen, sowohl der Fürsten als auch der Völker. Hier kehre aber jeder vor seiner eigenen Tür.«*

Weiter argumentierte er: *»Ein blutiger Krieg, in dem Tausende eines bösen, schnellen Todes sterben und Hunderttausende arme Leute das Brot verlieren, ist sehr schrecklich, und Gott bewahre uns davor. Aber ein fauler Frieden, in welchem Millionen im Sumpf des Materialismus, der gottlosen Üppigkeit, des sicheren Mammonsdienstes allmählich versinken, ist vielleicht noch schrecklicher in unseres Gottes Augen. Man kann darum um Abwendung des Krieges nicht anders bitten, als wenn man um Abwendung einer schweren Krankheit bittet, die vielleicht notwendig ist und reichen Segen einbringen kann.«*

Bodelschwinghs Einstellung zum Krieg unterschied sich wesentlich von dem kritiklosen Patriotismus seiner Zeit und war auch von seinen Kindheitserlebnissen mit dem schwerverwundeten Vater bestimmt. Hinzu kam sein Endzeitdenken. Wie aus seinem Brief im Dezember 1906 an den Großindustriellen Carnegie hervorgeht, glaubte er, daß man *»bis ans Ende der Tage von Krieg und Kriegsgeschrei hören werde«.*

Nach Kriegsbeginn veröffentlichte er den Aufruf des westfälischen Generalsuperintendenten zur Familien- und Verwundetenpflege sowie zum seelsorgerlichen Dienst bei der Truppe und meldete sich selbst als freiwilliger Feldprediger.

In der Entscheidungsschlacht bei Königsgräz verlor er zwei Schwäger: Idas Brüder Karl und Gustav.

Der Feldprediger von Bodelschwingh war der Mainarmee zugeteilt worden, aber als er am 11. Juli zu ihr stieß, waren die entscheidenden Schlachten bereits geschlagen. Doch Elend und sinnloses Sterben erlebte er noch zur Genüge.

Bodelschwingh machte bei den Verwundeten zwischen Freund und Feind keinen Unterschied. Die Kaiserswerther Diakonissen, die die preußischen Verwundeten pflegten, und die Neuendettelsauer, die zur Betreuung der mit Österreich verbündeten bayerischen Truppen da waren, sah er als ein Sinnbild für einen selbstlosen Dienst, der alle politischen Gegensätze überbrücken konnte. Auch mit den katholischen Pfarrern und den katholischen Schwestern pflegte er eine enge Zusammenarbeit.

Hier trat wieder sein Organisationstalent zutage. Er besorgte Betten, damit die Schwerverwundeten so gut wie möglich versorgt werden konnten, richtete für Sterbende das letzte Abendmahl und schrieb für die Verwundeten Grüße an deren Angehörige. Gottesdienst hielt er da, wo gerade die Gelegenheit war: In einer evangelischen Kirche, in einer katholischen Kirche, im Freien oder auch auf einem Mainkahn.

Am 20. Juli 1866 traf er in Aschaffenburg den Reiseprediger des Centralausschusses der Inneren Mission, Johannes Hesekiel. Wichern hatte eine Felddiakonie organisiert, und Hesekiel war mit zehn freiwilligen Helfern gekommen. Im »Hausfreund« wurden Bodelschwinghs Berichte unter der Überschrift *»Aus dem Tagebuch eines Feldpredigers«* abgedruckt; das Gegenstück dazu waren »Aus den Erlebnissen eines Felddiakonen der Mainarmee«[22], die der Sohn des Gramenzer Pfarrers, der Theologiestudent Diekmann, verfaßt hatte. Nachdem die Waffenruhe hergestellt war, sah es Bodelschwingh als seine Aufgabe an, *»der ausruhenden Truppe das Schwert des Geistes* *und den Helm des Heils zu reichen gegen den Feind, der jetzt nicht allein dem Leib, sondern Leib und Seele gefährlich werden und ihnen die wohlerworbene Palme wieder aus den Händen winden konnte«.*

Bodelschwingh bedrückte es, daß *»eine ganze Anzahl von Soldaten gestorben und begraben worden waren, ohne evangelischen Trost in ihrer letzten Stunde gehabt zu haben, ohne daß an ihren Gräbern ein Wort vom ewigen Leben erschollen war«.* Er hatte sich daher mit einigen Pfarrern und Felddiakonen in Würzburg getroffen, und als Ergebnis dieses Gespräches veröffentlichte er im »Westfälischen Hausfreund« Vorschläge, *»Wie die Seelsorge bei einer mobilen Armee zu organisieren wäre«*, denn, so Bodelschwingh, eine gleichzeitige seelsorgerliche Betreuung der kämpfenden Soldaten und der Verwundeten im Lazarett sei für einen Feldprediger unmöglich.

Nachdem sein Amtsbruder Philipps am 4. Mai 1867 mit nur 43 Jahren gestorben war, brach in der Gemeinde Dellwig über die Nachfolgefrage ein unwürdiger Streit aus. Die Gemeinde hatte sich in zwei Lager gespalten: ein konservatives und ein liberales. Das eine plädierte für einen Pfarrer aus Iserlohn, das andere nahm Partei für den Hilfsprediger August Lange aus Fröndenberg. Bodelschwinghs Versuch, einen dritten Pfarrer ins Spiel zu bringen, um die Fronten aufzubrechen, mißlang. Daher sah er sich gezwungen, sich der Stimme zu enthalten, um nicht neues Öl ins Feuer zu gießen. Bei der Wahl gab es eine Pattsituation, 15 zu 15 Stimmen, und so wandte der Superintendent das Losverfahren an, bei dem Lange als Sieger hervorging. Danach kam es zu einem neuen Eklat. Beide Parteien bemächtigten sich einer Glocke – die unterlegene läutete die Totenglocke, die siegreiche die Freudenglocke. Dann fiel man mit Fäusten übereinander her und zückte sogar die Messer. Schließlich warf man Bodelschwinghs Fenster ein, weil er durch seine Stimmenthaltung das Patt herbeigeführt habe.

Der handgreiflichen Auseinandersetzung folgte ein langer, unrühmlicher Streit über die Rechtmäßigkeit der Wahl, und Lange wurde von der Kirchenleitung nicht bestätigt. Man bemühte nicht nur die kirchlichen Instanzen, sondern auch die Staatsanwaltschaft. Der Streit zog sich jahrelang hin, und dies nutzte Bodelschwingh aus, um den Hilfsprediger Hermann Stürmer, den er von einem Missionsfest in Beverungen kannte, als Vertreter zu bestellen.

Dadurch wurde in Dellwig eine Männerfreundschaft begründet, die später in Bethel ihren Fortgang nahm und ein stabilisierendes Element beim Aufbau des Diakoniewerkes war. Beide wohnten in dem engen Dellwiger Pfarrhaus zusammen und teilten das kleine Studierzimmer.

Stürmer begnügte sich sogar damit, in diesem auf dem Sofa zu schlafen. Als am 25. August 1869 Lange dann doch in sein Amt eingeführt wurde, war der Streit begraben. Zwischen ihm und Bodelschwingh entstand eine *»herzliche Zusammenarbeit«*.

Über Ida von Bodelschwingh ist aus Dellwig relativ wenig bekannt. Aus ihren Briefen geht aber hervor, daß sie sich dort wohlgefühlt haben muß. Sie gebar in der kleinen Gemeinde an der Ruhr noch drei Kinder (Elisabeth am 16. Juli 1864, Friedrich am 20. Februar 1866 und Karl am 29. Dezember 1867), ohne daß es zu Komplikationen kam.

Das Sterben der Kinder

Doch Ende 1868 suchte eine »Stickhusten-Epidemie« die kleine Gemeinde heim. In seinen Aufzeichnungen sprach Bodelschwingh von einer *»epidemischen Lungenentzündung«*, verbunden mit »Stickhusten«, wie man damals den Keuchhusten nannte. Die Seuchenkenntnisse waren noch sehr gering, ebenso wie die hygienischen Abwehrmaßnahmen. Bodelschwingh stand selbstverständlich Sterbenden bei; im Dezember leistete er einem sterbenden Kind Beistand, das er segnete und streichelte. Kurz vor Weihnachten bekam auch sein ältester Sohn Ernst einen Husten, aber ungeachtet dessen machte er noch zwei Tage vor Weihnachten mit seiner Mutter und seiner kleineren Schwester Elisabeth einen Besuch bei einem sterbenden Kind in der Nachbarschaft. Nach Weihnachten gab es keinen Zweifel mehr – Ernsts Husten war alles andere als harmlos. Kurz darauf mußte er sich ins Bett legen, weil eine Lungenentzündung hinzugekommen war. Bald stellte sich heraus, daß auch die anderen drei Bodelschwingh-Kinder von der Krankheit befallen waren.

Bodelschwingh wertete in der Rückschau das Verhalten des fünfjährigen Ernst als eine Hinwendung auf die Ewigkeit. Der Junge sagte zu dem behandelnden Arzt: »Du kannst mir mit deiner Medizin doch nicht helfen. Der liebe Gott muß mir helfen.«

Ernst hatte den schwersten Krankheitsverlauf von allen, aber als erster starb am 12. Januar Friedrich, Elisabeth dann am 20., Karl am 24. und Ernst am 25. Januar. Innerhalb von dreizehn Tagen hatten die Bodelschwinghs alle ihre vier Kinder verloren. *»Damals merkte ich erst«*, so sagte er später, *»wie hart Gott gegen Menschen sein kann, aber darüber bin ich barmherzig geworden gegen andere.«* Oder, wie er es an anderer Stelle ausdrückte: *»Weil uns Barmherzigkeit widerfuhr, wurden wir barmherzig.«*

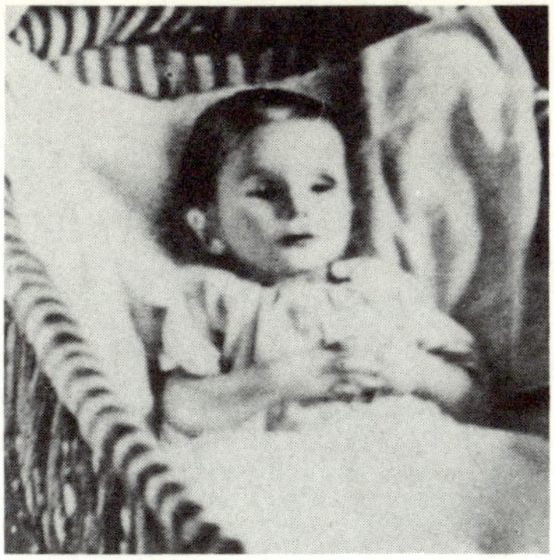

Sohn Ernst (1863-1869)

Tochter Elisabeth (1864-1869)

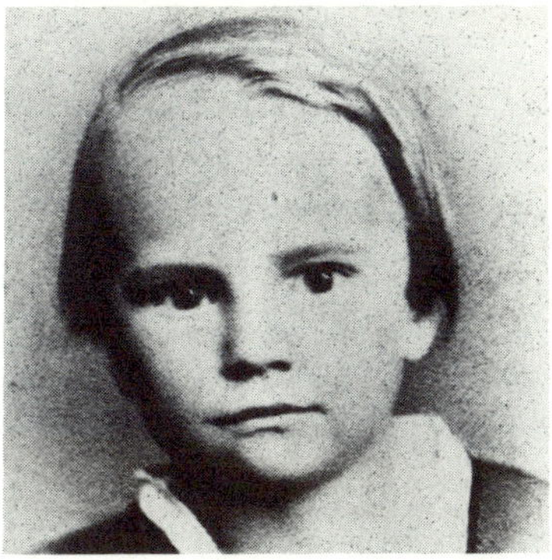

Sohn Friedrich (1866-1869)

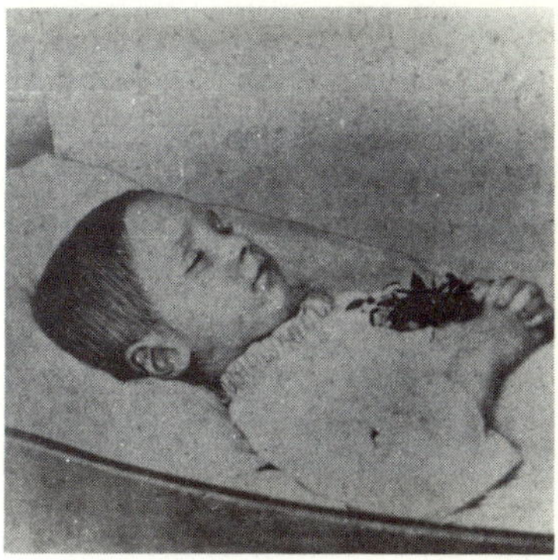

Sohn Karl (1867-1869)

Über die schweren Tage und Wochen gibt es genaue Aufzeichnungen, denn Bodelschwingh ließ die Leser des »Westfälischen Hausfreundes« an seinem ungeheuren Leid teilnehmen. Unter dem Titel *»Von dem Leben und Sterben vier seliger Kinder«*[23] schrieb er einen für ihn ganz typischen Bericht. Er schilderte die kindliche Gläubigkeit, die letzten Lebensäußerungen der Kinder, er beschrieb den elterlichen Schmerz, aber er verklärte ihn mit der Hoffnung auf das ewige Leben, das nun die erlösten Kinder hatten. Dabei setzte er sich auch mit ihrer *»Sündhaftigkeit und der Vergebungsgnade«* auseinander. Der Artikel erschien dann auf Anregung eines Pariser Freundes als Broschüre im Verlag der Buchhandlung des Lehrerwaisenhauses in Ducherow, dessen Leitung Stürmer inzwischen übernommen hatte. Auch in Bethel erschien das Heft später und erfuhr eine große Verbreitung.

Gustav von Bodelschwingh schrieb später auf Grund der Erzählungen seines Vaters: »Der Mutter fingen seit der Zeit die Haare an auszufallen, und noch nach einem Jahr zitterte ihre Hand beim Schreiben. Oft stand sie schluchzend an den Gräbern, und ihren Mann sah man eines Tages mit einem Brett und vier Pfählen zum Kirchhof gehen, um an der stillen Stelle, wo die vier Gräber lagen, eine kleine Bank zu machen, damit er dort mit der Mutter zugleich nachdenken könne, was Gott ihnen durch solches Leid sagen wollte.«
Bodelschwingh sagte, wie Gustav weiter schildert, zu Gott: *»Wenn du mich demütigst, machst du mich groß.«*[24]

Wenige Monate später, am 27. Mai 1869, starb Bodelschwinghs Mutter im Alter von 75 Jahren in Dillenburg. Bodelschwinghs trösteten sich damit, daß auch sie in völliger Ruhe und Frieden aus dieser Welt geschieden war.

Trotz seiner großen Trauer um die Kinder setzte sich Bodelschwingh im »Westfälischen Hausfreund« für das Waisenhaus in Ducherow ein und sorgte dafür, daß ein Teil seiner Schulden getilgt wurden. Außerdem förderte er eine ähnliche Gründung in Westfalen. Der »Westfälische Hausfreund« wurde zu einem publizistischen Organ für diakonische Einrichtungen. Er unterstützte sowohl das Johan-

Die Gräber der vier Kinder auf dem Dellwiger Friedhof

nesstift in Schildesche bei Bielefeld, das eine Gründung der Minden-Ravensberger Erweckungsbewegung war, wie die vor den Toren Bielefelds gegründete Anstalt für epileptisch Kranke und das in Bielefeld entstehende Diakonissenhaus.

Bodelschwingh war längst über den Aktionsradius eines Gemeindepfarrers in Dellwig zu einem Begriff und einer Autorität geworden, ohne daß er die Aufgaben als Seelsorger vernachlässigte. Ihn interessierten aber nicht nur die rein diakonischen Aktivitäten; die Arbeiterfrage blieb bei ihm stets auf der Tagesordnung, ebenso wie die Bildungsfrage. So betrachtete er die evangelische Lehrerbildung und die evangelischen Schulen für die Kirche und die christliche Familie als unverzichtbar, wähnte sie aber durch liberale Tendenzen gefährdet. Deshalb unterstützte er den Kurs des preußischen Kultusministers Heinrich von Mühler, dessen Schulpolitik einer engen Verknüpfung von Staat und Kirche Bodelschwingh als Garant für die christlichen Schulen galt. Überhaupt sah Bodelschwingh den preußischen Staat als einen christlichen Staat und setzte sich in diesem Sinne auch als Publizist ein: *»Ist aber das Christentum die geistliche Wohltat auch für einen Staat als solchen, ist es von unschätzbarem Segen, daß Preußen ein christlicher Staat heißt, und werden auch dafür, daß es ein christlicher Staat bliebe, alle Jahre so bedeutende Summen auch aus Staatsmitteln bewilligt, warum soll denn nicht auch etwas geschehen, daß andere Völker und Staaten die gleiche Wohltat teilhaftig werde.«*[25]

Als Bismarck sich Ende 1869 von seinem Kultusminister von Mühler distanzierte, begann Bodelschwingh, von Bismarcks Politik abzurücken. Das schlug sich auch im »Westfälischen Hausfreund« nieder, der von nun an Hiebe gegen Bismarck austeilte. Die Wochenzeitung kreidete dem Kanzler an, daß er nicht gegen die »Abgötterei« des Personenkults einschritt, die mit ihm betrieben würde. Auch Bismarcks Neuordnung des Deutschen Bundes und die beabsichtigte Schaffung einer unierten Nationalkirche stießen auf Bodelschwinghs Widerstand. Der evangelische Oberkirchenrat in Berlin sollte beseitigt werden, und in Preußen sollte es 18 selbständige Provinzialkirchen geben. An deren Spitze sollte nicht mehr ein Generalsuperintendent als königlicher Beamter, sondern ein Bischof als selbständiger kirchlicher Würdenträger stehen. Bodelschwingh hielt Bismarck vor, er habe zwar das Deutsche Reich geschaffen, sei aber in der Schaffung einer Nationalkirche nicht weitergekommen.

Bodelschwingh war aber davon überzeugt, daß die souveränen Provinzialsynoden nicht den Gottesfrieden bringen würden, *»den die Kir-*

che jetzt nicht hat«, wobei er an den Konfessionsstreit der beiden evangelischen Konfessionen dachte. Er glaubte auch auf das landesherrliche Kirchenregiment nicht verzichten zu können: *»Wir leben noch in der Zeit der Not, und da freue ich mich unseres Notbischofs, des Königs, und wünsche nicht, daß er für jetzt das Regiment aus der Hand gibt.«*[26] Bodelschwingh war noch für eine engere Bindung von Thron und Altar. Den nach seiner Meinung unausgegorenen Plänen, die nicht eine Union, sondern eine Konföderation der Provinzialkirchen vorsahen, hielt er entgegen: *»Union, aber keine Konfusion.«*

Im »Westfälischen Hausfreund« fordert Bodelschwingh *»eine allgemeine lutherische Konferenz«*, von der er sich einen Zusammenhalt versprach.

Mit ebenso großer Leidenschaft setzte sich Bodelschwingh mit Rom auseinander. Anlaß war die Heiligsprechung des Pedro de Arbués, der im 15. Jahrhundert als Inquisitor zahlreiche spanische Juden auf dem Scheiterhaufen hatte verbrennen lassen. Für Bodelschwingh war Pedro de Arbués *»ein blutiger Menschenschlächter, der in der finstersten Zeit des Aberglaubens Tausende armer Juden um ihrer Anhänglichkeit an ihrer Väter Glaube willen hingemordet hat«*.

Als jedoch Papst Pius IX. zum (Ersten) Vatikanischen Konzil einlud, auf dem 1870 das Dogma von der Unfehlbarkeit des Papstes beschlossen wurde, sah Bodelschwingh darin *»das Letzte vor dem Sturze«* des Satans. Der politisch und diplomatisch glücklose Papst hatte am 13. September 1868 Protestanten und andere Nichtkatholiken aufgefordert, die mit dem geplanten Konzil gegebene Gelegenheit zum Wiederanschluß an die katholische Kirche zu nutzen. Bodelschwingh kommentierte: Aller äußerer Glanz und Pracht des Kolosses der römischen Kirche kann *»uns doch keinen Ersatz geben für den Schatz, den wir am Evangelium von der freien Gnade haben; und wenn wir auch die Zerrissenheit innerhalb der evangelischen Kirche bußfertig beklagen müssen, so ist doch diese Zerrissenheit viel besser als diese gewaltsame, in fleischlicher Weise zusammengehaltene Einheit der römischen Kirche, die doch innerlich hohl und kraftlos ist«*.[27]

So sehr Bodelschwingh auch gegen die römische Kurie focht, zu einer Kooperation mit seinen katholischen Amtsbrüdern war er immer bereit. Dazu gab es die verschiedensten Bewährungsproben, so, als er 1870 als Feldprediger mit dem 55. und 15. Infanterieregiment aus Bielefeld in den Deutsch-Französischen Krieg zog. Er erlebte die blutigen Schlachten vor Metz mit und war auch bei den Kämpfen um die Stadt dabei. Alles, was ihn bewegte und was er erlebte, legte er in *»Tagebuch-Aufzeichnungen aus dem Feldzug 1870«* nieder, die zunächst wieder im »Westfälischen Hausfreund« veröffentlicht und später in Bethel gedruckt wurden.[28]

In diesem Tagebuch ist auch die Wandlung in seiner Haltung ablesbar. Den patriotischen Aufwallungen konnte er sich zunächst nicht entziehen, die Kriegsbegeisterung hatte auch ihn erfaßt; doch sehr bald wurde sie vom Leid des Krieges durchbrochen. Da verwischten die Sterbenden und Verwundeten für ihn die Grenzen zwischen den Konfessionen und zwischen Freund und Feind. Bodelschwingh fragte nicht danach, ob einer evangelisch oder katholisch war, wenn er das Abendmahl austeilte. Am 4. August 1870 schrieb er: *»Da sammelte sich ein großer Teil des Bataillons, offenbar auch viele Katholiken, und setzten sich traulich um den Altar. Nach der Andacht über Römer 14,7 und 8 baten abermals über 300 Leute des größtenteils katholischen Bataillons, der Major voran, um das Abendmahl.«* Darüber hinaus war er zur praktischen Hilfe für seine französischen Amtsbrüder bereit, lieh seinen Wagen einem katholischen Feldprediger aus und begnügte sich selbst mit einem Reitpferd.

Am 8. August, als die Spichernen Höhen vor Metz erstürmt und die preußischen Soldaten reihenweise von der Mitrailleuse, einem Vorläufer des Maschinengewehrs, niedergemetzelt wurden, trug er in sein Tagebuch ein: *»Stundenlanges Schnellfeuer, hunderttausend Schüsse in der Minute. Unaufhörlich schleppen sich die langen Reihen Verwundeter vom Kampfplatz fort.«* Und an einer anderen Stelle heißt es: *»Ich möchte am liebsten von den beiden nun folgenden Tagen schweigen. Es war der Jammer, und der Mangel war zu groß. Für tausend Taler hätte man kein Stückchen Brot bekommen können. Ich gab zuletzt den armen, fast verhungerten Verwundeten, die seit zwei Tagen nichts genossen, mein Abendmahlsbrot, große schöne Hostien, die mir ein Freund in Trier gegeben hatte, in Wein eingestippt. Oft mußte ich für die armen Franzosen den Dolmetscher spielen, deren Schmerzensschrei und Bitte niemand verstand.«*

Am 17. August notierte er: *»Seit vielen Tagen wieder einmal eine Ruhestätte in einem der lieblichsten katholischen Pfarrhäuser auf einem Hügel an dem linken Ufer der Mosel.«* Bodelschwingh war dabei, wenn die Verwundeten zusammengesucht wurden, und schilderte, wie sich am 20. August das kleine Städtchen Ars-sur-Moselle mit Verwundeten vieler Regimenter füllte. Er vergaß auch nicht, *»die freundlichen französischen Schulschwestern«* zu loben für ihre Pflege der Verwundeten. Am 5. September heißt es: *»Die Stadt Metz lag so friedlich und schön im Mondschein vor uns, kein Klageton drang zu uns auf die Höhe; und doch mußte ich an die 30 000 Verwundeten denken, mit* *ihren unzähligen Seufzern, da sie nicht einmal einen Trunk guten Wassers für ihre lechzenden Lippen haben. Arme Erde. Wann wird die Stunde kommen, wo man auf ihr keine Träne mehr weint?«*

Für Bodelschwingh war es etwas sehr *»Wehmütiges und zugleich Erhebendes«* um *»solch eine allmählich zusammenschmelzende Schar eines Schlachtfeldlazaretts. Täglich ziehen die, welche irgendwie transportabel sind, auf den Eisenbahnzügen fort in die Heimat, weinend reichen sie den Zurückbleibenden, an deren Seite sie geseufzt und gelitten, die Hand zum Abschied; täglich auch gibt es Pilgrime zur großen Ewigkeit und, wie man mit Freuden erkennen kann, auch zur rechten Heimat im Himmel«*. Er war des Lobes voll über die katholischen *»Brüder aus dem französischen Jesuitenorden, mit welcher Liebe sie die Kranken«* pflegten: Für Bodelschwingh erwies sich das Leid von Freund und Feind als völkerverbindend: *»wie mancher deutscher Krieger ist von Franzosen mit ganzer Liebe und Treue gepflegt worden, wie manches Dankeswort habe ich von Deutschen gehört«*, resümierte er in einer für die damalige Zeit ungewöhnlichen Betrachtungsweise.

Inmitten des Krieges wandte sich Bodelschwingh auch gegen den Haß, der von einigen Zeitungen, darunter seinem Leib- und Magenblatt, der »Kreuzzeitung« verbreitet wurde. Er empfand es als eine Verunglimpfung der *»eigenen tapferen Truppen, wenn man die ganze französische Armee in unseren Zeitungen als einen verfaulten und sittlich versunkenden Menschenhaufen ausschreit, an welchem nichts Gutes mehr zu finden sei«*. Für den Feldprediger, der durch seine Pariser Zeit geprägt war, war es *»hohe Zeit, daß man dem Schüren des Hasses und der Bitterkeit Einhalt«* gebot, zumal er entschiedene Christen auf beiden Seiten sah.

Seinen seelsorgerlichen Pflichten kam Bodelschwingh auch unter schwierigsten Umständen stets nach. Ein junger Offizier berichtete später: »Ich hatte meinen Zug eben am Waldesrand ausschwärmen lassen, das Feuer aber noch nicht eröffnen können, als Pastor von Bodelschwingh zu Pferde ankam und mit lauter Stimme etwa folgende Worte sprach: ›Meine lieben Freunde, die Schlacht hat begonnen, darum ist für eine Ansprache keine Zeit mehr; aber da vielleicht mancher von euch bald in der Ewigkeit sein kann, so will ich mit euch ein Vaterunser beten!‹ und nun richtete er sich in den Steigbügeln auf, hob die gefalteten Hände hoch und betete mit lauter Stimme, aber ganz langsam, das Vaterunser, während die Granaten durch die Baumwipfel heulten.«[29]

Während seine Truppe als Besatzung in Metz blieb, ließ sich Bodelschwingh ablösen, denn seine Frau erwartete in den kommenden Tagen ein Kind. Es wurde jedoch eine Totgeburt.

Als Bodelschwingh am 1. Advent wieder in Dellwig predigte, war er ein anderer als der, der ein Vierteljahr zuvor in den Krieg zog. *»Wie anders sieht sich der blutige, wundenreiche Krieg an, von der Heimat aus.«* Der Patriot Bodelschwingh, der nach dem Feldzug mit dem Eisernen Kreuz für Nichtkombattanten ausgezeichnet wurde, begann seine Friedensarbeit. Er sah sehr scharf Leid und Groll des Krieges. Später sagte er von den Kämpfen um Metz: *»Ich habe in jenen heißen Augusttagen auf den steinharten, ausgetrockenen Boden nicht nur Blutstropfen, sondern auch Tränen fallen sehen, die köstlicher und*

Friedrich von Bodelschwingh in den siebziger Jahren

fruchtbarer sind als aller Tau des Himmels.« Für den Wiederaufbau des Klosters Peltre, das beim Kampf um Metz in Flammen aufgegangen war, sammelte er in einer Versöhnungskollekte.

Aber trotzdem war für ihn Frankreich *»unbußfertig«*, weil es sich nicht beugen wollte *»unter Gottes heiße Gerichte«*, aber er fürchtete auch Gottes Zorn *»über unser deutsches Volk und Land, das den demütigen Dank zu bald vergessen hat, dafür, daß Gott so Großes an uns getan«*. In diesen Sätzen verschmolz das in den Freiheitskriegen geborene nationale Ethos mit der pietistischen religiösen Erneuerung zu einer Einheit.

Aus dem Kriege zurückgekehrt, kämpfte Bodelschwingh sowohl mit seiner Feder im »Westfälischen Hausfreund« als auch in Vorträgen für ein Friedensfest, das ein Dankopfer sein sollte. Er wollte *»anstatt jener Friedensfeste unseligen Andenkens, die im Jahr 1866 den größten Teil des Segens, den die Kriegsnot gebracht, in der Flut der Sauf- und Trinkgelage wieder wegschwemmten, nüchterne, keusche, fröhliche, fromme Friedensfeste gefeiert würden, wie sie unsere Väter nach den Freiheitskriegen gefeiert«*.[30]

Am 18. Juni 1871, jenem letzten Tag der offiziellen Siegesfeier in Berlin, richtete er auf der Wilhelmshöhe bei Dellwig selbst eine Feier aus, die mit einer Grundsteinlegung zur Erweiterung der Dellwiger Kirche verbunden war. Er wollte, wie Martin Gerhardt schreibt, »ganz bewußt einen Beitrag leisten zur Schaffung eines christlichen Stils für ähnliche Volksfeste, die jetzt nach dem Sieg erhöhte Bedeutung gewinnen«.[31] Bodelschwingh aber konnte sich nicht mit diesen Gedanken durchsetzen, statt dessen entwickelte man später das »Sedanfest«.

Als er im Herbst 1871 in Dellwig bei einer Friedensfeier mitwirkte, erlebte er eine herbe Enttäuschung. Er hatte nur unter der Bedingung dem Dellwiger Kriegerverein seine Anwesenheit zugesagt, daß er auch als letzter den Festplatz verlassen dürfte. Er glaubte, das Fest würde dann einen Verlauf nehmen, den auch er als Pastor akzeptieren könne. Doch der Festvorstand verlor die Übersicht, Alkohol wurde in großen Zügen genossen, und es kam zu üblen Schlägereien. Bodelschwingh blieb mit steinharter Miene sitzen; alle Versuche, ihn wegzukomplimentieren, scheiterten. Er wurde so zu einer personifizierten Anklage gegen ein gutgemeintes Fest mit peinlichstem Ausgang.

Bereits im Oktober 1870, während der Belagerung von Metz, hatten ihn zwei Berufungen erreicht: auf eine Inspektorenstelle der Gossner-Mission und als Vorsteher des Berliner Zentraldiakonissenhauses

Bethanien, der Lieblingsgründung von Friedrich-Wilhelm IV. Aber Bodelschwingh konnte sich trotz allerlei Schwierigkeiten mit seiner Gemeinde nicht entschließen, Dellwig zu verlassen.

Sein Nein zu Bethanien wurde ihm allerdings schwierig. Auch Bethanien war in einer Krise, und Kultusminister von Mühler hatte nach einem Hygieneskandal, um sich selbst aus der Schußlinie zu bringen, die Versetzung des geistlichen Vorstandes, Ferdinand Schultz, angeordnet, obwohl dieser für die medizinisch-hygienischen Versäumnisse ebensowenig wie der Vorsitzende des Kuratoriums verantwortlich zu machen war, der ebenfalls sein Amt niederlegen mußte. Hinter Bodelschwinghs Ruf nach Bethanien stand sein früherer Lehrer Wilhelm von Hengstenberg, der auch Bodelschwinghs Schwiegervater für die Sache einspannte und dabei in einem Brief vom 23. September 1870 Bodelschwinghs vermeintliche Schwächen offenlegte: »Es ist gewiß ganz unzweifelhaft, daß Friedrich in allem seinem treuen und eifrigen Wirken für das Reich des Herrn die Liebe des Herrn drängt und treibt, aber ebenso gewiß ist es mir auch, daß er den Impulsen seines frommen Gefühls zu rasch Folge leistet, gerne seine eigenen Wege geht … Um so nötiger scheint es mir für ihn zu sein, daß er je eher desto lieber in ein geistliches Amt kommt, das ihn, als der eigentliche Kern seiner Wirksamkeit, ungleich mehr in Anspruch nimmt, als bei seinem Amte in Dellwig dies der Fall ist.«

Die kritische Persönlichkeitsanalyse war zwar nicht so schroff und verletzend wie die, die Ernst Senfft gegeben hatte, doch waren die tendenziellen Übereinstimmungen in einigen Punkten nicht zu übersehen. Die facettenreiche Persönlichkeit Friedrich von Bodelschwinghs bot trotz ihrer Genialität genug Angriffsflächen. Doch die unzweifelhaft vorhandenen Schattenseiten wurden immer wieder durch seinen starken Glauben gemildert, von dem er sich leiten ließ. Wenn er im Unrecht war, verharrte er nie lange darin.

Bodelschwingh blieb bei seinem Nein, er wolle einmal in Westfalen bleiben, außerdem wollte er *»nicht eine Brücke bilden, um das Unrecht* (an Schultz; M. H.) *zu beschönigen«*.[32] Seine Ablehnung trug dazu bei, daß Schultz in Bethanien bleiben konnte.

Aber ein Jahr später, im November 1871, nahm Bodelschwingh den viel unbedeutenderen Ruf an die Anstalt für epileptisch Kranke an, die in einem Bauernhaus vor den Toren Bielefelds in Gadderbaum entstanden war, und an die kleine Diakonissenanstalt, die in Bielefeld aufgebaut wurde, mit zehn Diakonissen und 17 Probeschwestern. Nachdem der erste Anstaltsleiter, Friedrich Simon, eine Pastorenstelle in Bielefeld angenommen hatte, betrieb Gottfried Bansi, der Sohn des

Likörfabrikanten, die Berufung Bodelschwinghs, denn ihm war Bodelschwinghs Name »im Traum erschienen«.

Die kleine Anstalt war 1867 von Bielefelder evangelischen Kaufleuten im Zusammenwirken mit Geistlichen der Minden-Ravensberger Erweckungsbewegung gegründet worden, nach dem Vorbild der französischen Anstalt La Force in Südwest-Frankreich. Sie hatte 25 »Pfleglinge«. Entgegen seiner Gewohnheit nahm Bodelschwingh den Ruf relativ schnell an. Am 23. November 1871 antwortete er seinem langjährigen Freund Bansi: *»Verehrter Freund! Nehmen Sie in Gottes Namen mein Jawort an.«*[33]

Die Frage bleibt offen, warum er nach Bielefeld ging. War es die westfälische Heimat, die ihm eine neue Aufgabe stellte, war es der Umstand, daß am 1. April 1868 der »Westfälische Hausfreund« Druck- und Verlagsort gewechselt hatte und nun bei den C. Bertelsmann in Gütersloh erschien, oder war es eine innere Stimme, der er Gehorsam leistete?

3. *»Lasset uns auf sein und gen Beth-El ziehen«*

Bethel – Sarepta – Nazareth

Bodelschwingh trat im Januar 1872 seinen neuen Dienst als Vorsteher in Bielefeld an. Damals ahnte keiner, welch bedeutsamer Schritt dies für die Diakonie werden sollte. Die »Anstalt für Epileptische« und die »Westfälische Diakonissenanstalt« hatten ihre eigentliche Gründungsphase bereits hinter sich, obwohl die wirkliche Gründung noch bevorstand. Bodelschwingh war bereits der zweite Vorsteher, doch galt er später im öffentlichen Bewußtsein als der Gründer von Bethel. Bereits vierzehn Tage nach seinem Amtsantritt, am 5. Februar 1872, setzte er einen wegweisenden Vorstandsbeschluß der Diakonissenanstalt durch, diese räumlich mit der Anstalt für Epilepsiekranke zu vereinigen. Dieser historische Managementbeschluß war die Grundlage, auf der das Werk Bethel entstehen konnte.[1]

Die Inspiration für die Bethel-Gründung ging auf John Bost zurück, der rund eintausendzweihundert Kilometer von Bielefeld entfernt in Laforce in Südwest-Frankreich eine Art Kommunität für Epilepsiekranke gegründet hatte. Der aus Bern stammende protestantische Pfarrer war 1844 an die Freie Gemeinde von Laforce im Département Dordogne berufen worden. Für ihn war die Verkündigung durch Wort und Hände eine Einheit. In seinem Wirken gibt es viele Parallelen zu Bodelschwingh. Bost baute eine Schule, eröffnete 1848 sein erstes Heim für »Schwachsinnige« und kam hier bald mit Epilepsiekranken in Berührung. »Die drei Worte: idiotisch, epileptisch, irr sind niederschmetternd. Welche Verdammung tragen sie in ihrem Lakonismus?«, fragte er die Gesellschaft zu einer Zeit, in der »Idiotie« und »Idioten« gängige medizinische Definitionen waren.

Der Pfarrer in der Diaspora bemühte sich, die Vorurteile gegenüber der Epilepsie abzubauen und auch dem weitverbreiteten irrigen Glauben entgegenzutreten, daß die Anfallskrankheit ansteckend sei. Für die Fallsüchtigen – wie sie damals hießen –, die entweder in Irrenanstalten oder versteckt am Rande der Gesellschaft dahinvegetierten, baute er das Haus »Siloah«. Der Name war Programm, denn er erinnerte an jenen Teich Siloah vor den Mauern Jerusalems, an dem der Blinde sehend wurde (Johannes 9,7). Es folgte das Haus »Ebenezer«. Auch alle nachfolgenden Häuser erhielten Namen aus der biblischen Geographie. Das fünfte Haus der kleinen Kolonie bekam den Namen »Bethel«, zu deutsch »Haus Gottes«, es erinnerte an die

Pfarrer John Bost (1817-1881), La Force/Dordogne

Geschichte, als Jakob im Traum die Engelsleiter sah und Gott zu ihm sprach (1. Mose 28,19).

Der französisch-schweizerische Pfarrer hatte für die Anfallskranken seine eigene Therapie entwickelt: »Wir haben versucht, unsere Kranken in eine schöne Gegend zu bringen ... die reine Luft, die sie atmen, ist ein wesentliches Mittel für ihre Erleichterung«, und er wurde geradezu poetisch, wenn er schilderte, wie es für die Kranken eine Wohltat sei, den Duft der Pflanzen und der Erde einzuatmen, »die Morgen- und Abendröte, der Gesang der Vögel, die Harmonie der ganzen Natur, ihr ganzer Einklang, die Stille der Nacht, die Betrachtung des Himmels, all dies sehen wir als notwendige Elemente unserer Heilungsmittel an«. Dazu wurde eine gesunde und diätetische Lebensführung praktiziert.

Seine bahnbrechenden Ideen publizierte John Bost 1864 in der in Genf erscheinenden »Religiösen Woche«. Und so übersprangen sie die Ländergrenze und wurden auch vom Rheinisch-westfälischen Provinzialausschuß für Innere Mission in Langenberg aufgenommen. Die von dem Johanniterorden ins Leben gerufene Anstalt »Hephata« in

Mönchengladbach hatte anfangs auch epilepsiekranke Kinder aufgenommen, aber diese Arbeit nicht weiter ausgebaut, weil man dem Phänomen der epileptischen Anfälle ziemlich hilflos gegenüberstand. Deshalb hatte der Provinzialausschuß für Innere Mission die Gründung einer speziellen Einrichtung für diese Kranken ins Auge gefaßt. Schrittmacher dabei war Pfarrer Franz Balke, der Präses von Hephata. Man hatte in einer oberflächlichen Erhebung ermittelt, daß es im Rheinland und in Westfalen 3 700 Epilepsiekranke gab, die alle unversorgt waren oder unter »Schwachsinnigen« und Geisteskranken in Heilanstalten ihr Leben fristeten.[2]

Daher fragte der Provinzialausschuß unter anderem auch bei John Bost an. Die Antwort ermutigte Balke ebenso wie den Hephata-Anstaltsinspektor Carl Barthold, denn Bost hatte geradezu enthusiastisch geschrieben: »Möchte ein Ebenezer, möchte ein Bethel sich auftun in Ihrem reichen Deutschland, reich an Erbarmen, reich an Wissenschaft, reich an christlichen Männern und Frauen, reich an irdischen Gütern.«[3] Allerdings bekannte Bost auch: »Aber wenn ich auch nicht an die Möglichkeit der Heilung glaube, falls Gott nicht neue Wunder tut ..., so glaube ich doch bestimmt, daß wir eine große Erleichterung für dieses furchtbare Übel beschaffen und daß wir in die Herzen dieser Leidenden Schätze des Trostes werfen können ... Einen Kranken beruhigen und trösten, heißt das nicht schon, ihm die Heilung ankündigen, ... eine Kirche hat nicht das Recht zu existieren, wenn sie ihre Pforten den kranken Schafen verschließt.«

Balkes Aufruf[4] zur Gründung einer »Anstalt für Epileptische« fiel auf fruchtbaren Boden und wurde von Unternehmern in Bielefeld, die durch die Erweckungsbewegung geprägt waren, umgesetzt. Zu ihnen gehörte Gottfried Bansi, der zum Motor für die Gründung der Anstalt für Epilepsiekranke werden sollte. Dieselben Kräfte betrieben auch die Schaffung eines Diakonissenmutterhauses in Bielefeld. Dies war durch Bansis Grundstücks-»Vorratskäufe« ohne Schwierigkeiten möglich geworden.

Die Schwestern

Durch eine Kabinettsorder wurde am 13. Februar 1872 der Westfälischen Diakonissenanstalt die Korporationsrechte verliehen: Von nun ab konnten für sie Spenden gesammelt werden. Dies alles vollzog sich noch vor Bodelschwinghs Amtseinführung am 25. Februar in der Neustädter Kirche. Bodelschwingh predigte dabei über den Psalm

16,6: »Das Los ist mir gefallen aufs Liebliche, mir ist ein schön Erbteil geworden.«

Bodelschwingh wollte sein *»Erbteil«* nicht als Herrscher *»über die Herde«* verwalten, sondern Vorbild sein. Das bedeutete harte und beharrliche Arbeit. Mit seiner ungestümen Dynamik ging er sie zielsicher an.

Neben seinem Engagement für die Anstalt für Epilepsiekranke setzte sich Bodelschwingh mit Leidenschaft für den Bau des neuen Diakonissenmutterhauses ein. Am 15. September wurde bereits der Grundstein gelegt. Die Pläne im romantisierenden Stil der Ära Friedrich Wilhelms IV. hatten das Darmstädter Elisabethstift zum Vorbild. In der Urkunde, die in den Grundstein eingemauert wurde, verband sich Religiosität und das patriotische Pathos zu einer Einheit: Das neue Haus solle ein Dankopfer sein *»für die gnädige Errettung, welche er unserm Vaterland in den letzten schweren und blutigen Kriegen gewährt hat«*[5].

Das Haus Bethel, nach dem später die ganze Anstalt benannt wurde. Das Pflegehaus Bethel war der erste Neubau für die Anstalt

Die Anstalt für Epilepsiekranke war zunächst nur für Jungen bzw. junge Männer gedacht und entsprach auch der damaligen strikten Trennung in männliche und weibliche Diakonie. Doch Bodelschwingh war von vornherein bestrebt, diese aufzulockern, denn er wollte auch anfallskranke Mädchen und Frauen aufnehmen und dabei die pflegerische Verbindungslinie zwischen der Anstalt und dem Diakonissenmutterhaus schaffen. So erwirkte er am 6. September 1872 im Ausschuß des Verwaltungsrates einen Beschluß, daß im Neubau »möglichst bildungsfähige Kinder beiderlei Geschlechts« aufgenommen werden konnten, darüber hinaus »bildungsfähige Jünglinge«, während Ebenezer »als Asyl für erwachsene Epileptische« dienen sollte.[6]

Doch als es ernst wurde, gab es Schwierigkeiten. Männer und Frauen unter einem Dach war dann doch für die meisten Mitglieder des Verwaltungsrats, insbesondere für Bodelschwinghs Vorgänger Friedrich Simon, schon aus sexual-pädagogischen Gründen unvorstellbar. Der tatkräftige Anstaltsleiter erreichte aber immerhin im September 1873 einen Kompromißbeschluß, nach dem nur Kinder und ältere Kranke aufgenommen werden sollten, bei denen es keinerlei Befürchtungen im Blick auf die Sexualität gab. Außerdem könne in dem Neubau »eine absolute Trennung« der Geschlechter erfolgen. Bodelschwingh fand Unterstützung durch den Leiter der Siegburger Anstalt, Professor Werner Nasse, der als psychiatrische Autorität dem Verwaltungsrat angehörte. Vorsichtshalber hatte Bodelschwingh bei mehreren Eltern von anfallskranken Töchtern angefragt und bei ihnen keine Bedenken dagegen festgestellt, daß Männer und Frauen unter einem Dach wohnten. So erließ der Verwaltungsrat am 1. Oktober 1873 den Beschluß, auch weibliche Kranke aufzunehmen.

Ebenezer und Zoar,
ein Pflegehaus für epilepsiekranke Jungen und Männer, nach dem sich zunächst die Brüderschaft benannte (später hieß sie »Nazareth«)

Bei Bodelschwinghs Taktieren wird eine Praxis deutlich, die er bis in sein hohes Lebensalter beibehielt. Durch das Herbeiführen relativ »harmloser« Beschlüsse weichte er harte Linien der Gremien auf und brachte sie damit in Zugzwang für spätere Entscheidungen.

Im neuen Gebäude zogen in den einen Flügel fünf Knaben und Männergruppen als Familien ein und in den anderen die gleiche Anzahl Mädchen- und Frauenfamilien. Jede der Familien sollte aus acht bis zehn Personen bestehen und damit für die Behinderten, bei denen die Anfallskrankheit das Grundleiden war, eine überschaubare Einheit sein. Bodelschwingh übernahm damit ein Prinzip von Wichern aus dem Hamburger Rauhen Haus. Allerdings hatte dort auch jede Familie ihren eigenen Pavillon. Dies ließ sich in der neuen Anstalt wegen der Baulichkeiten nicht verwirklichen. Offenbar hat aber Bodelschwingh damals bereits den Plan gefaßt, Erweiterungsbauten nur in kleinen, in sich geschlossenen Einheiten vorzunehmen.

Am 31. Mai 1873 konnte Johannes Unsöld, der als Inspektor Verwalter, Lehrer und Hausvater zugleich war, mit 16 Jungen den Neubau beziehen. Als Lehrer für »schwachsinnige« Taubstumme hatte er in Württemberg Erfahrungen gesammelt. Zum Thema seiner Andacht wählte er die Jakobsgeschichte und stellte dabei seine Losung »Lasset uns auf sein und gen Beth-El ziehen« in den Mittelpunkt.

Bodelschwingh flüsterte ihm noch während der Andacht zu: »Ich wünsche, daß unsere Anstalt den Namen Bethel bekommt.« Wie es seine Art war, diskutierte er das Thema nicht intern, sondern öffentlich an und berichtete im »Westfälischen Hausfreund«, schon während der Feier sei der Wunsch aufgestiegen, daß dieses Losungswort der Name für die neue Anstalt werden solle. Der Verwaltungsrat war allerdings der Meinung, daß die neue Anstalt keines besonderen Namen bedürfe und es bei der Bezeichnung »Epileptische Anstalt« sein Bewenden haben sollte. Aber Bodelschwingh unterhöhlte mit seiner veröffentlichten Meinung die des Verwaltungsrates. Im »Hausfreund«, wo er immer wieder von der Entwicklung der neuen Anstalt berichtete, fügte er geradezu beiläufig an, daß der Neubau »hier oben der Kürze halber gern Bethel« genannt würde. So schuf er in der Namensgebung Fakten, an denen schließlich auch der Verwaltungsrat nicht mehr vorbeigehen konnte. Am 25. November 1874 beschloß er, »den Namen Bethel« einzuführen – ein Name, der zu einem Begriff für die Diakonie in der ganzen Welt werden sollte.

Im September 1873 war die Familie Bodelschwingh in das neue Pfarrhaus am Jägerbrink unterhalb des Mutterhauses eingezogen. Sohn Wilhelm, der noch in Dellwig geboren war, war vier, Gustav, der

Bodelschwinghs Pfarrhaus in Bethel

am 3. November 1872 in Bielefeld das Licht der Welt erblickt hatte, neun Monate, und Frieda war unterwegs.

Der Westflügel des neuen Mutterhauses konnte im Dezember 1873 mit den ersten Kranken belegt werden. Der zweite Bauabschnitt des Neubaus wurde ein Dreivierteljahr später, am 13. September 1874, eingeweiht. Damit besaß die kleine Anstalt auch eine eigene Kapelle, die im Mittelstück des Diakonissenhauses untergebracht war. Sie war ausschließlich aus freiwilligen Spenden finanziert worden, wobei der Hauptteil von Gottfried Bansi, dem calvinistisch geprägten Fabrikanten, stammte. Nun konnten auch Schwerstkranke am Gottesdienst teilnehmen, denn der war für Bodelschwingh der Mittelpunkt der Arbeit.

In den Gottesdiensten sollte sich eine Gemeinde der Kranken und Gesunden, aber auch eine Gemeinde der Dienenden und Lernenden zu einer Einheit finden. Bodelschwingh predigte zur Einweihung über Johannes 5,1-15, wo von der Wunderheilung des Lahmen am Teich Bethesda berichtet wird. *»Dieses Haus«*, so der Prediger, solle als Bildungsstätte für Diakonissen dienen, angesichts des Mangels *»an barmherzigen Samariterhänden«*, und setzte damit einen Akzent, der auf die fehlenden geeigneten Pflegekräfte hinwies, ein Mangel, der das Werk begleiten sollte. Er hoffte, *»daß nicht nur sich Hände finden werden, die aus unserem ganzen Heimatlande und auch über* *seine Grenzen hinaus verlassene Kranke, Krüppel und Sieche zusammentragen, damit sie hier an Leib und Seele gepflegt werden und statt der Seufzer Lob- und Danklieder anstimmen lernen; sondern auch, daß in diesem Haus viele Herzen und Hände durch Gottes Gnade zubereitet und tüchtig gemacht werden auszugehen«*, wohin immer die Not winke.

Im selben Jahr war bereits der Friedhof in dem noch kleinen Bethel angelegt worden, denn der gehörte für Bodelschwingh zum Hause Gottes dazu, weil er die irdische Pforte zur Auferstehung war. Überhaupt wurden Bodelschwinghs Handlungen immer von Symbolik begleitet. Daher nahm er die Einsegnung der sieben Probeschwestern nicht in der Kapelle des Mutterhauses vor, sondern in der Bielefelder Altstädter Kirche inmitten der Bielefelder Gemeinde. Er wollte Bethel nicht absondern, sondern von den Gemeinden getragen wissen. Bodelschwingh liebte biblische Orts- und Landschaftsnamen für die Häuser als Ausdruck, daß die Kranken und Elenden in die große Heilsgeschichte des Gottesvolkes eingeordnet waren.

Im Sommer 1875 war dann der Bau des Mutterhauses vollendet. Mit einer dazugehörigen Baracke konnte es außer den Diakonissen 130 Kranke aufnehmen. Damit hatte Westfalen ein neues evangelisches Krankenhaus, in dem nun mittellose Kranke, aber auch unheilbar Kranke gepflegt werden konnten.

Jetzt stand auch hier die Namensgebung an. Bodelschwingh hatte zunächst »Bethanien« und »Sarepta« favorisiert. Nachdem sich die Namensgebung durch die Entschlußlosigkeit des Vorstandes hinauszögerte, schlug er im Januar 1876 den Namen »Sarepta« vor. Zwar sei »Bethanien« der schönste Name für eine Diakonissenanstalt, der aber sei inzwischen von verschiedenen Mutterhäusern belegt. »Sarepta« sei kürzer und sehr passend, denn er erinnere an jene alttestamentliche Witwe, die dem Propheten Elias mit dem letzten Öl und dem letzten Mehl eine schlichte Mahlzeit bereitet hatte. »Sarepta«, auf deutsch die Schmelzhütte, war für ihn die Mitte, in der die Witwe barmherzig geworden war. *»Eine Schmelzhütte, in welcher der rechte Schmelzer (Maleachi 3,3) seine heilsame Arbeit ausrichtet«*, erklärte Bodelschwingh, *»sowohl an den Elenden, die an seine Tür klopfen, als an den Wirtinnen, den Diakonissen. Mit solchem Glauben und so großer weitherziger Liebe möchten wir gern alle unbekannten Armen, Hungernden, Siechen, Kranken und Sterbenden aufnehmen, und ohne zu fragen, ›wieviel Mehl im Kad ist und wieviel Öl im Krüglein‹, ihnen allezeit zuerst dienen …«*[6a] Und zu solch einer wollte er das Mutterhaus für die Diakonissen machen, wobei er die Situation sehr realistisch sah:

Schwester Emilie Heuser (1822-1898), die erste Oberin von Sarepta. Die schlesische Pfarrerstochter war aus Kaiserswerth gekommen

Johannes Unsöld (1843-1934), bis 1876 der erste Inspektor und Hausvater von Ebenezer, dem ersten Pflegehaus des späteren Bethel

Die Schwestern lebten auf Erden *»nicht nur im Himmel«*, und von der Erde sollten sie *»auch so viel wissen und haben, als in ihren Beruf- und Gesichtskreis paßt«*.

Als nebenamtlicher Arzt war Dr. Paul Heuser nach Bethel berufen worden. Seine Schwester, Emilie Heuser, war die Vorstehende Schwester von Sarepta, eine sehr begabte Kaiserswerther Diakonisse und schlesische Pfarrerstochter. Durch die Unterbringung von männlichen und weiblichen Kranken im selben Gebäude kam es zu Reibungen zwischen ihr als Leitender Diakonisse und dem Inspektor Unsöld. Mit Emilie Heuser und Unsöld stießen zudem zwei Persönlichkeiten von hartem Kopf und hochgespanntem Verantwortungsbewußtsein aufeinander, wie es Martin Gerhardt treffend formuliert.[7] Der erste ernsthafte Konflikt war programmiert.

Emilie Heuser setzte durch, daß Unsöld nicht mehr für den von den Diakonissen betreuten Mädchenflügel zuständig war. Da sich Bodelschwingh auf die Seite der Leitenden Diakonisse gestellt hatte, übernahm Unsöld im September 1876 eine Lehrerstelle in Stuttgart. Gegenüber dem Vorstand wurde dies mit Rücksichten auf Unsölds angegriffene Gesundheit begründet. Dabei erreichte Unsöld, der nach sei-

Dr. Paul Huchzermeier (1847-1923), der erste hauptamtliche Arzt in Bethel

Der blinde Wilhelm Heermann aus der Minden-Ravensberger Erweckungsbewegung

nem Ausscheiden die zweite Lehrerprüfung ablegte, das Alter von 91 Jahren! Er blieb bis zu seinem Tod in brieflicher und persönlicher Verbindung mit seiner früheren Wirkungsstätte Bethel.

Bodelschwingh war der Meinung: Da er nun selbst ständig präsent war, bedürfe es keines Inspektors mehr, zumal eine zweite Persönlichkeit mit einer selbständigen Leitungsauffassung für das innere Gefüge zu einer Gefahr werden könne. Eine solche Gefahr sah er allerdings nicht bei dem aus den Neinstedter Anstalten »entliehenen« Diakon und Hausvater Adam Nispel.

Bereits im Oktober 1875 war im Vorstand erwogen worden, einen zweiten Geistlichen anzustellen. Gerade als sich im Sommer 1876 die Trennung von Unsöld abzeichnete, kam Pastor Stürmer zu Besuch nach Bethel. Keinen wollte Bodelschwingh lieber haben als ihn, und nachdem sich für Ducherow ein geeigneter Nachfolger gefunden hatte, beriefen ihn die Vorstände »zum ersten Prediger, Lehrer und Seelsorger für die Epileptischen« und gleichzeitig »zum zweiten Prediger von Sarepta«. Er wurde sogar mit einem Jahresgehalt von 1 000 Talern und freier Wohnung Bodelschwingh wirtschaftlich gleichgestellt. Stürmer war damals 40 Jahre und, als er sich bei Bodelschwingh zum Dienstantritt meldete, sagte er: »20 Jahre, lieber Bruder, hoffe ich, dir noch helfen zu können in deiner Arbeit.«

Pastor Hermann Stürmer (1835-1899), Bodelschwinghs Stellvertreter in Bethel seit 1876

Der Husar Wilhelm Meyer, der 1870/71 in Frankreich ein Gelübde ablegte und Diakon und erster Hausvater der Arbeiterkolonie Wilhelmsdorf wurde

Stürmer erwies sich in Bethel als der getreue Helfer Bodelschwinghs, der nie aus dessen Schatten heraustrat. In puncto Anspruchslosigkeit liefen sie sich gegenseitig den Rang ab, ergänzten sich aber geradezu ideal in anderen Dingen. Während Bodelschwingh mit dem Gesang Schwierigkeiten hatte, war Stürmer ausgesprochen musikalisch. Unsöld hatte den Bethelchor nur aus begabten Sängern und Sängerinnen zusammengestellt. Das änderte Stürmer. Bei ihm war nicht das Können, sondern das Wollen entscheidend, und darum nahm er alle sangesfreudigen Kranken im Chor auf, mischte sie aber bei der Aufstellung so, daß die Schwächeren von den Musikalischen regelrecht geführt wurden. Mit diesem Chor, der sich später zum »Großen Krankenchor« entwickelte, übte Stürmer als erster den 126. Psalm, der zum Bethelpsalm wurde, in der Vertonung des Tübinger Theologen Christian Palme ein[8]: »Wenn der Herr die Gefangenen Zions erlösen wird, so werden wir sein wie die Träumenden«.

Mit der Fertigstellung des Hauses Bethel und des Mutterhauses Sarepta war der Aufbau der diakonischen Kolonie keineswegs abgeschlossen. Sie bildeten vielmehr eine Art Ortskern, um den sich dann in den nächsten Jahren eine ganze Siedlung aus Häusern und Handwerksbetrieben gruppierte. Bodelschwingh als gelernter Landwirt verband zur Anstaltsversorgung die Landwirtschaft mit der Arbeitstherapie, die er als Student bereits kennengelernt hatte. Zunächst wurde 1875 ein Ökonomiegebäude am Südrand des Komplexes erworben und in der Nähe des Hauses Bethel ein Kotten gekauft, ein kleines Haus, das den Namen »Bethlehem« erhielt. An der Ostseite des Geländes stand ein Gebäude, das dann »Karmel« heißen sollte. Die kleine Kolonie hatte seit 1874 auch ein kleines Hospiz mit zwölf Betten für Gästeübernachtungen, das von Bansi gestiftet worden war.

Die Arbeit entwickelte sich explosionsartig. Fast bei jedem Jahresfest wurde ein neues Haus eingeweiht oder ein Grundstein gelegt. Bis 1884 wurden insgesamt elf Heimstätten geschaffen. Dazu kamen die verschiedensten Werkstätten. Wenn das Verwaltungsrats-Mitglied Professor Werner Nasse anfänglich gemeint hatte, ein lebensfähiges Gemeinwesen müsse auf 500 Anfallskranke ausgerichtet werden, so kam Bodelschwingh sehr bald zur Erkenntnis, daß eine solche Zahl *»eher zu niedrig als zu hoch gegriffen«* sei, denn immerhin gab es bereits nach den ersten fünf Jahren 300 vergebliche Aufnahmegesuche, die ihn *»dringend in allen Tonarten zum Vorwärtsschreiten aufforderten«*.

Es waren eigentlich immer kleine Anfänge, aus denen sich Betriebe entwickelten. Sie bestehen auch nach 125 Jahren noch. Viele dieser Betriebe begannen im Keller von Sarepta oder Groß-Bethel. Der Wirtschaftsbetrieb Sareptas, der auch das Land für die Anstaltsversorgung bewirtschaftete, übernahm Baufuhren und Bahnhofsfahrten, und daraus entwickelte sich das Fuhrgeschäft. Es entstanden eine Schmiede, Werkstätten für Sattler, Maler, Buchbinder, Schneider und Schuster. Als man später die Jubiläen der verschiedensten Betriebe feiern wollte, waren die genauen Daten in den seltensten Fällen auszumachen, denn die Gründungen gingen nicht auf eine gezielte Planung zurück, sondern auf Bodelschwinghs Improvisationstalent, sein praktisches Denken und seine Eingebungen. Manchmal folgte er beim Aufbau schlichten Notwendigkeiten, so auch, als er mit einem Gehöft, das später in »Hebron« umbenannt wurde, eine Quelle erwarb. Dies war besonders für den Sommer notwendig, um die nun 700 Personen mit Wasser zu versorgen.

Zunächst wollte Bodelschwingh für die Handwerksbetriebe epilepsiekranke Meister einstellen. Dies zeigte sich allerdings als nicht durchführbar, denn bei allen praktischen Fähigkeiten hatten die Meister oder Vorarbeiter aufgrund ihrer eigenen Schwierigkeiten nicht die

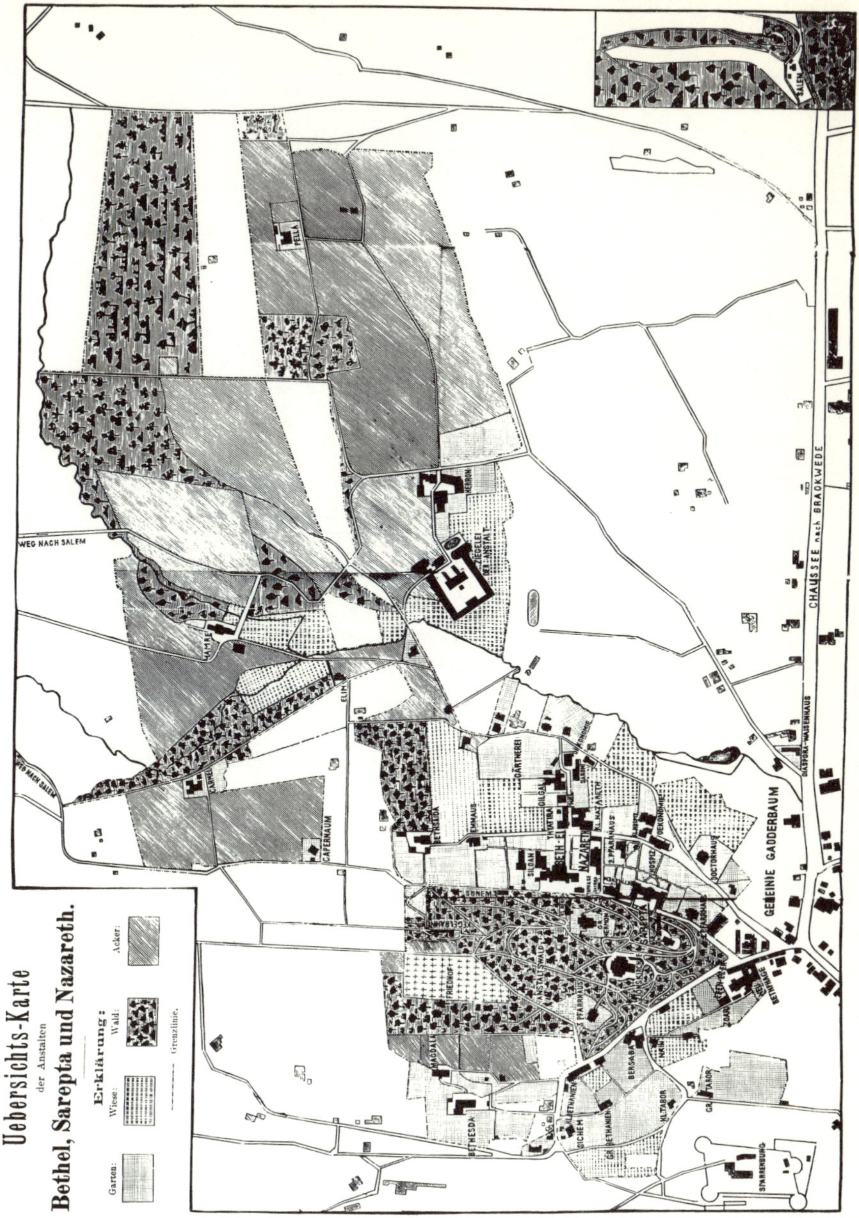
Uebersichts-Karte
der Anstalten
Bethel, Sarepta und Nazareth.
Erklärung:
Garten:
Wiese:
Wald:
Acker:
Grenzlinie.
WEG NACH SALEM
CHAUSSEE nach BRACKWEDE
GEMEINIE GADDERBAUM
DIASPORA-WAISENHAUS
SALEM
PELLA
HEBRON
ZIEGELEI DER ANSTALT
MAMRE
CARMEL
CAPERNAUM
ELIM
GÄRTNEREI
EMMAUS
BETHSAIDA
NAZARETH
HOSPIZ
OEKONOMIE
DOCTORHAUS
SILOAH
SAREPTA
FRIEDHOF
ANSTALTSWALD
PFARRHAUS
MAGDALA
BETHESDA
SICHEM
BERSABA
NAIN
KL.TABOR
STAPENBURG

Fähigkeit der Menschenführung, zumal sie selbst Opfer von Stimmungen und Launen waren. Sie konnten daher nicht als ausgleichendes Element wirken und zerrieben sich an den Konflikten.

Bodelschwingh mußte auch den Plan fallen lassen, die anfallskranken Handwerker nach ihren Leistungen zu bezahlen, da dadurch die schwächeren Kranken benachteiligt worden wären.

Die Verknüpfung von Therapie und Arbeit hing nicht zuletzt mit der entstehenden Leistungsgesellschaft auf Grund der Mechanisierung zusammen. Bodelschwingh wollte für seine Kranken einen allerdings geschützten Platz, der handwerklich bzw. landwirtschaftlich ausgerichtet war.

In den ersten zwölf Jahren war die Gemeinde Bethel auf 18 Häuser angewachsen. Viele davon waren Handwerkerhäuser, in denen gelebt, gewohnt, gearbeitet wurde, und manche Namen deuteten auf das entsprechende Handwerk hin. Das Haus »Saron«, in dem die Gärtner wohnten, erhielt seinen Namen nach dem Hohenlied 2,1: »Ich bin eine Blume zu Saron.« Die Schumacherei, die den Namen »Horeb« erhielt, war nach jener Stelle benannt, wo sich der Engel des Herrn Mose im brennenden Strauch offenbart hatte und dieser seine Schuhe ausziehen mußte, weil der Ort heilig war (2. Mose 3,2-5).

Die Betheler Jahresfeste gerieten zu Ravensberger Kirchentagen, zu denen Tausende kamen, bei denen man sich des gemeinsamen Glaubens versicherte und Kraft schöpfte für das christlich-diakonische Wirken. Bodelschwingh verpflichtete dafür Festprediger wie Huchzermeier oder Siebold, die eine charismatische Ausstrahlung hatten. Er selbst fesselte die Besucher mit seinen Berichten über die Arbeit, die er mit Anekdoten und Erzählungen anreicherte. Wie sein Sohn Gustav berichtete, malte er der Festgemeinde anschaulich den Heiland »vor Augen, wie er in den armen, blöden Kindern, den elenden, epileptischen Knaben, den verstümmelten Bergmännern des Industriegebietes oder in einsame Bettler verkleidet, den Dienst seiner Christenheit begehrte«.[9]

So unkonventionell wie Bodelschwinghs Predigten war auch seine Menschenführung. Er war kein Dogmatiker, der sich in seinen eigenen Dogmen verfing, sondern sah den Menschen als Individuum und ließ sich immer von der jeweiligen Situation leiten.

Als ein wenig sensibler Pfleger von einem Kranken verprügelt worden war und sich darüber beschwerte, so berichtete jedenfalls Gustav, wehrte ihn Bodelschwingh mit den Worten ab: »Brüderchen, die Prügel hast du schon lange verdient«.[10]

Wie jedoch behandelte der Seelsorger Bodelschwingh die in der Tat höchst schwierigen Kranken? Er versuchte, jedem individuell gerecht zu werden. Dafür steht das Beispiel eines höchst schwierigen Kranken, der jedoch ein Blumenfreund war. Er erhielt den Auftrag, die schönsten Sträuße für seine Mitkranken zu suchen. Für jeden Sonntagmorgen erbat sich Vater Bodelschwingh dann, wie Gustav berichtete, von ihm »einen Strauß für unsere Mutter«. Von nun an erschien dieser Mann glückstrahlend jeden Sonntagmorgen im Hause Bodelschwinghs, um seinen Strauß abzuliefern.

In einem anderen Fall hatten sich zwei Kranke geweigert, das Brot der Bäckerei zum Hof Hebron zu bringen, weil die unbefestigten Wege bei schlechtem Wetter nur aus Matsch bestanden. Also schnallte sich Bodelschwingh bei schlechtem Wetter selbst die Kiepe mit den Broten auf den Rücken und brachte sie nach Hebron. Damit war das Problem für alle Zeiten gelöst, denn von nun an galt es als Ehrensache, dem Vorbild nachzueifern. Bodelschwingh, so Gustav, jammerte »wohl das Los der Epileptischen«, aber er bejammerte sie nicht. Denn für ihn waren »die Leiden dieser Zeit nicht wert der Herrlichkeit, die an uns soll geoffenbart werden.«[11] Auch hier handelte Bodelschwingh nach dem ihm zugeschriebenen Ausspruch: »Es geht kein Mensch über die Erde, den Gott nicht liebt.«

Zu den Mitarbeitern im weitesten Sinne gehörte der blinde Wilhelm Heermann aus Werther bei Bielefeld. Er hatte als Kind nach einem Sturz sein Augenlicht eingebüßt, wurde aber zu einem Laienprediger der Minden-Ravensberger Erweckungsbewegung. Es lag zum großen Teil an ihm, daß sich das Minden-Ravensberger Land zu einer diakonischen Landschaft entwickelte. Denn unter seinem Einfluß setzten die mit der Kirche Unzufriedenen ihren Glauben zur Reformierung der Kirche und zum Missionieren mit den Händen ein, anstatt abzuwandern. Bodelschwingh, der ihn als *»geistlichen Begründer«* der Anstalten bezeichnete, gab ihm ein Domizil im Sarepta-Krankenhaus. Sein Zimmer dort war selten ohne Besucher.

Allein aus Heermanns Heimatort Werther kamen 180 Diakonissen. Darunter waren sowohl Töchter der reichen Hofbesitzer als auch die der kleinen Kötter. Die weiße Haube der Diakonissen wurde nicht nur zum Symbol christlicher Liebestätigkeit, sondern zugleich zu einem Zeichen der Emanzipation. Denn erst, wenn eine Frau heiratete, »unter die Haube kam«, wurde sie geachtet. Die anderen mußten mehr oder weniger ein Schattendasein führen. Anders dagegen die Diakonissen, die mit ihrer weißen Haube allseits geachtet waren. Bodelschwingh nahm nicht nur ledige Frauen auf, sondern auch Witwen.[12]

Er stellte jedoch sich und den Diakonissen immer wieder die kritische Frage: *»Und wieviel läßt sich hinter solcher Diakonissenmütze,* *um der mit derselben verbundenen leidigen Ehre nicht verlustig zu gehen, vom alten Adam nicht verstecken?«* Er fragte sich stets, ob sich hier nicht ein weites Feld zur geistlichen Schauspielerei auftue, denn es gebe ja leider *»nicht nur eine Dressur in Kleiderordnungen etc., sondern auch in christlichen Redensarten, die um so reichlicher über die Lippen kommen, je weniger das Herz davon durchdrungen«* sei.

Er wußte nur zu gut, daß ein zu frühes Hineinrufen in die Verantwortung für junge Schwestern ein Problem werden konnte. *»Wie manches auch wirklich demütige Herz kann an solcher Klippe des frühzeitigen Regierens Schiffbruch erleiden, indem es nur zu großen Gefallen daran findet.«* Doch die wachsenden Aufgaben ließen ihm gar keine andere Wahl, als die Risiken einzugehen.

Sarepta in Bielefeld war mit dem Aufbau Bethels unlöslich verbunden. Wegen des großen Zulaufs konnte es nicht nur für Bethel die notwendigen Pflegekräfte und Hausmütter stellen. Es dehnte seine Arbeit bald über das Bielefelder Gebiet aus. Der Schwerpunkt der Arbeit aber blieb in Bethel und Umgebung. Hier konnte sich Bodelschwingh immer auf Bansi als Geldgeber verlassen.

Bodelschwingh gründete das erste Waisenhaus für kleine Kinder in Westfalen. Damit verband er eine Kleinkinder-Musterschule, die zugleich eine Ausbildungsstätte für Diakonissen darstellte. Denn sein Prinzip war, Praxis und Lehre als eine Einheit zu betrachten, und das nicht nur in den Grenzen von Bethel. Die erste Außenstation bildete ein Waisenhaus im benachbarten Brackwede. Es folgte als Tochteranstalt des Mutterhauses das »Christinenheim« in Bielefeld, nach dem Vorbild von Fliedners Marthashof in Berlin. Dann das Lutherstift in der Kreuzstraße mit der gegenüberliegenden Marienschule, die die Funktion einer Pflegevorschule für Diakonissen hatte. In Bad Lippspringe wurde ein Frauenasyl übernommen, in Bad Driburg und Gelsenkirchen das Krankenhaus. Es folgte die Einrichtung von Schwesternstationen in den Krankenhäusern in Lippstadt, Dorstfeld, Gütersloh, Hagen und Lüdenscheid. Die Gemeindepflege in Gütersloh, Werther, Lemgo sowie in Dortmund wurde eingerichtet. Im Jahre 1878 kamen Krankenhäuser in Siegen und Lemgo dazu sowie vier Kleinkinderpflegen, je eine in Bochum und Hilchenbach und zwei in Bielefeld. Schließlich noch Gemeindepflegestationen in Eilpe, Detmold und Werdohl, dort verbunden mit einem kleinen Krankenhaus.

Bald fehlte kaum eine westfälische Stadt im Verzeichnis der Diakonissen-Einsatzorte. Dabei gab es aber immer wieder spezielle Einrichtungen, die auf Bodelschwinghs ganz persönliches Engagement und persönliches Erleben zurückgingen. In Bad Salzuflen wurde eine Station für skrofulöse Kinder errichtet und in der Ravensberger Spinnerei in Bielefeld im Zuge einer Lehrdiakonie eine Fabrikmädchenschule übernommen, die sozialfürsorgerisch geprägt war.[13]

Interessant ist, daß Bodelschwingh die drei Hauptarbeitsgebiete: Kranken-, Gemeinde- und Kinderpflege in ihrer sozial-ethischen Bedeutung sorgfältig gegeneinander abwog. Dabei wertete er die Gemeinde- und Kinderpflege höher als die Krankenpflege: *»Krankenhäuser sind ja unumgänglich nötig, wenigstens in den größeren Städten, aber ihre Hände reichen nicht weit, um den geistlichen und leiblichen Nöten und Schäden unseres Volkslebens abzuhelfen. Viel weiter als sie reichen schon die Gemeindepflegen, welche das Elend überall aufsuchen können, wo es zu finden ist, und anstatt wie die Krankenhäuser es notwendig tun müssen, das Familienleben auseinanderzureißen, vielmehr dazu beitragen, den Segen in Trübsal und Krankheit, in Not und Tod den Familien zu erhalten und in denselben zu pflegen.«*[14]

Diese Sätze hätten auch 100 Jahre später gesprochen werden können, als man der ambulanten Hilfe den Vorzug vor der stationären Hilfe geben wollte.

Die Kleinkinderpflege war für Bodelschwingh eine *»Zwillingsschwester der Gemeindepflege«*[15], wenn sie, wie er postulierte, in rechter Weise geübt wird: *»Hat man eine große Schar starker Helden an der Hand, nämlich die Kindlein selbst, welche warmen Sonnenschein, kindlichen Glauben und kindliche Freude in Wort und Leid in so manche finstere Hütte tragen helfen und manches Gott fremde und verbitterte Elternherz zur Freude an Gott und zum Frieden mit ihm zurückführen.«*

Auf Anraten von Caroline Fliedner wurden ab 1879 die Städtischen Krankenanstalten in Bremen von Sarepta mit Diakonissen versorgt. Elf Schwestern wurden an die Charité in Berlin entsandt, wobei die Chirurgische Klinik als Schulungsgelegenheit für Schwestern und später auch für die Nazareth-Brüder *»für schwierige Fälle aller Art, namentlich chirurgische Fälle«* benutzt wurde, was dem weltberühmten Chirurgen Geheimrat Ernst von Bergmann nicht sonderlich gefiel. Doch ihm blieb keine andere Wahl, wollte er nicht auf die Kräfte aus Bethel verzichten. Bodelschwingh lehnte es ab, sein Liebeswerk *»in provinziellen Grenzen einzudämmen«*, denn, so sagte er 1881 gegenüber dem »Bielefelder Sonntagsblatt«, *»wird die Barmherzigkeit in geographischen Grenzen eingemauert, so erstickt sie«*.[16] Daher wurden die Sarepta-Diakonissen nicht nur in Deutschland eingesetzt, sondern auch im europäischen Ausland.

Es waren zwei gegenläufige Bewegungen, die Bodelschwingh für den Aufbau Sareptas nutzte: einmal die Arbeit in Bethel selbst und zum anderen die Arbeit, die über Bethel hinausführte. Das Mutterhaus Sarepta, die 46. Gründung eines Diakonissenmutterhauses im deutschsprachigen Raum, hatte sich innerhalb von zehn Jahren verzehnfacht. Das galt sowohl für die Zahl der Schwestern als auch für die versorgten Stationen. 1872 hatte es 27 Schwestern auf acht Stationen gegeben, 1882 263 Diakonissen auf 83 Stationen. Ein solches Wachstum hatte kein anderes Mutterhaus im deutschsprachigen Raum zu verzeichnen.

Bodelschwingh war, wie sein Vorgänger Friedrich Simon, zunächst dem Fliednerschen Grundgedanken gefolgt und wollte Sarepta in die junge Kaiserswerther Tradition einordnen. Die Aufnahmebedingungen wurden dann auch im wesentlichen von Kaiserswerth übernommen. »Früheren Gefallenen«, wie es in der bigotten Sprache der damaligen Zeit hieß, war die Aufnahme verwehrt. Dafür wurde von den Bewerberinnen die »Kenntnis des sündhaften Herzens aus eigener Erfahrung sowie Erfahrungen der Gnade Christi« erwartet. Damit war die »Bekehrung« gemeint, unter der eine Wende zu Christus hin verstanden wurde, wie sie auch die Ravensberger Erweckungsbewegung und die anderen pietistischen Kreise als Grundvoraussetzung für das Christentum sahen. Darüber hinaus sollten die Bewerberinnen frei von Schwermut oder Trübsinn sein, eine gute Gesundheit und ein freundliches und gütiges Wesen haben, nicht unter 18 und nicht über 40 Jahre sein. So hatten nur belastungsfähige, psychisch und physisch Gesunde eine Aufnahmechance.

1874 wich Bodelschwingh erstmalig von der Kaiserswerther Ordnung ab, als er die Probezeit von nur sechs bis zwölf Monaten auf zwei bis drei Jahre ausdehnte, weil er eine Mindestunterrichts- und Probezeit von zwei Jahren für erforderlich hielt.

Bei der ersten Berufsordnung für die Westfälischen Diakonissen, die 1875 als Manuskript erschien, erfolgte eine Akzentverschiebung. Bodelschwingh lehnte sich dabei teilweise an die »Ordnungen des Centraldiakonissenhauses Bethanien zu Berlin« an. Außerdem übernahm er von Wilhelm Löhe aus Neuendettelsau und von dem Schweizer Johann-Friedrich Daendliker, dem Fabrikanten und Leiter des Berner Mutterhauses, verschiedene Elemente. Während Löhe sein Diakonissenhaus streng konfessionell-lutherisch ausgerichtet hatte, war Daendliker liberaler. Bei Sarepta vermied Bodelschwingh jedes konfessionelle Gepräge. Die Arbeit sollte über den inneren Spannungen des Protestantismus stehen und Sarepta eine konfessionell übergreifende evangelische Schwesternschaft sein, wie aus seinem 1877 in Lippstadt gehaltenen Vortrag hervorgeht.[17]

Dort bezog er sich auf das Diakonissenamt der Urchristenheit: *»Schon jene ersten Frauen, die dem Heiland nachfolgten, ihm dienend mit ihrer Habe, eine Maria Magdalena, Johanna, Susanna, Salome, besorgten diese Liebesdienste nicht nur nebenher, sondern als ihren eigentlichen Beruf und als ein Amt, um dessentwillen sie zeitweilig alle andere Arbeit aufgegeben hatten.«* Dabei sah er nicht nur Phöbe von Kenchreä, die für ihn das Vorbild einer Gemeinde-Diakonissin war; *»wir haben neben ihr die Priscilla, die Maria, die Thryphäna, Thryphosa, die Persis, die Evodia und die Syntyche und wie sie alle heißen mögen, von denen zwar nicht gewiß, aber doch wahrscheinlich ist, daß sie ihre Arbeit, so gut wie die Phöbe, im ordentlichen Amte einer Gemeinde-Diakonisse geführt haben. Jedenfalls war schon von der apostolischen Zeit an in der Kirche ein geordnetes Amt weiblicher Dienerinnen der Barmherzigkeit vorhanden.«*

Auf der Innenseite des Titelblattes der Sarepta-Berufsordnung wurde Löhes Diakonissenspruch gedruckt: »Was will ich? Dienen will ich. – Wem will ich dienen? Dem Herrn Jesus in Seinen Elenden und Armen. … Mein Lohn ist, daß ich dienen darf! – Und wenn ich dabei umkomme? Komme ich um, so komme ich um.«

Die letzte Passage war dem Alten Testament (Esther 4,16) entlehnt, und Bodelschwingh trug dazu bei, daß der Spruch aus Neuendettelsau zum Allgemeingut der deutschen Diakonissenmutterhäuser wurde.

Sarepta hatte für seine Ordnung den Wahlspruch aus 1. Johannes 3,16 entnommen: »Daran haben wir erkannt die Liebe, daß Er sein Leben für uns gelassen hat; und wir sollen auch das Leben für die Brüder lassen.« Die Lebensdaten auf den ersten Gräbern der Diakonissen auf dem Betheler Friedhof beweisen, daß die beiden Sprüche kein Lippenbekenntnis, sondern Ausdruck einer Sterbensbereitschaft war. Viele der Diakonissen haben ihren Einsatz in den Krankenstationen tatsächlich mit dem Leben bezahlt, weil sie sich bei der Krankenpflege mit Tuberkulose, Typhus und anderen Seuchen infiziert hatten.

Bodelschwingh, für den der Tod Bestandteil des Lebens war, formulierte in der Berufsordnung: *»Jedes Todbette soll dir ein treuer Spiegel deines eigenen Endes sein.«* Zu sterbenden Schwestern ging er mit einem Blumenstrauß, um ihnen zu gratulieren, weil *»das liebe letzte Stündlein«* gekommen war. Er dachte nicht nur von der Endzeit her; für ihn war das irdische Leben der Weg auf die Ewigkeit zu und Bethel eben jener Ort, an dem man sich darauf vorbereitete. Bei den Diakonissen war dies besonders deutlich. Sie, die Menschen beim Sterben begleiten sollten, wurden dazu angehalten, sich mit dem eigenen Tod zu beschäftigen und sich auch der Ewigkeit, zuzuwenden.

Bodelschwingh forderte von den Diakonissen, die diakonische Liebe so konsequent zu geben, auch wenn es das eigene Leben kosten würde: »Komme ich um, so komme ich um.«

Die inhaltliche Ausrichtung der Diakonissenschaft faßte die Bethanische Ordnung so zusammen: »Gegenstand der Diakonie ist der ganze Mensch, Leib und Seele, denn Leib und Seele sind erlöst und warten der Herrlichkeit. Ohne Seelenpflege gibt es keine wahrhaftige Leibespflege.«

Schwieriger war für Bodelschwingh die Frage des Diakonissen-Gelübdes. Er wollte dabei einen Rückfall in katholisierende Gedankengänge, wie Gerhardt formuliert[18], vermeiden. Hierbei folgte Bodelschwingh wieder der Bethanischen Berufsordnung, nach der sich die Diakonisse nicht nur beim Eintritt in den Dienst zu prüfen, »ob sie Beruf habe«, sondern sich ständig darum bemühen mußte, »Beruf und Erwählung festzumachen«. Im Gegensatz zum katholischen Mönchs- und Nonnengelübde war für die Diakonisse ihr Gelübde nur so lange bindend, »als Gott nicht durch klare Lebensführung bezeugt, daß Gott sie in diesem Amt nicht mehr gebraucht«.

Die Ehelosigkeit wurde der Diakonisse im Gelübde nicht abverlangt, auch dies ein wesentlicher Unterschied zu den katholischen Gelübden. In Anlehnung an Kaiserswerth und Bethanien forderte Sareptas Berufsordnung, daß die Diakonisse auf die Ehe freiwillig verzichtete, denn der ehelose Stand sei ein von Gott gesegneter. Das wurde mit der paulinischen Auffassung 1. Korinther 7,7 und 8 begründet: »Ich wollte wohl lieber, alle Menschen wären, wie ich bin; doch ein jeglicher hat seine eigene Gabe von Gott, einer so, der andere so. Den Ledigen und Witwen sage ich: Es ist ihnen gut, wenn sie auch bleiben wie ich.« Bodelschwingh war da toleranter. Nach seiner Meinung war der *»jungfräuliche Stand«* gegenüber dem Ehestand kein Verdienst, wohl aber ein Vorzug, da die Diakonisse so ungebundener für ihre Aufgaben sei. Aber eine Diakonisse sündige keineswegs, wenn sie heirate. Allerdings erwartete er eine Selbstprüfung, ob sie es mit ihrem Gewissen vereinbaren konnte, sich den vielen Notleidenden zu entziehen, um sich einer Familie zuzuwenden. Doch ebenso eindeutig war für ihn, daß sie dann keine Diakonisse mehr bleiben könne. So entließ er jene Diakonissen in Ehren, die heiraten wollten, nur unter der Bedingung: Sie durften weder einen Diakon noch einen anderen Bediensteten aus Bethel ehelichen.[19]

Als Diakonissenpastor sah er sich nicht als deren Dienstvorgesetzter, sondern als »Vater« und Seelsorger. Dies geht aus den 25 000 erhaltenen Briefen in Sachen Sarepta hervor. Das Wohlergehen jeder einzelnen war für ihn wichtig. Wenn es nur eben ging, suchte er einmal im Jahr alle auswärtigen Stationen auf, um sich selbst ein Bild zu machen. Seine erste Frage an die Diakonissen war stets, sowohl in Bethel wie auch auswärts: *»Habt ihr Frieden miteinander?«*

Die Bruderschaft

Auf dem Gebiet der Krankenpflege, so Gustav von Bodelschwingh, habe sein Vater ganz selbstverständlich »der Frau die Palme«[20] gereicht. Dies habe er aufgrund seiner eigenen Erfahrung als Soldat, als Student, aber auch aufgrund seiner Erlebnisse als Feldprediger in den Kriegen getan. Er sei überzeugt gewesen, »daß die Begabung des Mannes in diesem Stück hinter der Frau zurücksteht«. Der Mann sehe auf das Ganze, die Frau auf das einzelne. Krankenpflege aber, so Bodelschwinghs Auffassung, bestehe aus vielen Kleinigkeiten. Daher hatte die Diakonisse gegenüber den männlichen Pflegern auch im Konfliktfall den Vortritt, wie es ja bereits in Bethel mit großer Selbstverständlichkeit praktiziert wurde. Die Männer hatten bei der Krankenpflege den Frauen zur Hand zu gehen und waren zunächst für das Grobe und Schwere zuständig.

Gustav ist der Ansicht, daß sein Vater »manchen Sohn und manche Tochter« zu sehr mit seinem eigenen Maße gemessen habe, »statt individuelle Maßstäbe anzulegen«. Dies führte bei den männlichen Mitarbeitern, zumal sie gegenüber den Diakonissen nur einen »zivilen« Status hatten, sofern sie nicht von anderen Bruderschaften nach Bethel beordert worden waren, zu Frustrationen. Dabei brauchte die sich ständig ausweitende Arbeit in Bethel viele männliche Pflegekräfte. Wenn man so will, war eine Art Pflegenotstand regelrecht systembegleitend, denn die befreundeten Brüderhäuser konnten dem wachsenden Bedarf nicht im entferntesten gerecht werden. Auf Bodelschwinghs Briefe kamen dann auch statt der Brüder freundliche Absagen. So war Selbsthilfe angesagt. Ganz beiläufig wurde unter Stürmers Leitung am 30. April 1877 bei der Geburtstagsfeier eines Pflegers im Hause Bethlehem die »Westfälische Brüderanstalt« gegründet.[21]

Ob überhaupt ein Gründungsprotokoll erstellt wurde, ist fraglich, und somit bleibt offen, wieweit Bodelschwingh dabei anwesend war. Es ist zu vermuten, daß die Gründung für ihn zwar notwendig, aber durchaus zweitrangig war und er sie dem zweiten Mann, Pastor Stürmer, überließ. Ein Indiz dafür ist, daß er erst nach mehr als einem Jahr, am 2. Dezember 1878, den Vorstand über die Gründung informierte[22] und sie nachträglich genehmigen ließ. In derselben Sitzung wurden auch die Aufnahmebedingungen, die zwar weitgehend mit denen von Sarepta übereinstimmten und doch denen des Rauhen Hauses entlehnt waren, angenommen. Wie die Diakonissen sollten die Brüder eine gute Volksschulbildung haben, bei guter Gesundheit, zwischen 19 und 30 Jahren alt sein und eine handwerkliche Ausbildung haben. Auch die Statuten der Brüderschaft sahen vor, daß die Brüder auf ihre Arbeitsplätze innerhalb und außerhalb Bethels entsandt wurden. Für die Diakonissen war die weiße Haube das Erkennungszeichen, während für die Brüder die blaue Schürze zu einem Begriff wurde.

Allerdings gab es auch erhebliche Unterschiede zur Diakonissenschaft. Die Brüder bezogen, solange sie nicht verheiratet waren, nur ein Taschengeld. Sie mußten mit der Heirat nicht die Brüderschaft verlassen. Eine Heirat kam aber erst in Frage, wenn sie den Status eines Stationspflegers erreicht hatten. Außerdem bedurfte es der Genehmigung durch die Leitung der Brüderanstalt, und die hing wieder davon ab, ob diese die Braut, die zuvor eine obligatorische Probezeit in Bethel absolvieren mußte, für geeignet hielten. Diese rigide anmutende Familienordnung, die an die Praxis des damaligen Militärs erinnerte, hatte nicht zuletzt ihren Sinn darin, daß die Nazareth-Frauen später, sei es als Hausmütter oder in der Mission, den Beruf ihrer Männer teilten und in die Ordnung des Brüderhauses eingebunden waren.

Während Bodelschwingh sich an der Ausbildung der Diakonissen sehr aktiv beteiligte und bis ins Detail kümmerte, überließ er die geistliche Betreuung der Brüder weitgehend Pastor Stürmer, was jedoch nicht ausschloß, daß er sich, wann immer es ging, an den wöchentlichen Brüderabenden beteiligte. Gustav von Bodelschwingh sieht die Entscheidungen seines Vaters als sehr pragmatisch. »Nur durch die Pflege des körperlichen Menschen kam er ja an den verborgenen inwendigen Menschen heran. Darum waren ihm im Grunde diese Unterschiede zwischen Mann und Weib gering gegenüber der unermeßlichen an Schwestern und Brüder herandrängenden Not.«[23]

Während allerdings die Diakonissen für ihn *»sein liebes Kind«* oder *»seine Tochter«* waren, pflegte er die Diakone als *»Brüderchen«* zu titulieren. Bei ihnen hatte er von vornherein die Verwendung in der Mission im Blick. »Wer aber aus solch geringem Dienst emporschielte«, so Gustav, »nach höheren geistlichen Aufgaben und den Dienst in der blauen Schürze, wie Vater den Dienst des Diakonen so gern nannte, nur als Sprungbrett ansah für eine vermeintlich gehobene Laufbahn, den sah er schon als innerlich ungeeignet an.«[24]

Das Arbeitszimmer

Die Brüderschaft hatte sich nach dem Hause »Zoar«, einem Pflegehaus für 30 epilepsiekranke Jungen und Männer unmittelbar hinter Ebenezer genannt. Dieses Haus war zugleich erste Probestation für die angehenden Diakone. Zoar, benannt nach einem winzigen Ort aus der Lot-Geschichte (1. Mose 13,10), war die zehnte Gründung[25] einer Brüderanstalt im damaligen Deutschen Reich und die erste Brüderanstalt für die Provinz Westfalen. Sie wurde in der Diakonie und Inneren Mission nicht nur freudig begrüßt, sondern auch skeptisch beargwöhnt. So schrieb der Altonaer Diakonissenhaus-Vorsteher Theodor Schäfer, einer von Bodelschwinghs Nachfolgern an der Pariser Hügelkirche, der seit 1876 die Schrift für »Diakonie und Innere Mission« herausgab, 1880 als Kommentar zu einem enthusiastischen Gründungsbericht von Pastor Kobelt aus Neinstedt: »dem lieben Pastor von Bodelschwingh ist zwar sehr vieles möglich, was uns anderen Sterblichen versagt ist, ob aber innerhalb des localen Complexes der bisherigen Anstalten auch die Entfaltung einer wirklichen, aussendenden Brüderanstalt möglich ist, das wollen wir doch erst sehen, ehe wirs glauben. Dagegen wäre der Gedanke in Verbindung mit dem in Bielefeld gehegten Plan einer Epileptischen Colonie an anderem Ort, jedenfalls nicht in unmittelbarer Nähe der jetzigen Anstalt und in Verbindung mit derselben, vielleicht segensvoll …«[26]

Aber die Geschichte verwarf Schäfers schulmeisterliche Skepsis.

Ähnlich wie die Diakonissen waren die Betheler Brüder sehr bald weit über Bethel hinaus gefragt. Nicht nur vom Mutterhaus Sarepta, sondern auch von dem Brüderhaus Nazareth sollte bald eine prägende Kraft in der deutschsprachigen Diakonie und Mission ausgehen.

Im Sommer 1880 erhielt Bodelschwingh vom Johanniterorden *»unverhoffte und ungebetene«*, aber sehr willkommene 6 000 Mark. Das sollte der finanzielle Grundstock für den Bau eines Brüderhauses sein, das dann sehr bald in der Nachbarschaft der Diakonissenanstalt entstand. Am 26. Juni 1881 wurde der Grundstein gelegt. Es war der Tag des Betheler Jahresfestes. Am Morgen hatte Pastor Stürmer die ersten acht in Bethel ausgebildeten Brüder in das Diakonenamt eingesegnet. Dieser Tag markierte auch die Umbenennung der Bruderschaft in »Nazareth«. Das war nicht nur der Hinweis auf Jesu Herkunft, sondern auch auf dessen Beruf als Tischler. Der Name symbolisierte also den Zusammenhang zwischen geistlichem Amt und Handwerk, zumal in der Nachbarschaft von Nazareth das Haus Klein-Nazareth entstand, das die Tischlerei aufnehmen sollte.

Beim Richtfest am 20. Oktober 1881 hielt Bodelschwingh nach Art der Zimmergesellen seine Rede in Versen. Er hoffte, daß mit den Handwerksmeistern, die nun mit den *»kranken Lehrlingen und Gesellen«* in das Brüderhaus einzogen, sich auch *»eine Anzahl junger Streiter in den Dienst der Barmherzigkeit«* einstellen würden.

Beim Jahresfest am 17. September 1882 konnte das Brüderhaus eingeweiht werden. Es war aus schlichten Backsteinen gebaut, die in der in Bethel errichteten Ziegelei gebrannt worden waren. An der Giebelseite erinnerte das weiße Johanniterkreuz »Zur bleibenden Erinnerung an die grundlegende Liebestat des Ordens«. Über der Tür prangte das provozierende Wort aus Johannes 1,46: »Was kann von Nazareth Gutes kommen? Komm und sieh es!«

Allerdings war mit dem Bau des Brüderhauses auch ein handfester Konflikt verbunden, bei dem Bodelschwingh ordentlich aneckte. Die Baukosten betrugen 30 000 Mark, aber Bethel hatte vom Johanniterorden nur 6 000 Mark erhalten, und so wandte sich Bodelschwingh direkt an die zweitausend Johanniter-Ritter. 777 von ihnen spendeten immerhin 24 323 Mark. Doch als die Gelder zunächst nur zögerlich eingingen, bemerkte der ungeduldige Bodelschwingh in einer vertraulichen Mitteilung, daß *»nächst Gottes Ehre auch die Ehre des Johanniterordens mit auf dem Spiele«* stehe.[27] Auf Intervention des Johanniterordens mußte er hier zurückstecken und tat das auf seine Weise, indem er eine Entschuldigung mit der Danksagung verband. Es sei ihm nicht in den Sinn gekommen, *»diese Worte im bürgerlichen und* *rechtlichen Sinne zu verstehen«*, vielmehr habe er sie in *»geistlichem und christlichem Sinne gemeint«*. Angesichts der ihn täglich bedrängenden Not der Epilepsiekranken, die aus allen Teilen Deutschlands in Bethel einträfen, habe er gemeint, *»ein außergewöhnliches Recht zu einer außergewöhnlichen Bitte«* gehabt zu haben. Die Sache klang dann versöhnlich aus. Der Herrenmeister Prinz Karl von Preußen, ein Bruder des Kaisers, ließ noch 3 000 Mark aus der Ordenskasse für das Inventar des neuen Brüderhauses nachfließen.

In das neue Brüderhaus zogen jedoch nicht nur die Brüder ein, sondern – analog zum Sarepta-Mutterhaus – viele Kranke. Insgesamt hatte es mehr als 100 Krankenbetten. Anfallskranke Jungen aus »Bethel« wechselten nach »Nazareth«, so daß das Haus »Bethel« bis 1988 ausschließlich weiblichen Kranken diente. In Nazareth wurde auch eine besondere Station für geistig gesunde, aber orthopädisch behinderte Jungen geschaffen und für ihren Unterricht eine vierklassige Schule errichtet.

Am 13. April 1883 beschloß der Vorstand, daß Nazareth neben der Anstalt Bethel und der Diakonissenschaft Sarepta die dritte tragende Säule des Werkes sei. Darüber hinaus wurde festgelegt, daß der Präses von Bethel, Bansi, in Personalunion auch Präses der Brüderschaft werde. Damit war eine Bindung der drei Werke durch Personalunion gewährleistet, so daß es keinerlei juristischer Verflechtungen bedurfte. Durch allerhöchsten Erlaß erhielt Nazareth am 1. Januar 1885 »die Rechte einer juristischen Person«[28]. In ihrem vierten Jahr zählte die Brüderschaft 49 Mitglieder. Von ihnen waren 35 eingesegnet und 14 Probebrüder. Hinzu kamen fünf Ehrenbrüder, zu denen auch Nispel gehörte.

Der erste Brüdertag fand am 24. Mai 1883 statt. Bodelschwingh leitete ihn mit einer Betrachtung über 1. Korinther 9,19 ein: »Wiewohl ich frei bin von jedermann, habe ich mich doch jedermann zum Knecht gemacht, auf daß ich ihrer viele gewinne.« Dabei impfte er den Brüdern ein, *»daß nicht die Herrlichkeit Jesu Christi ihm die Seelen gewonnen«* habe, *»sondern seine Armut und seine Niedrigkeit. Hoffart und Hochmut ist der Tod unserer Bruderschaft«*. Bei diesem Brüdertag entstanden jene Statuten, in denen Bodelschwingh das Diakonenamt als ein kirchliches verankerte, in das die Brüder auch eingesegnet wurden.[29]

In einer gemeinsamen Einrichtung waren also – für viele vorher unvorstellbar – ein Mutterhaus für Diakonissen und ein Brüderhaus für die Diakone entstanden. Die Urväter der Diakonie, sowohl Wichern und Fliedner als auch Löhe, hatten streng darauf geachtet, daß es nur ganz geringe Berührungspunkte zwischen der männlichen und weiblichen Diakonie gab und daß sie örtlich getrennt waren. So richteten sich nun viele skeptische Blicke auf Bethel.

Aber Bodelschwingh ließ sich davon nicht beeindrucken, sondern ging notwendige Entscheidungen und Lösungen ziemlich unbekümmert an, allerdings oft zum Nachteil der Diakone. Sie blieben den Diakonissen untergeordnet. Auch auf auswärtige Stationen wurden sie als Gehilfen der Schwestern entsandt. In den Verträgen, zum Beispiel mit der Berliner Charité, wurde festgelegt, daß die Diakone der Vorstehenden Schwester unterstellt wurden. Daran durften auch die Chefärzte nicht rühren. Die Brüder hatten die Arbeiten an den männlichen Kranken zu verrichten, die den Schwestern zum einen von der Kraftanstrengung und zum anderen mit Rücksicht auf ihr Schamgefühl nicht zuzumuten waren. Wie in den Gemeinden waren auch in der Anstaltsdiakonie die Schwestern gegenüber den Brüdern angesehener. In der Öffentlichkeit galt die männliche Krankenpflege gegenüber der weiblichen als zweitrangig. Die Männer, oft auch lieblos »Wärter« genannt, waren schlecht bezahlte Gehaltsempfänger, während die Diakonissen von vornherein den Ruf hatten, für ein Taschengeld im Dienste der Nächstenliebe und Barmherzigkeit zu stehen. Aber die blaue Schürze der Diakone wurde bald zu einem Markenzeichen für die Verkündigung durch die Hände.

Ein Schutzraum, aber keine Absonderung

Für den Pragmatiker Bodelschwingh waren die Anstalten *»um der Kranken Willen da«*, nicht aber, *»um Gärten zu bauen«*.[30] So *»sind wir in erster Linie Diener der Kranken«* und *»nur der demütig dient, kann auch regieren«* war sein Credo.

Bethel sollte nach seinen Vorstellungen ein Schutzraum, aber keine Absonderung sein, und darum verfolgte er scheinbar gegenläufige Ziele: Auf der einen Seite sollten hier Kranke leben können, die sonst am Rande der Gesellschaft dahinvegetieren mußten; auf der anderen Seite wollte er aber die Anfallskranken, wo immer es ging, in ihren sozialen Bezügen belassen. Daher hoffte er, über Deutschland verteilt viele »kleine Bethel« zu schaffen, denn *»wo liebe Kranke leben und danken können, da kehren die Engel Gottes gerne ein«*. Doch dies sollte ein Traum bleiben, der auch 100 Jahre später noch nicht realisiert war.

Bethel fand damals weit über den Rahmen der evangelischen Kirche und der Inneren Mission große Beachtung, und bereits elf Jahre nach seinem Amtsantritt war Bodelschwingh auf dem Gebiet der Epilepsie eine anerkannte Autorität. So erhielt er die ehrenvolle Einladung, beim »Armenpfleger Kongreß« 1883 in Dresden das Hauptreferat über »die öffentliche Fürsorge für Epileptische« zu halten.

Dies war um so beachtlicher, als der Kongreß in erster Linie ein Forum von Beamten darstellte und vom »Deutschen Verein für Armenpflege und Wohltätigkeit« unter dem Vorsitz des Berliner Stadtverordnetenvorstehers Dr. Strassmann, einem liberal denkenden Juden, ausgerichtet worden war. Da sich der Verein sowohl zum politischen wie zum kirchlichen Liberalismus bekannte, wurde Bodelschwinghs Einladung ebenso voreilig wie fälschlicherweise als ein Zusammenrücken von Innerer Mission und politischem Liberalismus gewertet.

Dies gefiel nicht allen, und so bemühten sich Kräfte der Inneren Mission, darunter auch Theodor Schäfers, auf kritische Distanz zu gehen. Es kam in Dresden nicht zu der von der bürgerlichen Presse erhofften und von der kirchlichen Presse befürchteten Angleichung, wohl aber von seiten Bodelschwinghs zu einem Brückenschlag über alle politischen und konfessionellen Gräben hinweg; und dies trotz seiner herausfordernden These, in der Epilepsie-Therapie müsse *»nicht die ärztliche, sondern die pädagogische und seelsorgerliche Arbeit«* Priorität haben. Diese aber könne am besten in einer kirchlich-konfessionellen Anstalt geleistet werden. Darüber hinaus setzte sich Bodelschwingh in seinem aufsehenerregenden Vortrag mit allen Aspekten der Epilepsie-Behandlung, einschließlich der sozialen und medikamentösen, auseinander[31] und war damit seiner Zeit voraus.

Das einzige pharmazeutische Mittel, das zur damaligen Zeit die Anfälle lindern konnte, war Bromkali. Darum hatte Bethel seit 1881 einen Bromkali-Versand. Es gab, so schilderte Bodelschwingh in Dresden, mehr als 500 angeblich *»völlig sichere«* Medikamente gegen Epilepsie, und *»je unsinniger, widerwärtiger, ja unsittlicher dieselben sind, desto eher wird ihnen geglaubt«.*

Die Fälle, daß nicht gerade begüterte Menschen ihr gesamtes Vermögen für diese Quacksalberei ausgaben, waren nicht selten, und im Betheler Verwaltungsbericht 1888 klagte Bodelschwingh: *»Gingen aber die Ärmsten in die Drogerien und kauften sich dort ihre Medizin zu billigem Preis, so lehrten unsere Erfahrungen, daß ihnen sehr unreine Präparate verabreicht wurden, die bei längerem Gebrauch sehr schädlich wirkten. Das machte bei uns den Wunsch lebendig, ihnen reine Medizin von hier mitgeben zu dürfen.«*

Aber dazu mußte er erst einmal gesetzliche Schwierigkeiten überwinden. Und so richtete nicht die Anstalt Bethel, sondern die Rote-Kreuz-Apotheke den Versand ein. Außer an Zahlungsfähige wurde das Medikament umsonst abgegeben. Vom 1. Januar 1883 bis 1888 wurden an 15 799 Patienten 3 554 Kilogramm Bromkali in Dosierungen von 20 Gramm kostenlos abgegeben. Die Sendungen gingen in alle fünf Erdteile, und die ärztlichen Vorschriften über »die wirksame Behandlung der Epilepsie in der Kolonie Bethel« wurden in die verschiedensten Sprachen – auch ins Russische – übersetzt und beigegeben.

Besonders große Aufmerksamkeit widmete Bodelschwingh in seinem Dresdener Vortrag dem geeigneten Pflegepersonal und unterstrich dabei seine These von der konfessionellen Anstalt. Das Personal müsse *»beständig im Auge behalten, daß es mit Schwerkranken zu tun hat, und soll sich nie durch die Unarten, die Heftigkeiten und den Undank seiner Pfleglinge, auch nicht durch widerfahrende blutige Mißhandlung zum Zorn und zur Leidenschaft reizen lassen«*. Der Pfleger und die Pflegerin sollten *»in keinem Augenblick vergessen, daß sie* (die Patienten) *das Maß der Schuld und Verantwortlichkeit bei diesen schweren Nervenleiden nicht abmessen können«*. Ein Gesunder könne sich die Macht dieser krankhaften Erregung, *»denen diese Nervenkranken ausgesetzt sind, gar nicht groß genug vorstellen. Ein solches Pflegepersonal, das diesen Aufgaben gewachsen ist, ist erste Bedingung des Gedeihens einer Anstalt für Epileptische.«*

Mit nur *»um Geld geworbenen Pflegern ist dieses Ziel nicht zu erreichen; ohne Berufsarbeiter, denen eine so schwere und aufreibende Liebesarbeit eine wirkliche Herzensfreude ist, läßt sich kein gutes Resultat der Arbeit erwarten.«*[32]

Während in Bethel ohne Ansehen der Konfession als Patienten auch Katholiken wie Juden aufgenommen wurden, war es für Bodelschwingh unabdingbar, daß eine evangelische Einrichtung ausschließlich evangelisches Personal hatte, denn die Anstalt sollte eine seelsorgerliche, pädagogische Priorität haben: *»Medizin kann man überall einnehmen. Bethels Ziel reicht weiter, es reicht in die Ewigkeit.«*

Unter diesen Gesichtspunkten gab er in jedem Falle einem Pastor als Anstaltsleiter den Vorzug, eine Forderung, die vor ihm bereits Unsöld erhoben hatte. Damit zog Bodelschwingh geradezu die Pfeile seiner medizinischen und säkularen Widersacher auf sich, zumal es in Bethel stets mehr Pastoren als Ärzte gab und erst am 1. April 1887 auf Drängen der Medizinalaufsicht der erste hauptamtliche Arzt in Gestalt von Dr. Paul Huchzermeier eingestellt wurde.

Bodelschwingh nahm den nicht völlig unbegründeten Vorwurf einer ärztlichen Unterversorgung sehr gelassen, da er der pädagogischen Betreuung die Priorität gab. Er war jedoch bei den Medizinern sehr wählerisch und wollte Ärzte zur Seite haben, mit denen er am Krankenbett beten konnte. Als eine Verordnung über die ärztliche Präsenz in Anstalten drohte, stöhnte er: *»Gott helfe uns«*, auf zweihundert Epilepsiekranke *»ein Arzt, der alles zu sagen hat«*.

Da bahnte sich unbeabsichtigt, aus der Not geboren, zu Beginn der 80er Jahre in Bethel eine neue Arbeit an. Die Industrialisierung, die durch die Reparationszahlungen aus Frankreich erheblichen Auftrieb bekommen hatte, hatte eine gewaltige Wanderbewegung vom Land in die Stadt ausgelöst. Nicht nur Landarbeiter und Kötter strömten in die entstehenden Industriezentren, sondern auch Handwerker. Sie waren die ersten Opfer der industriellen Revolution durch die Mechanisierung der Arbeit. Bald kam es im Gefolge der Industrialisierung auch zu Firmenzusammenbrüchen. Ihnen folgten Massenentlassungen. Hunderttausende Arbeits- und Obdachlose zogen ohne jede soziale Absicherung durch Deutschland.

Dieser Elendsstrom berührte auch Bethel. Um einer warmen Mahlzeit willen klopften viele der Entwurzelten in Bethels Küchen an. Die Zahl wurde von Woche zu Woche größer. Es war nicht selten, daß Kleidung, mit denen die Bettler bedacht worden waren, über den Trödler in Branntwein umgetauscht wurde. So etwas verabscheute Bodelschwingh aufs tiefste und hielt es mit 2. Thessalonicher 3,10: »Wenn jemand nicht will arbeiten, der soll auch nicht essen.« Bodelschwingh sah im Almosen eine Entehrung des Menschen, er verlangte in Bethel als Gegenleistung für eine Mittagsmahlzeit eine Stunde Arbeit. Die wurde in der Regel am Steilhang gegenüber dem Mutterhaus Sarepta abgeleistet, denn der mußte abgeschrägt und mit einer Mauer abgefangen werden.

Diese Mauer am Jägerbrink wurde zur Scheide zwischen Bettlern und den in Not geratenen Arbeitslosen, denn nur zehn Prozent von denen, die in Bethel um Hilfe baten, entschlossen sich auch zu arbeiten. Als die Mauer fast fertig war, kam es zu einem denkwürdigen Gespräch zwischen einem Arbeitslosen und Bodelschwingh. Darüber gibt es verschiedene Versionen – zwei, die von Bodelschwingh stammen, und eine, die sein Sohn Gustav 1922 erzählte.

Nach Bodelschwinghs Erinnerungen (1897) hatte sich eines Tages bei ihm einer der Wanderer gemeldet und um Aufnahme gebeten. *»Der Mann tat mir leid, und ich sagte zu ihm: Ja, wenn du nur epileptisch wärest, dann dürfte ich dich aufnehmen. Da erwiderte der arme Pilgersmann: Ach, Herr Pastor, glauben Sie nur, solch einen Winter hindurch arbeitslos und hoffnungs- und heimatlos von einer Tür zu* *anderen zu gehen, da wird man auch epileptisch.«* Der Mann habe ihn gedauert, darum habe er ihn aufgenommen, und der sei dann auch später ein fürsorglicher Familienvater geworden. Bei seiner ersten Version von 1884 hatte er die Begebenheit so erzählt, als habe sich das Gespräch an der Mauer am Jägerbrink zugetragen.

Gustav von Bodelschwingh griff die Version von 1884 auf: »Einer von ihnen, dieses armseligen Lebens überdrüssig, bat Vater, ob er ihn nicht dauernd behalten und beschäftigen könnte. Ja, sagte der Vater, wenn Sie fallsüchtig wären, dann könnte ich Sie behalten. Da stieß der Mann heraus: Ich bin aber auch fallsüchtig.« Die verschiedenen Versionen sind für Martin Gerhardt geradezu typisch für die Wandlung der aus der Betheler Gründerzeit stammenden Geschichten[33]. Jedenfalls entschloß sich Bodelschwingh am 16. März 1882 zur Gründung der Arbeiterkolonie Wilhelmsdorf in der Senne, elf Kilometer südlich von Bethel. Dies war zugleich der Beginn der organisierten stationären Wanderarmenhilfe, aus der dann die spätere Nichtseßhaften-Arbeit hervorging.

Die beginnende Arbeit stand unter Leitgedanken von Bodelschwingh: *»Arbeit statt Almosen«*. Den Anstoß hatte Pastor Gustav Schlosser gegeben, Leiter der Inneren Mission in Frankfurt, der auf der Jahreskonferenz der Inneren Mission in Minden-Ravensberg in Bielefeld über das Thema »die gegenwärtige Vagabundennot« referiert hatte. Sein Referat verkürzte zwar das Problem, als er dem »gottentfremdeten Zeitgeist« die Hauptschuld gab. Aber immerhin regte er damals die Gründung von landwirtschaftlichen Kolonien an, nach Art der von einem katholischen Orden geleiteten »fermes hospices« in Belgien.

Bodelschwingh bereitete diesen Ideen ein publizistisches Forum und initiierte auch im Bielefelder Sonntagsblatt eine Artikelserie über die »colonie agricole«, die der französische Jurist de Metz in Mettray bei Tours für straffällige Jugendliche nach dem Vorbild des Hamburger Rauhen Hauses gegründet hatte. Im »Evangelischen Monatsblatt für Westfalen« schrieb Bodelschwingh aufrüttelnd: *»Man denke sich einen breiten, träge dahinschleichenden Strom, ganz mit schwarzem Schlamm angefüllt, in welchem schon Tausende von verwesten Leichen dahinschwimmen, und aus diesem Strom hier und da eine Hand sich herausstreckt und ein Notschrei dazu laut werde: Hilf mir, ich versinke …«*

Der Bonner Universitätsprofessor Clemens Theodor Perthes hatte bereits 1854 die erste »Herberge zur Heimat« gegründet, die jedoch zunächst für die wandernden Handwerksgesellen gedacht war. Diese Herbergen konnten dem Ansturm der nun aufgetretenen Not nicht gerecht werden, weil sie nur Unterkünfte, aber keine sozialen Rehabilitierungs-Maßnahmen anboten. Durch Vermittlung seines Vetters, des Erbmarschalls Karl Freiherr von Bodelschwingh-Plettenberg, erhielt Bodelschwingh von den Westfälischen Provinzialständen ein unverzinsliches Darlehen von 64 000 Mark zur Gründung einer Arbeiterkolonie.

Damit kaufte er elf Kilometer von Bethel entfernt in der Senne drei Bauernhöfe mit 500 Morgen Land auf, die Arbeitsplätze boten, weil das Gelände gerodet werden konnte. Unter der Sandschicht lag ein eisenhaltiger, fester Ortstein, durch den weder Wurzeln noch Regen dringen konnten. Wurde aber die Ortsteinschicht nach Abtragen des Sandes freigelegt und kam mit Luft in Berührung, zerfiel sie, und man konnte sie zu einem fruchtbaren Boden kultivieren.

Bodelschwingh (Mitte) arbeitet in Bethel mit den »Brüdern von der Landstraße«

Am 4. Mai 1881 hatte Bodelschwingh auf der Jahreskonferenz des Minden-Ravensberger Vereins für Innere Mission für seine Rehabilitations-Einrichtung geworben. Er brauchte dessen Unterstützung, damit Arbeitsscheue nicht in die Nachbarkreise abwanderten, wo sie möglicherweise Brot ohne Arbeit erhielten. In den Kreisen Bielefeld, Herford, Halle/Westfalen und Wiedenbrück bildete sich daraufhin ein

»Verein zur Unterstützung arbeitslustiger, arbeitsloser Männer in der Kolonie Wilhelmsdorf«. Die Mitglieder verpflichteten sich, Bettlern kein Geld zu geben, ihnen aber auf dem Weg in Unterstützungs-Einrichtungen zu helfen.

Ursprünglich hatte Bodelschwingh die Absicht, die Kolonie »Mara« zu nennen (2. Mose 15,23: »Und sie kamen gen Mara, aber sie konnten das Wasser zu Mara nicht trinken, denn es war sehr bitter«). Aber dann ließ er doch diesen Namen fallen, um sich einem patriotischen zuzuwenden.

1879 hatte sich in Brandenburg als »Geschenk« zur Goldenen Hochzeit des Kaiserpaares ein Verein gebildet, der eine Armenkolonie unter dem Namen »Wilhelmsheim« gründen wollte, doch er war über die Sammlung von 2 000 Mark nicht hinausgekommen. Nun erhielt Bodelschwingh diese Summe und gab der Senner Gründung den Namen »Wilhelmsdorf«.

Am 22. März 1882, dem Geburtstag des von Bodelschwingh so verehrten Kaisers Wilhelm I., wurden die ersten 18 arbeitsfähigen Epilepsiekranken nach Wilhelmsdorf umgesiedelt. Sie sollten zunächst einen der drei Höfe, den Hof Sobbe, so einrichten, daß in ihm die ersten Kolonisten einziehen konnten. Darunter auch einige, die wegen Bettelns und Landstreicherei verurteilt worden waren. Die »Wanderarmen« befanden sich in einem Teufelskreis. Sie waren aus der Sozialpolitik des Staates regelrecht hinausgedacht worden. Der Übergang vom Arbeitslosen zum Wanderarmen und von dort zum Bettler, Vagabunden und Landstreicher war fließend. Lediglich der Besitz von gültigen Legitimationspapieren und Beschäftigungsnachweisen war eine leicht zu durchstoßende Trennungslinie. Nach 361 StGB war Landstreicherei, Bettelei und auch Obdachlosigkeit ein Straftatbestand, der mit bis zu sechs Wochen Haft geahndet wurde. Als Nebenstrafe konnte die Landespolizeibehörde den Delinquenten bis zu zwei Jahren in ein Arbeitshaus zur »korrektionellen Nachhaft« einweisen. Der Königsberger Polizeioffizier Jagielski war als einer der wenigen in der Exekutive davon überzeugt, daß man den sozialen Notständen nicht mit Polizeimaßnahmen abhelfen konnte und daß die Kriminalisierung der Wanderarmen einer Rehabilitation im Wege stand.[34]

Bodelschwingh sah jedoch seine Kolonie nicht als eine »Korrektieranstalt«, sondern als Rehabilitations-Einrichtung. Die Leute sollten wieder an Arbeit gewöhnt werden, denn »Müßiggang war nach landläufiger Meinung aller Laster Anfang«. Durch den angesparten Arbeitslohn, der vom Hausvater verwaltet wurde, sollten die Kolonisten in die Lage versetzt werden, sich wieder mit dem notwendigen Hand-

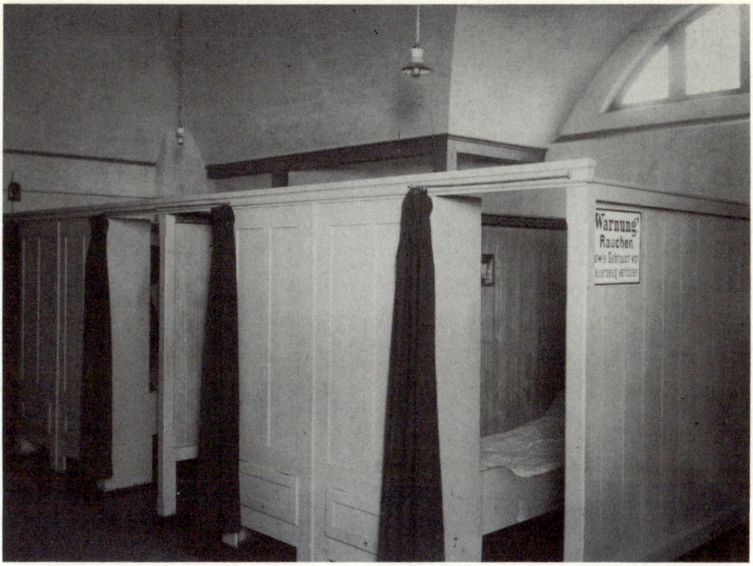

In Wilhelmsdorf ließ Bodelschwingh bereits Einzelkabinen mit Bett, Stuhlhocker und Spind einbauen, die alle mit einem Vorhang abzutrennen waren. Dieser Kabinensaal wurde in Lobetal aufgenommen

werkszeug und solider Kleidung auszustatten. Überdies war ihnen der Hausvater bei der Suche nach einem geeigneten Arbeitsplatz behilflich. Allerdings sollte der Aufenthalt in der Arbeiterkolonie nicht länger als drei Monate dauern, und der Hausvater hatte Anweisung, Arbeitsunwillige – die lediglich ein trockenes und warmes Plätzchen haben wollten – notfalls mit dem Gendarm zu vertreiben.

Der erste Hausvater von Wilhelmsdorf, Wilhelm Meyer, war ein ehemaliger Husar, den Bodelschwingh aus dem Kriege 1870/71 kannte. Als Bodelschwingh damals einen Toten beerdigen wollte, hatte dicht neben Meyer eine französische Granate eingeschlagen und einen Soldaten getötet. In dieser Stunde gelobte der Husar, der mit dem Schrecken davongekommen war: Wenn ihn Gott noch einmal heimkehren ließ, wollte er ein Dankopfer bringen. Deshalb meldete er sich neun Jahre später bei Bodelschwingh und wurde Diakon und Krankenpfleger. Zunächst mußte er sich unter anderem in der Berliner Charité bewähren, ehe er nach Bethel zurückgerufen wurde.

Bodelschwingh hatte erreicht, daß Kronprinz Friedrich Wilhelm mit Genehmigung seines kaiserlichen Vaters, Wilhelms I., die Schirmherrschaft über Wilhelmsdorf übernahm. Der Kronprinz antwortete Bodelschwingh auf dessen Anfrage: »Wenn es der Wilhelmsdorfer Anstalt gelungen ist, während ihres kurzen Bestehens hunderte von sittlich verwahrlosten und für die bürgerliche Gesellschaft anscheinend verlorenen Menschen vor vollständigem Untergang zu bewahren und sie für die Arbeit und die Ordnung wieder zu gewinnen, so darf wohl gesagt werden, daß es sich um eine Einrichtung handelt, welche die Teilnahme und werktätige Unterstützung all derer verdient, denen die gesunde Entwicklung unseres Volkslebens am Herzen liegt.«[35]

Für den Kronprinzen, den Hoffnungsträger für soziale und liberale Reformen, war dies keineswegs ein Lippenbekenntnis. Zu seiner Silbernen Hochzeit hatte er 125 000 Mark Geldspenden bekommen, von denen Wilhelmsdorf nun 10 000 Mark bekam. Der Kaiser schickte zusätzlich eine einmalige »Beihilfe von 2 000 Mark«. Am 16. Juli 1883 kam der kronprinzliche Schirmherr dann selbst nach Wilhelmsdorf und nahm anschließend die Grundsteinlegung für die Zionskirche in Bethel vor. Damit wurde die Verbundenheit des Hauses Hohenzollern mit der Inneren Mission demonstriert. Ebenso wollte der zukünftige Kaiser ein Zeichen für seine Regentschaft setzen.

Eine christliche Gemeinde brauchte nach Bodelschwinghs Ansicht eine Kirche, und die wollte er auch für Bethel. Die von Gottfried Bansi gestiftete Sarepta-Kapelle hatte nur Platz für 300 Personen, aber die Bethelgemeinde war bereits auf über 900 Personen angewachsen. Selbst wenn mehrere Gottesdienste hintereinander stattfanden – das

Die Kolonie Wilhelmsdorf

Gedränge wurde zu groß. Auch war es bei den ständig vorkommenden Anfällen nicht möglich, die Kranken ohne Störung des Gottesdienstes zu betreuen oder hinauszutragen.

Im Januar 1880 hatte Bodelschwingh die Bethelfreunde informiert: *»Unser Ziel geht dahin, daß um Kirche und Schule eine Gemeinde Epileptischer in kleinen Häusern Familien bilden sollen«* – die geplante Kirche aber sollte *»in Kreuzform gebaut werden – sie ist ja für Kreuzträger bestimmt«*.[36] Sie sollte auch *»recht einfach, wie es armen Leuten zusteht«* werden, aber über 1 000 Sitzplätze haben. Da das Gotteshaus nicht für die Ewigkeit gedacht war, lehnte er teure Sandsteine für die Fassade ab. Letzteres spiegelte sein Endzeitdenken. Er war davon überzeugt, die Wiederkunft Jesu Christi stehe unmittelbar bevor, und deshalb genügten für die Kirche, wie auch für die Pflegehäuser, schlichte Backsteinfassaden.

Sein Spendenaufruf hatte enormen Erfolg. Als er zusammen mit Hermann Stürmer oberhalb des Buchenwäldchens von Sarepta den Platz für den Kirchenbau bei einem Spaziergang aussuchte, hatte der Betheler Kassenverwalter, sein alter Freund Otto Mellin, bereits 5 000 Mark an Spenden verbucht.

Den Grundriß für die Kirche hatte Bodelschwingh selbst entworfen. Zu seinen vielen Begabungen gehörte auch eine erstaunliche technische, die so weit ging, daß er sich bereits 15 Jahre vor Ferdinand Graf von Zeppelin mit der Konstruktion von Luftschiffen beschäftigte. Allerdings ließ er die Kirchenbaupläne von dem befreundeten Baumeister Wegner aus Hannover überarbeiten, und als Bauführer setzt er den Wilhelmsdorfer Kolonisten Hermann Hellberg ein. Der war gelernter Maurer und hatte danach eine Baugewerkschule besucht, wie damals die Fachschulen für Architekten hießen, war aber als Architekt gescheitert. Auch wenn ihn die Kolonisten zunächst als »Arg-im-Dreck« bespöttelten – Hellberg erwies sich als ein Muster-Rehabilitant, erwarb sich im Bau der Zionskirche berufliche Lorbeeren und wurde danach Leiter eines gemeinnützigen Bauunternehmens in Hamburg. Auf diese Begleiterscheinung des Kirchbaus war Bodelschwingh besonders stolz.

Allerdings fiel die Grundsteinlegung, zu der der Kronprinz gekommen war, sprichwörtlich ins Wasser. Daran war Bodelschwingh selber nicht ganz unschuldig, denn er hatte den Zeitplan durcheinandergebracht, weil er seinem Jugendfreund zuvor unprogrammgemäß Pflegestationen zeigte. Kaum war der Kronprinz verspätet an der Baustelle angelangt, als ein Wolkenbruch einsetzte. Bodelschwingh wollte seinen kaiserlichen Gast mit einem Regenschirm vor den ärgsten

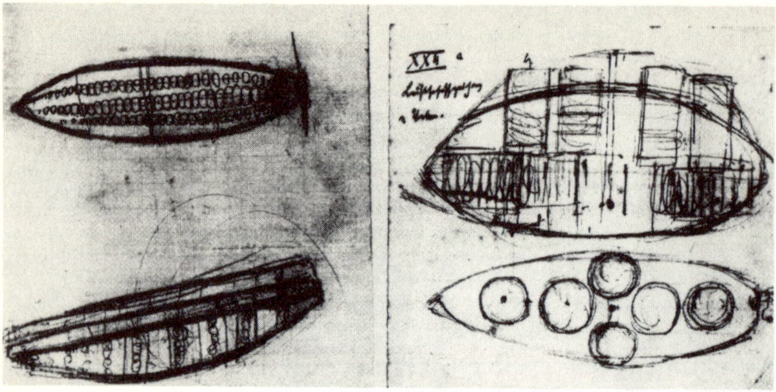

Handskizzen Bodelschwinghs für ein Luftschiff

Unbilden der Witterung retten, doch dieser verbat sich den unsoldatischen Liebesdienst. Statt dessen erwies sich Friedrich-Wilhelm als Samariter gegenüber Bodelschwinghs jüngstem Sohn, dem 1877 geborenen Fritz, der so unglücklich unter einem Regenschirm stand, daß ihm das Wasser regelrecht in den Hals floß. Friedrich-Wilhelm stellte ihn einfach unter den von ihm verschmähten Schirm.

Für Bodelschwingh aber hatte die naßgeregnete kaiserliche Uniform eine tiefere Bedeutung und er benutzte sie als Metapher, indem er zu den Bethelbewohnern sagte: Wenn der *»Sohn unseres lieben Kaisers uns solche opferwillige Liebe erweist«*, so könnten wir daraus schließen, *»wie groß die Liebe dessen ist, den der Vater im Himmel zu uns Armen und Elenden gesendet hat«*. Letztlich aber nahm er seine Gemeinde gegenüber den Hohenzollern in die Pflicht, indem er ihr gelegentlich vorhielt: *»Kaiserliche Hoheit hat sich für uns arme Leute naß regnen lassen.«*[37]

In der Urkunde, die in den Grundstein eingemauert war, hieß es: *»... und soll dieses Gotteshaus eine geistliche Heimat sein für allerlei Kranke und Verlassene, denen es sonst auf Erden an einer Heimat gebricht«*. Der Thronfolger zitierte bei seinen drei Hammerschlägen auf den Grundstein den 127. Psalm: »Wo der Herr nicht das Haus baut, so arbeiten umsonst, die daran bauen.« Nachdem die Honoratioren und die Vorstandsmitglieder auch den obligatorischen Hammerschlag getan hatten, nahm der Kronprinz noch einmal den Hammer und gab ihn völlig unprogrammgemäß Ida von Bodelschwingh, »damit sie als Gehilfin ihres Mannes auch Teil an diesem Friedenswerk nehme«.

Kronprinz Friedrich Wilhelm von Preußen,
der spätere Kaiser Friedrich III. (1888)

Beim Mittagessen konnten dann die Bodelschwingh-Kinder aus dem Nebenzimmer den vertrauten Umgang zwischen dem Thronfolger und ihrem Vater beobachten. Der Kronprinz neckte und scherzte mit seinem früheren Jugendfreund, redete ihn mit »du« und »Friedrich« an, während dieser aber nicht mehr auf das frühere Du zurückgriff, sondern beim Sie und dem distanzierten *»Eure kaiserliche Hoheit«* blieb. Für den kleinen Fritz gab es aber noch ein besonderes Erlebnis, das er in seinem Buch »Aus einer hellen Kinderzeit« schildert: »Plötzlich blieb der Kronprinz vor mir stehen und sah mich durchdringend an. Dann nahm er seinen goldgeschmückten Helm und stülpte ihn mir über den Kopf. Der versank darin fast bis zu den Schultern, so daß es ganz dunkel vor meinen Augen wurde. Um so heller war es in meinem Herzen.«

Am nächsten Tag, dem 17. Juli 1883, schickte Bodelschwingh einen Dankesbrief nach Potsdam, in dem die regennasse Uniform bereits eine verklärte positive Rolle spielte. Typisch war für Bodelschwingh, in den negativen Ereignissen immer etwas Positives zu sehen, denn seine Mutter hatte ihn gelehrt, *»daß wir, wenn Gott etwas Widriges sandte, nur immer darauf achten sollten, was er Gutes damit vorhabe«*.

Doch bereits zwei Tage später schickte er aus Haus Heide einen neuen Brief an Kronprinz Friedrich Wilhelm, denn der aus Bielefeld stammende Erzieher der Prinzen, Geheimrat Georg Hinzpeter, hatte sich kritisch und nach Bodelschwinghs Meinung mißverständlich über Bethel geäußert. Es sei ausschließlich Bodelschwinghs Werk und werde mit diesem stehen und fallen. Bodelschwingh wies das in einer Überreaktion zurück: »Ich weiß mich mit allen meinen Mitarbeitern auf dem Gebiet der christlichen Liebestätigkeiten völlig eins. Wir wollen alle einen Glauben, der in einer Liebe tätig ist und sich nicht mit auswendig gelernten Lehrsätzen begnügt; wir wollen alle ein Christentum, das nicht in Worten besteht, sondern in der Tat. Wir wollen vor allen Dingen kein Christentum, das andere, die nicht mit uns eines Glaubens sind, richtet, verdammt, sie verbittert und von sich stößt, sondern ein solches, das gerade diese mit besonderer Freundlichkeit und aufrichtiger Liebe gewinnt.« Dafür führte er die in Bielefeld lebenden Juden als Zeugen an, zu denen er ein ungezwungenes Verhältnis hatte.

Er wurde in dem Brief auch selbstkritisch: *»Ich behaupte nun keineswegs, daß alle unsere Diakone und Diakonissen und ihre Leiter und Lehrer die ihnen gestellte Aufgabe erfüllen. Wir sind keine Heiligen; es gibt auch unter uns leider hoffärtige Leute und Schänder des Namens Christi.«* Die Diakonissen und Diakone übten *»dienende Lie-*

be, selbstlose, unverfälschte, weitherzige Liebe gegenüber jedermann«. Dies sei der Zweck der evangelischen Diakonie, sowohl der männlichen wie der weiblichen, und das hätten Wichern und Fliedner gewollt. Bodelschwingh stellte sich dabei in die Solidarität mit den übrigen fünfzig Diakonissen- und elf Brüderhäusern in Deutschland.[38]

Während des Kirchenbaus mußten wegen der ständig wachsenden Gemeinde die Pläne geändert werden, denn mittlerweile wurden 1 600 Plätze benötigt. Der Bau des Gotteshauses war in den Jahren 1883/84 das bedeutendste Ereignis in Bethel, bei dem zwischen Grundsteinlegung und Richtfest nur knapp ein Jahr verging. Dies war nur möglich, weil die gesamte Gemeinde den Kirchenbau zu ihrer Sache machte. Damit die Pferde die schweren Wagen nicht den Berg hinaufziehen mußten, wurden die Ziegelsteine und das übrige Baumaterial vor dem Mutterhaus Sarepta abgeladen und per Hand zu der höher liegenden Baustelle transportiert. Bodelschwingh selbst ging dabei mit gutem Beispiel voran und meinte, wer zur Baustelle gehe, könne in jeder Hand auch einen Stein mitnehmen. Anfallskranke Mädchen bildeten lange Ketten und beförderten die Steine von Hand zu Hand bergan. Arbeitsfähige Kranke hatten den Sand per Schiebkarre gefahren, und Kinder füllten ihre Schürzen mit Sand und trugen ihn zur Baustelle.

Bodelschwingh kümmerte sich auch um Details und prüfte die Statik auf seine Weise. Wie Gustav erzählt, sei der Vater in schwindelnder Höhe auf den Mauern herumgesprungen und habe so die Standfestigkeit geprüft. Überdies habe er auf seine Weise »alle Maße am Bau« geprüft.[39]

Beim Richtfest am 17. Juni 1884 erhielt die Kirche ihren Namen »Zionskirche«; er war dem 126. Psalm, dem Bethelpsalm, entlehnt: »Wenn der Herr die Gefangenen Zions erlösen wird …« Die Kirche war ein gelungenes Gemeinschaftswerk der Bethelgemeinde und seiner schon damals zahlreichen Freunde. Die Ziegel waren selbst gebrannt, und beim Holzwerk hatten die Betheler Tischler und Zimmerleute die Leistungsfähigkeit der jungen Betheler Betriebe unter Beweis gestellt. Finanzierung und Innenausstattung war Sache der Bethelfreunde. Allen voran der Kronprinz, der eine Sammlung für die Chorfenster initiierte. Allerdings gab es auch Geschenke, die Bodelschwingh nicht eingeplant hatte. Da das Kirchengebäude kein architektonisches Prestigeobjekt werden sollte, hatte er auf einen Kirchturm verzichtet. Daß es dann doch zwei kleine Glockentürme gab, war dem Missionar Lückhoff von der Rheinischen Mission zu verdanken. Er schickte zum Kirchbau eine Spende von 1 200 Mark als Dank für die kostenlose Versorgung mit Bromkali. Die zwei kleinen Türme über den beiden Sakristeien wurden dann von Bodelschwingh als die Verbundenheit der europäischen und afrikanischen Christen gedeutet.

Als am 28. November 1884 die Glocken zum ersten Mal zum Gottesdienst riefen, läuteten sie zum Besuch eines schuldenfreien Baus. Dies war bei Bodelschwinghs Finanzierungen nicht gerade üblich; denn er ging bei der Finanzbeschaffung diakonischer Einrichtungen für die damalige Zeit unkonventionelle Wege und war der Meinung, kein Mensch nehme daran Anstoß, Häuser, Fabriken und Schiffe über den Hypothekenmarkt zu finanzieren, warum sollte man da die Einrichtungen der christlichen Liebestätigkeit ausnehmen? Doch bei der Zionskirche hatten allein die Bethelgemeinde und der Freundeskreis den Bau ermöglicht.

Bodelschwinghs Hoffnung, daß der Kronprinz zur Einweihung kommen würde, erfüllte sich nicht. Was kaum jemand wußte: Friedrich Wilhelm war damals schon vom Tode gezeichnet. Statt seiner kam Prinz Albrecht von Preußen, der Herren-Meister des Johanniterordens. Nachdem der Generalsuperintendent Gustav Nebel die Predigt über Offenbarung 21,1-5 gehalten hatte, stieg Bodelschwingh auf die Kanzel und predigte über den Bethelpsalm. Den Kranken rief er zu:

Zionskirche in Bethel

»Mitten unter der Christenheit wohnend seid ihr doch ausgestoßen gewesen von den Altären des Herrn Zebaoth, und nun hat der Herr dieses euer Gefängnis gewendet; ihr seid nicht ausgestoßen und verbannt. Er hat euch eine traute Heimat geschenkt für Leib und Seele.«

In seiner Predigt band er den Dank an die Spender ein und meinte: *»In einer solchen Kirche sollte die Stimme des Dankens stärker werden als die Stimme des Klagens.«* Bodelschwingh schloß seine Predigt mit einem Hinweis auf die Endzeit: *»Trügen nicht alle Zeichen der Zeit, so wird diese Zionskirche, aus Lehm und Holz schnell und flüchtig erbaut, eine geringe Zelthütte für die Wanderschaft, ehe sie zusammenbricht, den Tag doch noch erleben dürfen, wo diese alte morsche Erde und dieser alte Himmel auch zusammenbricht und die neue Erde und der neue Himmel, des wir warten, kommt.«*

Nach der Kircheneinweihung gab es für Bodelschwingh eine Überraschung. Pastor Johannes Hesekiel, der als ehemaliger Reiseprediger der Inneren Mission an der Gründung von Bethel Anteil hatte, überbrachte ihm die Ehrendoktorwürde der theologischen Fakultät der Universität Halle, die den »evangelischen Franziskus« ehren wollte.

Das lief nicht ohne Bodelschwinghsche Komplikationen ab, denn der war zunächst nicht anwesend, weil er noch schnell einen Krankenbesuch machen mußte. Als dann Hesekiel anhob: »Hochverehrter Herr Pastor«, wurde er von Bodelschwingh mit *»Na, Hesekiel, was soll denn das?«* lachend unterbrochen. Bodelschwingh war nur mit Mühe zum Schweigen zu bringen und quittierte schließlich lächelnd die Ehrung mit der Bemerkung: *»Na, na, das bekomme ich doch nur für mein gutes Betteln.«* Von dem akademischen Ehrentitel machte er niemals Gebrauch, denn als Theologe war er in erster Linie Seelsorger, der kein akademisches Image brauchte. Von seinem Sohn Fritz wurde er so charakterisiert: »Seine Frömmigkeit ist im Grunde ein höchst kindlicher, schlichter Glaube, in seinen Äußerungen zart, ohne Gebundenheit an bestimmte Formen und Sitten.«[40] Als Kind hatte Fritz oft in der Kammer seines Vaters schlafen dürfen und erlebt, wie dieser vor seinem Bett kniete – sein Fritzchen schlafend wähnend – und mit Gott um die rechten Worte bei der Predigt rang: *»Gib mir noch ein kleines Wörtchen für meine arme Gemeinde«* hatte er immer wieder geseufzt.[41]

Die Einweihung der Zionskirche setzte den Schlußpunkt unter den ersten größeren Abschnitt der Bethelgemeinde. Sie war nicht nur der Mittelpunkt des gottesdienstlichen Lebens, sondern – wie Gerhard Ruhbach urteilt – jene Mitte, die die »einzelnen Kooperationen Bethel, Sarepta und Nazareth beieinander hielt«.[42]

4. *»Daß die solidesten Leute von den sozialistischen Lehren durchdrungen sind …«*

Der christlich-soziale Antisozialist

Trotz vieler patriotisch-nationalistischer Töne konnte die Erosion im Staatsgefüge nicht mehr vom monarchischen Glanz überstrahlt werden. Bodelschwingh war zwar mehr dem spartanischen Lebensstil der preußischen Könige zugetan als der Prunkentfaltung der Hohenzollern im Kaiserreich. Trotzdem sah er nach wie vor in der *»von Gott eingesetzten Monarchie«* den Garant eines sozialen Rechtsstaates. In seinen sozialen Ansprüchen an den Staat war er radikaler als die Sozialisten. Aber die immer stärker werdende sozialistische Bewegung führte nach seiner Sicht in den Abgrund. Mit Adolf Stoecker, dem wegen seines sozialen Engagements umstrittenen Hofprediger in Berlin, war er sich einig, daß sowohl Staat wie Kirche gedrängt werden müßten, die soziale Frage zu lösen; man dürfe dieses Feld nicht den Sozialisten überlassen.

An den Kronprinzen, auf den sich die Hoffnungen der Liberalgesinnten richteten, schrieb er 1885: *»Es ist eine doppelte, schmerzliche Gewißheit, die sich mir hier täglich aufdrängt. – Erstens, daß das sozialdemokratische Element hier rapide im Wachsen ist. Ich erfahre aus zuverlässigsten Quellen, daß die solidesten Leute, die vom Land kommen, in wenigen Wochen von den sozialistischen Lehren ganz durchdrungen sind. – Aber was mir viel schmerzlicher ist, ich erfahre auch, daß die Kirche in der Gestalt, wie sie im großen und ganzen die Lehren ihres göttlichen Stifters gegen diese Umsturzparteien ins Feld führt, derselben keinen Damm entgegensetzt.«*

Für Bodelschwingh war das nicht sonderlich verwunderlich, *»denn«*, so schreibt er weiter, *»der Widerspruch zwischen den Lehren des Heilands und dem Leben und den Taten derer, die diese Lehren angenommen zu haben vorgeben, ist eben zu groß«*.[1]

Bodelschwingh war sich mit Stoecker auch darin einig, daß ein Umsturz und die *»liberalistische Zersetzung«* nur mit der Verkündigung des Evangeliums durch Wort und Tat begegnet werden könne.

Stoeckers Stellung als Hofprediger – neben Bodelschwingh einer der wenigen sozialen Mahner der Protestanten – war 1885 erschüttert worden, nachdem er eine Beleidigungsklage gegen den jüdischen Redakteur Heinrich Baecker angestrengt hatte, der ihn in der Berliner

»Freien Zeitung« als Lügner bezeichnet hatte. Zwar wurde der Redakteur im Juni 1885 zu einer Gefängnisstrafe von drei Wochen verurteilt, aber der Prozeß stellte eine moralische Niederlage für Adolf Stoecker dar. Bodelschwingh gehörte zu den wenigen, die sich für ihn einsetzten, und machte am 22. August aus Langeoog in einem Brief an den Kronprinzen den Versuch einer Ehrenrettung, *»was er gelitten, was er zu hitzig gestritten, was er gefehlt und geirrt, seiner vielfach zu heißen Liebe für seinen Kaiser, für Volk und Vaterland zuzuschreiben ist. Auch glauben wir alle, daß auf dem Kampfplatz, den Stoecker betreten, auf dem christlich sozialen Boden, der Entscheidungskampf der Zukunft liegt ...«*[2]

Beim ersten größeren Streik in Bielefeld kam das Gerücht auf, Bodelschwingh habe die Kolonisten aus Wilhelmsdorf heimlich den Arbeitgebern als Streikbrecher zu Hilfe geschickt. Diese unwahre Behauptung schürte den Haß, und der machte auch nicht vor dem Anstaltsgebäude halt. Es mußte schließlich von Polizei und Militär geschützt werden. In Bodelschwinghs Garten zogen Posten auf, und die von den Hohenzollern gestifteten Fenster der Zionskirche wurden vorsichtshalber mit Drahtnetzen gegen Steinwürfe geschützt.[3]

Aber eines Nachts wurde Bethel durch den Ruf »Eben-Ezer brennt!« aufgeschreckt. Im angebauten Schlafsaal der anfallskranken Männer war Feuer gelegt worden. Gustav von Bodelschwingh schildert sehr plastisch, wie rings um die Brandstelle »eine Schar wilder Gestalten, meist junger Burschen«, dem Schauspiel zusahen. »In das Schreien der Kranken, die zum Teil nur mit Gewalt aus dem brennenden Hause getragen werden konnten, mischte sich das Johlen jener Zuschauer, in denen die rohe Leidenschaft entfesselt war. In plattdeutscher Sprache hörte man den Ruf: ›So ist's recht, daß Bodelschwingh brennt; warum hat er uns aus unseren Häusern vertrieben!‹«[4]

Drei Tage später brannte es erneut, diesmal auf dem Hof Hebron. Die Ursache des Brandes blieb ungeklärt, aber vieles deutete darauf hin, daß auch hier Feuer gelegt worden war. Die haßerfüllten Worte aber hatten Bodelschwingh bis ins Mark getroffen. Aber hier wie auch sonst, wenn er auf Bitterkeit, Feindschaft oder sogar Haß stieß, fragte er nicht nach der Schuld der anderen, sondern nach seiner eigenen und versuchte schnellstens die Ursache zu beseitigen.

Welches waren hier die Ursachen? In den vergangenen Jahren hatte er nach und nach die Gehöfte und Kötterhäuser in der Gemeinde Sandhagen für Bethel aufgekauft. Oft war es Land, das, wie er sagte, der Alkohol angeschwemmt hatte. Bodelschwingh hatte die Landnahme in Bethel – wenn auch für soziale und diakonische Zwecke – wie ein Großgrundbesitzer betrieben. Nach dem Brand in Ebenezer und Hebron erging er sich aber weder in Selbstvorwürfen, noch ließ er die Entschuldigung gelten, für einen guten Zweck gehandelt zu haben. Seine Antwort hieß *»Arbeiterheimsiedlung«*. Er propagierte sie mit der Parole: *»Mehr Luft, mehr Licht und eine ausreichend große Scholle für den Arbeiter.«*

Wie gewohnt ging er mit enormer Tatkraft voran und verschaffte sich gleichzeitig sehr schnell einen Überblick über das, was nicht nur in Deutschland, sondern auch in anderen Ländern geschah. Aus kleinsten Mosaiksteinen setzte er ein soziales Weltbild zusammen, wobei ihm zugute kam, daß er die Elends- und Massenquartiere in Berlin als Quartaner gesehen und in Paris das soziale Elend als Pastor hautnah erlebt hatte.

Sein Blick ging bis nach England, wo Octavia Hill und ihre Nachfolgerinnen in die schmutzigsten Quartiere und Arbeiterkasernen Ordnung und Reinlichkeit gebracht hatten. Er beschäftigte sich mit dem Menschenfreund Peabody, der Millionen seines Vermögens geopfert hatte, um mitten in London halbwegs gesunde Massenquartiere zu bauen. Wo waren die Menschen, fragte sich Bodelschwingh, *»wo die sittlichen Kräfte, die in Octavia Hills Fußstapfen in solche verpesteten Massenquartiere, in welche der Ansteckungsstoff immer aufs neue eindringt, eine heilsame wohltuende Ordnung aufrichten und erhalten?«*[5] In England entdeckte er auch so etwas wie die Vorläufer der Bausparkassen.

Am Anfang des Industriezeitalters, wo der Mensch zur Menschenmaschine zu verkommen drohte, suchte Bodelschwingh nach einer sozialen Kultur, die Unternehmer und Arbeitnehmer aneinanderband, nicht nur in einer Unternehmensgemeinschaft, sondern auch in einer Schicksalsgemeinschaft. Daraus leitete er später seine These ab: *»Das kräftigste Mittel, den christlichen und sozialen Niedergang unseres Volkes aufzuhalten, ist die Pflege, Stärkung und Wiederaufrichtung eines gesunden, christlichen Familienlebens.«*[6] Er machte allerdings einen Denkfehler, weil er ausschließlich von der ländlichen Großfamilie her dachte: Jedem sein eigenes Häuschen, in dem nicht nur eine Generation lebt, sondern in dem es auch ein Altenteil gibt. Auf dieses Haus sollte die Großfamilie gemeinsam sparen. Ein Haus mit ausreichendem Land, das auch der Versorgung der Familie dient.

So wurde er ganz nebenbei der Begründer der deutschen Bausparkassen. Der Essener Industrielle Alfred Krupp war wie manch anderer für seine Ideen aufgeschlossen. Nachdem sich die ersten 31 Bewerber gefunden hatten, wurden wenige Minuten vor der Stadt zwei Grundstücke von insgesamt 21 Morgen für einen Gesamtpreis von 3 500 Mark gekauft. Da der kleine Mann oder der Arbeiter auch für Sparkassen nicht kreditwürdig war und Kleinkredite ein Fremdwort im Bankgeschäft waren, gründete Bodelschwingh einen Verein mit honorigem kreditwürdigem Vorstand, der gegenüber den Banken auch die notwendige Sicherheit bieten konnte. Mitglied in dem Verein konnte jeder Interessent werden, auch die, die zunächst noch nicht die konkrete Absicht haben, zu bauen.

Innerhalb eines Jahres war von den 31 Anwärtern auf ein Haus 22 752 Mark eingezahlt worden und von »Nichtreflektanten« 11 313 Mark, die mit 3,5 Prozent verzinst wurden. Der übrige Betrag von 38 558 Mark mußte als Fremdmittel aufgenommen werden, der größte Teil von der Sparkasse zu einem Zinssatz von 4,16 Prozent. Als das eigentliche Kreditinstitut fungierte dann die Betheler Anstaltskasse. Sie hatte nicht nur die Funktion einer Bausparkasse, sondern auch die einer Sparkasse; letzteres bis 1936. Dadurch entstand eine zweiseitige Bindung. Auf der einen Seite blieben Mitarbeiter bei dem Unternehmen, auf der anderen Seite verfügte die Anstaltskasse über Spargelder, die sie zur Finanzierung im eigenen Unternehmen einsetzen konnte.

Später sollte die Anstaltskasse ihr »eigenes Geld« drucken lassen, das auch noch im 125. Jubiläumsjahr von Bethel Bestand haben würde. Bei näherem Hinsehen waren die Geldscheine jedoch Warengutscheine. Um die Patienten, die weitgehend selbständig leben und auch einkaufen konnten, vor Halsabschneidern zu schützen, war eine Art Binnenwährung eingeführt worden, mit der innerhalb Bethels Mitarbeiter wie Patienten einkaufen konnten, die aber nur in den Betheler Geschäften ihre Gültigkeit hatte. Die Anstaltskasse löste die Gutscheine nur von solchen Personen ein, die sie auch besitzen durften, und das waren keine Personen außerhalb von Bethel. Gleichzeitig verband Bodelschwingh damit noch seinen Kampf gegen den Alkohol, denn mit dem Bethelgeld konnte kein Alkohol gekauft werden. Auch bei den Siedlungshäusern gab es eine Antialkoholklausel, die mit einer Heimfallklausel verbunden war.

Nachdem die erste Siedlung außerhalb des Anstaltsgeländes gebaut war, entstand innerhalb Bethels nach dem gleichen Prinzip das »Vogeldorf«. Die Baupläne hatte Bethels Baumeister Carl Siebold entworfen. Dabei verwendete er zwar einen Einheitsgrundriß, versetzte ihn aber so, daß ein sehr individuelles Bild entstand. Nach dem Beispiel von Bethel wurden dann auch im Ruhrgebiet die ersten Häuser gebaut.

So erfolgreich Bodelschwingh mit seiner Arbeiterheimstättenbewegung war, so wenig Resonanz fand er zunächst beim deutschen Kaiserhaus und erst recht nicht beim Reichskanzler Otto von Bismarck. Dabei hatte seine Arbeiterheimstättenbewegung, die so revolutionierend war, doch das Ziel, eine Revolution zu verhindern. Wer Eigentum besitzt, will es nicht durch eine Revolution verlieren, war der Leitgedanke.

Nur der Kronprinz und dessen Sohn Wilhelm brachten Bodelschwinghs sozialem Werk ein freundliches Interesse entgegen. Der Kanzler aber sah in dem Wirken der sozial engagierten Pastoren Bodelschwingh und Stoecker eine Gefahr für seine Realpolitik. Zwar schuf er ein richtungsweisendes Sozialwerk, doch es basierte auf nüchternen staatsmännischen Überlegungen und nicht auf einer aus dem Christentum begründeten Sozialethik.[7] So beteuerte Bismarck, der Bodelschwingh bei seinen öffentlichen Attacken aussparte: »Ich habe nichts gegen Stoecker; er hat für mich nur den einen Fehler als Politiker, daß er Priester ist, und als Priester, daß er Politik betreibt.«

Bodelschwingh, der sich selber unpolitisch sah[8], wollte sich nicht mit einer Sozialpolitik von der Kanzel herab begnügen, sondern, wie er im September 1889 an Pastor Ludwig Weber in Mönchengladbach schrieb, *»reichlich mitten ins Volk herniedersteigen, mit voller Teilnahme, und sich um die Nöte des armen Mannes persönlich bekümmern«*. In dem Brief an Weber, der zu den Führenden in der christlich-sozialen Bewegung gehörte, formulierte er: *»Wir müssen uns Mut und Kraft erbitten, Industriefürsten persönlich anzufassen, daß sie zu ihren Arbeitern heruntersteigen und mit ihnen gemeinsam überlegen, wie die gemeinsame heiße Arbeit für alle zum Segen gelenkt werden kann.«*

Für den Arbeiterheimstättenbau erstrebte Bodelschwingh eine gesetzliche Grundlage, damit der kleine Mann einen Rechtsanspruch hatte und nicht auf Wohlwollen angewiesen war. Er wollte schließlich, daß die Arbeitgeber ihren Arbeitnehmern für den Hausbau Prämien zahlten, denn es gebe *»kein Kapital, das sicherer angelegt wäre als beim kleinen Mann«*. Nach seiner Meinung war es den Zechenbesitzern ein Leichtes, den Bergarbeitern menschenwürdige Häuser anzubieten. Bodelschwingh sah sehr scharf die *»Selbstsucht der besitzenden Klasse«*, doch er war nicht bereit, davor zu kapitulieren.

Dabei hatte er keine Berührungsängste zu den Sozialdemokraten; gelegentlich stritt er als Diskussionsredner mit ihnen, wobei er immer wieder betonte, daß das nackte Geld nicht *»den Maßstab der politischen Rechte abgeben«* dürfe und sich somit gegen das Dreiklassenwahlrecht aussprach. An den Sozialdemokraten störte ihn nicht so sehr ihr soziales Programm, sondern ihre vermeintliche Gottlosigkeit. Immer wieder schlug er jedoch versöhnliche Töne gegenüber seinen politischen Gegnern an, zumal er sie missionieren wollte, weil die christliche Botschaft viel gerechter und sozialer als alle politischen Parteiprogramme sei.

Während die Sozialdemokraten aber ständig wachsende Massen hinter sich bekamen, konnte Bodelschwingh nur seine moralische Autorität in die Waagschale werfen und letztlich auf seinen »Westfälischen Hausfreund« setzen. Der hatte sich vom christlich-konservativen Kampfblatt mehr und mehr zu einem Sprachrohr Bodelschwinghs beim Aufbau von Bethel entwickelt und war auch das publizistische Begleitinstrument der Arbeiterheimstättenbewegung geworden, wobei der Publizist Bodelschwingh sehr genau wußte, daß man sich der kleinen Tagespresse bemächtigen mußte, der sogenannten Käseblätter, *»die dringen am meisten in das Blut unseres Volkes ein«*.[9]

Der »Westfälische Hausfreund« machte stets Front gegen den politischen Radikalismus, den er der Sozialdemokratie anlastete, ebenso kämpfte er gegen den Smithianismus und den Manchester-Liberalismus. Natürlich fanden auch Stoeckers Thesen zur Christlichsozialen Arbeiterpartei immer wieder Eingang in die Kolumnen der Wochenzeitung (die 1887 in dem in Bielefeld erscheinenden »Westfälische Sonntagsblatt« aufging).

Doch bei aller politischen Einseitigkeit sah Bodelschwingh die leibliche und die geistliche Not als eine Einheit. In einem Punkt war er sich allerdings mit dem liberalen Bürgertum einig: Er setzte auf den liberalen Kronprinzen Friedrich Wilhelm, von dem man die Einführung der parlamentarischen Demokratie erhoffte. Doch dieser hat zu der Zeit schon die Krebszellen in sich, die noch nicht diagnostiziert werden konnten, sondern sich als ein indifferentes Krankheitsbild bemerkbar machten. Im Sommer 1887 schickte Bodelschwingh seinem Jugendfreund aus Wangeroog ein Dünensträußchen, das seine Kinder gepflückt hatten. Der Kronprinz bedankte sich dafür am 9. Oktober 1887 in einem handschriftlichen Brief aus Braveno am Lago Maggiore: »Es tut mir wohl, aus der Heimat Zeichen der Teilnahme zu erhalten, namentlich, wenn der Körper es nötig macht, lange fern zu bleiben! Doch ich kann mitteilen, daß die Ärzte das Übel als bezwungen ansehen.« Im gleichen Brief, dem letzten, den Bodelschwingh vom Kronprinzen erhielt, heißt es: »Du bist es der Sache und Deinen Freunden schuldig, auch an Dich zu denken, denn wir bedürfen Deiner auf mannigfaltigen Gebieten!« Unterzeichnet ist das letzte Lebenszeichen mit »Dein alter Freund Friedrich Wilhelm«.

Die Kronprinzessin, die älteste Tochter der Queen Victoria, versuchte zu verhindern, daß die Krebsdiagnose, die die deutschen Ärzte gestellt hatten, dem Kronprinzen bekannt wurde. Statt dessen setzte sie auf die englische ärztliche Kapazität Morell Mackenzie, der sich gegen die Krebstheorie ausgesprochen hatte.

Die unerbittliche Wahrheit drang trotzdem an die Öffentlichkeit. Bodelschwingh erfuhr sie, als das Protokoll des Ärztekonsiliums durch eine Indiskretion im Reichsanzeiger veröffentlicht wurde. Er glaubte es seinem Freunde schuldig zu sein, ihm seelsorgerlich beizustehen und auf den Tod vorzubereiten. Nachdem sein Schwager, der Oberhofprediger Rudolf Kögel, in Berlin bleiben mußte, da mit dem Ableben des Kaisers Wilhelm I. täglich zu rechnen war, bat er Bodelschwingh, zu dem kranken Kronprinzen nach San Remo zu reisen. Obwohl Ida dagegen war, reiste er unverzüglich an die Riviera.

Doch Bodelschwingh fand die Tore der Villa Cirio, in der der Kronprinz weilte, verschlossen. Kronprinzessin Viktoria lehnte es kategorisch ab, ihn überhaupt zu empfangen. Auch die Vermittlungsversuche von Prinz Heinrich, dem zweiten Sohn des Todkranken, nützten nichts. Bodelschwingh reiste zunächst weiter nach Nizza, wo ein Jahr zuvor Sarepta-Schwestern ihren Dienst in einem Erholungsheim aufgenommen hatten, um auf ein Zeichen der Kronprinzessin zu warten. Die Tage in Nizza und San Remo schilderte er eingehend in Briefen an seine Frau. Er versucht sie zu trösten, daß er nicht zu ihrem Geburtstag zurück sein konnte. *»Ich werde inzwischen mit Prinz Heinrich in Korrespondenz bleiben und nach San Remo eilen, sobald die Kronprinzessin mich ruft – ob sie es tut?«*

Sie tat es nicht. Nach vier Tagen gelang es ihm dann, wenigstens mit ihr zu sprechen. Sie wies sein Angebot strikt zurück. Dafür traf Bodelschwingh aber mit einem der behandelnden Ärzte zusammen. Sowohl der Seelsorger wie auch der berühmte Berliner Mediziner Ernst von Bergmann waren sich einig: *»hier will niemand etwas vom Sterben hören«*.

Bodelschwingh, der unverrichteter Dinge von Italien zur fünften Jahresversammlung des Zentralvorstandes Deutscher Arbeiterkolonien und zur Hauptsversammlung des Deutschen Herbergsverbandes weiterfuhr, schrieb von unterwegs noch einmal an seine Frau und fügte in einem Nachsatz aus Genua hinzu: *»Ich glaube, die Kronprinzessin will vor allem nicht sehen lassen, wie elend der Kronprinz ist – und ihm soll es auch sehr verlegen sein, daß er kein Wort sprechen kann.«*[10]

In Berlin berichtete Bodelschwingh Prinz Wilhelm, dem ältesten Sohn von Friedrich Wilhelm, über seinen Besuch in San Remo. Der Prinz hatte bereits wegen der hermetischen Abschottung seines sterbenden Vaters vor der Öffentlichkeit erhebliche Differenzen mit seiner Mutter gehabt, zu der er ein mehr als angespanntes Verhältnis hatte. Er selbst war auch ein Opfer ihrer Krankheitsverdrängung. Die Verkrüppelung seines linken Armes – vermutlich wegen eines Geburtsfehlers – mußte er vor der Öffentlichkeit verbergen und auf Geheiß seiner Mutter eine ihn ständig überfordernde harte militärische Erziehung absolvieren. So litt er, der bald als 29jähriger den Thron besteigen sollte, an der verhängnisvollen Krankheit, nicht krank sein zu dürfen.

Anfang März starb Kaiser Wilhelm I., und der todkranke Kronprinz übernahm als Friedrich III. für 99 Tage die Regentschaft. Als Bodelschwingh am 15. Juni 1888 vom Tod seines kaiserlichen Jugendfreundes hörte, schluchzte er: *»Mein Friedrich, bist du wirklich tot?«* In der Zionskirche hielt er für den *»kaiserlichen Dulder«* einen Gedächtnisgottesdienst. Er, der die Liberalen ablehnte, hatte wie viele auf den liberalen Kaiser Friedrich III. seine Hoffnungen gesetzt.

Unweit der Kolonie Wilhelmsdorf setzte Bodelschwingh dem Verstorbenen ein Denkmal auf seine Art: Ein alter Sennehof, der zu einem Domizil für 20 Alkoholkranke geworden war, erhielt den Namen »Friedrichshütte«.

Bodelschwingh setzte nun auf den jungen Kaiser Wilhelm II., um mit seinen sozialen Reformen weiterzukommen. Als Prinz hatte der sich in seiner impulsiven Art den verschiedensten Gedanken nicht verschlossen, da er in der Zurückführung der Massen zum Christentum und zur Kirche einen wirksamen Schutz von Thron und Altar und ein »Bollwerk« gegen die Mächte der Glaubenslosigkeit und des Umsturzes sah. So hatte er schwärmerisch proklamiert: »Der christlich-soziale Gedanke müsse mit mehr Nachdruck als bisher zur Geltung gebracht werden.« Zu Bismarcks Sohn Herbert hatte er sogar geschwärmt: »Der Stoecker hat doch etwas von Luther.« Dies war wenig dazu angetan, Bismarck zu gewinnen. Es rief vielmehr dessen Mißtrauen hervor. Daher setzte der »Eiserne Kanzler« alles dran, den Einfluß des Hofpredigers Stoecker auf den Kaiser erheblich zu verringern, und machte damit auch Front gegen Bodelschwingh, ohne daß dieser es zunächst bemerkte.

Bodelschwingh versuchte, den sprunghaften jungen Monarchen für die soziale Frage zu gewinnen, und fragt bei ihm in einem Brief vom 2. März 1889 an, ob er bereit sei, das »Protektorat« über die Arbeiterheimstättenbewegung zu übernehmen. Als Prinz habe er gesagt, »die Arbeiter sind als ein vollständig den anderen gleichberechtigten Stand zu behandeln«. Bodelschwingh schrieb dem Kaiser: »Alle Bestrebungen zur Besserung der sozialen Lage des Arbeiters, auch alle Bestrebungen der Kirche und Schulen fallen dahin, wenn ihm nicht die Grundlage des Familienlebens, ein wohltuender heimischer Herd gesichert wird, aus dem man ihn nicht jeden Augenblick vertreiben kann.« Außerdem legte Bodelschwingh dem Kaiser nahe, die Überschüsse der Kaiser-Wilhelm-Spende als Kapital für die Arbeiterheimstättenfrage zu verwenden. Doch damit stieß er auf den Widerstand von Bismarck. Wilhelm übernahm auch nicht die Schirmherrschaft, dafür aber fünf Jahre später die Kaiserin. Bodelschwingh konnte immerhin den Kaiser auf den ersten Rang in der Mitgliederliste setzen, und das Kaiserpaar zahlte einen Jahresbeitrag von 400 Mark, während es jährlich 500 Mark an Bethel überwies.

Doch sehr bald bekam Bodelschwingh das Wirken des Eisernen Kanzlers zu spüren, der sich zum Ziel gesetzt hatte, Stoeckers Einfluß nicht nur zu mindern und ihn aus dem kirchlichen Amt zu entfernen, sondern ihn politisch mundtot zu machen. Bodelschwingh schrieb am 6. März 1889 besorgt an Stoecker: *»wir sehen auch nicht, daß Du irgend etwas tust, was eigentlich Bismarcks Politik angreift und womit Du irgendeinen berechtigten Zorn seinerseits auf Dich ladest. Wir verstehen diese ganze kleinliche Agitation des großen Mannes absolut nicht.«* Bodelschwingh riet seinem Freund, *»unmerklich Deine öffentlichen Reden mehr und mehr in das rein christlich-soziale Gebiet hinüberzuführen und das Politische mehr und mehr wegzulassen, so daß Deinen hohen Feinden jeder Grund unter den Füßen weggezogen würde«*. Er fürchtete, es spitze sich immer mehr auf die Alternative zu – »entweder Hofprediger oder Volkstribun«. Dies müsse aufgelöst werden, *»es muß heißen, Hofprediger und Volksprediger oder Missionsprediger«*.

Er mahnte seinen Freund Stoecker, der der antisemitischen Tradition des Protestantismus verhaftet war und sich immer wieder als Antisemit hervortat, daß in die Frage der Hoffnungslosen und Hoffnungsvollen auch die Judenfrage eingeschlossen sei: *»Israel nach dem Fleisch und nach dem Geist. Welch ein Reichtum!«*

Als der uneinsichtige Hofprediger vom Kaiser vor die Wahl gestellt wurde, entweder auf sein Amt oder auf die Politik zu verzichten, gab er im April 1889 seinem Amt den Vorzug. Doch es war nur ein Aufschub von etwas mehr als einem Jahr. In November 1890 wurde Stoecker aus dem Hofpredigeramt entlassen, und der wankelmütige Wilhelm, der als Prinz für den Geschaßten geschwärmt hatte, telegrafierte einige Jahre später an seinen Erzieher Georg Hinzpeter nach Bielefeld: »Stoecker hat da geendet, wie ich es vor Jahren vorausgesagt habe. Politische Pastoren sind ein Unding. Wer Christ ist, der ist auch sozial, christlichsozial ist Unsinn.« Immerhin überdauerte Stoecker im Amt seinen übermächtigen Widersacher um einige Monate, denn der Reichslotse Bismarck hatte bereits im März von Bord gehen müssen.

Zuvor aber hatte Bodelschwingh mit ihm eine Kontroverse ausgefochten, die wahrscheinlich einen unausgesprochenen Hintergrund hatte. Zu der unmittelbaren Konfrontation war es gekommen, weil Bismarck im Februar 1889 abfällige Bemerkungen über Bodelschwinghs Vater gemacht und ihn der Feigheit bezichtigt hatte. Er habe Friedrich Wilhelm IV. bei der März-Revolution 1848 nicht nur zu einem verhängnisvollen Schritt geraten, sondern auch dafür gesorgt, daß General von Prittwitz seine Truppen vor dem Berliner Schloß zurückzog. Somit sei Ernst von Bodelschwingh für den »unrühmlichen Ausgang« verantwortlich. Insbesondere empörte sich Bodelschwingh über Bismarcks Passage, »ich hätte einem Unteroffizier den Befehl gegeben, diesen Zivilisten (Ernst von Bodelschwingh; M. H.) solange zu verhaften, bis ich meine militärischen Maßregeln durchgesetzt hätte«.

Bodelschwingh intervenierte am 16. März 1889 brieflich beim Kaiser, legte die Aufzeichnungen seines Vaters vor und versicherte, daß sein Vater, der Offizier aus dem Freiheitskrieg, eher den letzten Tropfen Blut verspritzt hätte, als »den König dem Pöbel überantwortet zu haben«. Wilhelm II. war sofort damit einverstanden, daß die Aufzeichnungen des ehemaligen preußischen Ministers veröffentlicht wurden, und auch Bismarck sah es plötzlich als im Interesse des Staates, daß die wahren Hintergründe bekannt würden. Um sein Gesicht zu wahren, lehnte er es aber ab, daß die Veröffentlichung mit seinem Namen identifiziert wurde.

Bodelschwingh war überzeugt, daß auf dem christlich-sozialen Boden der Entscheidungskampf der Zukunft lag. Er wurde zum Verfechter eines umfassenden Siedlungsgedankens. Die eigene Scholle hielt er für die geistige und leibliche Gesundheit des Industriearbeiters für notwendig, denn, wie er sagte, der Erwerb *»eines eigenen Hauses auf eigenem Grund und Boden ist das wirksamste Mittel zur Beruhigung und Ermutigung der arbeitenden Klasse und gibt die notwendige Grundlage ab, dieselbe auch für höhere, geistige Güter empfänglich zu machen«.*

Aber bei den christlichen Großgrundbesitzern stieß er mit seinen Thesen auf taube Ohren, obwohl er ihnen immer wieder ins Gewissen redete, daß sie nicht Besitzer, sondern im Grunde nur Verwalter ihres Gutes seien. Um als Verwalter bestehen zu können, wenn Gott einmal Rechenschaft von ihnen fordere, hätten sie die Pflicht, dem kleinen Mann zu einem Haus und einem Stück Land zu verhelfen. *»20 Jahre* *habt ihr noch Zeit, wenn ihr dann nicht ernst gemacht habt, habt ihr die Revolution.«* Wie sich sein Sohn Gustav erinnerte, habe sein Vater mehr als einmal gesagt: *»Vor den Russen und Franzosen ist mir gar nicht bange. Aber bange ist mir vor der Unzufriedenheit und der Gottentfremdung im eigenen Volk. Wenn ihr helfen wollt, dann helft, den Deutschen die eigene Scholle wiederzugeben.«*[11] Dies hatte für ihn einen unmittelbaren religiösen Hintergrund, denn *»um reif zu werden für die himmlische Heimat und Heimweh nach dem Vaterhaus droben zu haben, ist es nötig, daß man zuerst einmal ein eigenes Vaterhaus liebgewonnen hat«*. Gustav schilderte dann sehr anschaulich alles, was nur Theorie blieb oder außerhalb des Interesses von Bodelschwingh lag.

Als Gustav ihn einmal fragte, ob er bei der Bodenreform im Sinne von Damaschke, also an eine Besteuerung dächte, erhielt er zur Antwort: *»Davon verstehe ich zu wenig.«* »Es lag«, wie Gustav schrieb, »nicht in seiner Natur, sich mit Fragen zu beschäftigen, deren Lösung erst in weiter Zukunft lag.« Er fühlte sich auf diesem Gebiet weder zum Reformer noch zum Reformator berufen. »Die praktischen Aufgaben, die sich ihm mit zwingender Gewalt aufdrängten, griff er an und suchte sie dadurch zu lösen, daß er die vorhandenen Hilfsmittel verwandte und diese Hilfsmittel, soviel wie irgend möglich, ausgestaltete.«

Dabei hatte der instinktiv und emotional handelnde Bodelschwingh, der sich notfalls über alle Theorien hinwegsetzte, eine geniale analytische Begabung und war sehr wohl eines rationalen Denkens fähig. Das stellte er immer wieder unter Beweis und verblüffte damit Freunde und Gegner, nicht zuletzt in seinem Vortrag auf dem Ersten Evangelisch-sozialen Kongreß in Berlin am 28. Mai 1890. Sein Thema war: *»Mehr Luft, mehr Licht und eine ausreichend große eigene Scholle für den Arbeiterstand«*.[12]

Der Vortrag wurde ebenso wegweisend wie der über die öffentliche Fürsorge für Epilepsiekranke (1883). Mit diesem neuen Vortrag erregte Bodelschwingh aber mehr Aufsehen und handelte sich auch heftige Angriffe ein. Der Kirche schrieb er dabei ins Stammbuch: *»Die Diener der Kirche haben nicht nur mit Entschlossenheit ihr Fürsprecheramt für die Armen bei den Besitzenden zu üben und ihnen die Augen zu öffnen über die schwere Versäumnisschuld; sie haben nicht nur darüber zu wachen, daß bei den zu erhoffenden, sämtlichen Ansiedlungen der Fabrikarbeiter von vornherein die kirchliche Versorgung nicht versäumt wird, sondern sie haben auch selbständig sich an allen Unternehmungen zu beteiligen, welche auf dem Wege freiwilliger Liebe der Wohnungsnot abhelfen wollen.«*

Er forderte die Kommunen auf, *»durch rechtzeitige Erwerbung geeigneter Grundstücke in ihrem näheren Umkreis und durch Unterstützung gemeinnütziger Baugesellschaften und Erleichterung ihrer Bauordnungen die Sache in jeder Weise zu fördern«*. Vom Staat erhoffte er, daß namentlich die Sparkassen *»genötigt werden, für diesen Zweck ihre Kapitalien bei völliger Sicherstellung zu so billigen Zinsen herzugeben, daß dadurch nur die Verwaltungskosten gedeckt werden«*. Er wollte, daß bei *»allen neuen Fabrikanlagen die Unternehmer verpflichtet werden, die Wohnungsverhältnisse ihrer Arbeiter im oben gedachten Sinne zu berücksichtigen«*.

Letztlich verlangte er vom Staat, daß er als *»größter Arbeitgeber in allen seinen Werkstätten, Bergwerken usw. mit gutem Beispiel«* vorangehe, die staatlichen Behörden müßten in der Siedlungsfrage *»nach allen Richtungen fördernd und helfend einwirken und zunächst die freiwilligen Liebesarbeiten auf diesem Gebiet kräftig unterstützen«*.

Die ungleiche Verteilung von Luft und Licht, von Grund und Boden war für den Christen von Bodelschwingh *»eine schwere Ungerechtigkeit und zugleich eine überaus törichte Vergeudung unseres Nationalvermögens«*. Es sei darum die Forderung zu stellen, *»daß jedem fleißigen und sparsamen Arbeiter, wenigstens jedem an die Maschine gebundenen, die Möglichkeit gewährt werde, sich ein eigenes Heim auf ausreichend großer eigener Scholle zu erwerben«*. Die Töne, die Bodelschwingh angeschlagen hatte, waren für einen Pastor der damaligen Zeit ungewöhnlich, und die »Kölnische Zeitung« befand, daß »Bodelschwinghs Redensarten« denen der Sozialdemokraten täuschend ähnlich waren. Sein angeheirateter Vetter, Wilhelm Graf von Wedel-Sandfort, befand sogar, er sei in die Nähe des Kommunismus gerückt. Doch Bodelschwingh antwortete ihm: *»Als Kommunist bekenne ich mich im vollsten Maße im Sinne der ersten Christen von Jerusalem!«* Allerdings distanzierte er sich von *»einem Kommunismus, wo jeder an sich reißt, was dem anderen gehört«*.[13]

Bodelschwinghs soziales Engagement war nicht nur den Mitgliedern der Vorstände in Bethel oft ein Ärgernis und führte zu Spannungen; auch in kirchlichen Kreisen wurde Kritik geübt. Doch dies focht ihn nicht an. Vielmehr spannte er für seine Ideen alle ein, die ihm geeignet erschienen, wobei er immer wieder für die Arbeiterfrage warb. So auch in einem Brief an Theodor Sarasin, dem Herausgeber des Christlichen Volksboten« in Basel: *»Mein Zorn ist«*, so schrieb er, *»glaube ich, nicht unbillig. Die Unbarmherzigkeit, Arbeitslose zum Betteln zu zwingen, ist nicht größer, als den Arbeitsfähigen, die noch* *gesunde Hände haben, Almosen zu reichen.«* Dabei hatte er auch die Mission im Blick, die 1890 zu seinem großen neuen Thema geworden war, als er schrieb: *»Was wird hierdurch auch unter den Heiden gefehlt! Wie erziehen unsere Reisenden in Afrika unsere armen Schwarzen auf eine scheußliche Art zum Betteln durch Wegwerfen von Geschenken aller Art.«*

Es war damals üblich, Spenden für den Kirchenbau mit dem begehrten Kommerzienratstitel zu belohnen. An der Geldbeschaffung war der evangelische Kirchenbauverein für Berlin unter dem Engagement der Kaiserin Auguste-Viktoria maßgebend beteiligt. Bodelschwingh sah die Art, wie sie betrieben wurde, als Schande an und war froh, damit nicht in Verbindung gebracht zu werden. Als Kirchen hielt er schlichte Saalbauten, nach dem Vorbild der Pariser Hügelkirche oder der Betheler Zionskirche, für angemessen, keineswegs die präsentative, prunkvolle Kirche.

Für sein Betheler Werk hatte er zwar keine Titel zu vergeben, aber er war bereit, andere Ehrungen auszusprechen. Wilhelmsdorf hatte sich von einer reinen Arbeiterkolonie zu einer therapeutischen Ortschaft entwickelt, der allerdings eine Kirche fehlte. Dafür stiftete die Kommerzienratswitwe Rosine Eckardt aus Naumburg an der Saale zunächst 6 000 Mark unter der Bedingung, daß der Name ihres Mannes verewigt würde. Bodelschwingh ging auf die Bedingung ein und wich von der biblischen Namensgebung ab. So erhielt nicht nur die Eckardtskirche, sondern die ganze Kolonie den weltlichen Namen Eckardtsheim. Rosine Eckardt gehörte fortan zu den großherzigen Spenderinnen von Bethel.

Aber auch in anderer Weise ging Bodelschwingh ebenso fortschrittliche wie unorthodoxe Wege. Für die Finanzierung der Arbeit von Bethel war bereits 1877 der Pfennigverein gegründet worden. Sein Vorbild war der 1866 gegründete Kreuzerverein in Neuendettelsau. Sein erster Geschäftsführer war der sehr schmächtige Bürogehilfe Hannibal Volkmann. Der kleine Hannibal war ein »General« im Sammeln, aber ein Pantoffelheld in der Ehe, zumal er mit einer regelrechten Walküre verheiratet war. Oftmals mußte Bodelschwingh den Ehefrieden wieder herstellen, wenn Hannibal wie ein Häufchen Elend vor der Tür des Pfarrhauses hockte. Aber er gehörte zu den Menschen, die unter der Arbeit, die Bodelschwingh ihm aufgetragen hatte, über sich hinauswuchsen.

Wenn Hannibal ein General im Spendensammeln war, war Bodelschwingh ein genialer Feldmarschall, der es verstand, die Spendenobjekte auch für den Spender mit der kleinen Geldbörse faßbar zu machen. Als er Geld für eine Wasserleitung brauchte, die 50 000 Mark kostete, fragte er: *»Wer schenkt uns einen Liter Wasser?«* und fand auf Anhieb 12 000 Wasserspender. Später, als es um die Gründung der Arbeiterkolonie Freistatt ging, fragte er die Bethelfreunde: *»Wer schenkt uns einen Morgen Hochmoor?«*

Bodelschwinghs soziale Einstellung machte sich auch in seiner Personalpolitik bemerkbar. Dabei ließ er sich auch nicht von Mißerfolgen beirren. Nicht nur untergeordnete Mitarbeiter gewann Bodelschwingh aus dem Heer der Angeschlagenen und Gescheiterten, sondern auch Theologen; auch ihnen gab er eine neue Zukunft. So meldete sich 1891 bei ihm der depressive Pastor Carl Göbel aus der schlesischen Brüdergemeine. Bodelschwingh lud ihn nach Bethel ein und wies ihn Stürmer als *»Stenographenbruder«* zu, der ihn sehr bald als »unschätzbaren Edelstein« empfand, so daß Göbel zwei Jahre später als zweiter Inspektor der Bruderschaft angestellt wurde und bis 1928 prägend in Nazareth mitwirkte.

»Das Gift muß aus der Welt«

Eine der bekanntesten Gründungen Bethels sollte neben der Briefmarkenstelle, die gebrauchte Briefmarken für Sammler aufbereitete, die »Brockensammlung« werden. Mit ihr verband Bodelschwingh, wie so oft, mehrere Aufgaben.

Zur Brockensammlung kam es so: Der zur katholischen Kirche übergetretene ehemalige Rendant Karl Schnitger aus Lemgo, der sich in verschiedenen Berufen versucht, aber darin nicht zurechtgekommen war, wurde in Bethel Kassenverwalter des Diakonissenhauses. Als bei ihm 1889 eine Psychose ausbrach, wurde er mit Morphium behandelt, allerdings mit verheerenden Folgen. Im Februar 1890 brach er in völliger Umnachtung den Giftschrank in der Sarepta-Apotheke auf. Der Verbleib des Giftes und der Opiate konnte nie aufgeklärt werden. Ida von Bodelschwingh gestand er: »Ich glaube, ich habe das Gift genommen«, denn, so seine Begründung, »das Gift muß aus der Welt«. Obwohl er danach nicht mehr als Kassenverwalter tätig sein konnte, wollte er in Bethel weiter mitarbeiten und machte Bodelschwingh den Vorschlag, ihn Brockensammler werden zu lassen. Dazu war er durch den Brief einer Lehrerswitwe aus Barmen angeregt worden, die geschrieben hatte, sie möchte Bethel etwas schenken, habe aber nichts als gebrauchte Korken. Bodelschwingh muß wohl etwas zögernd geguckt haben, aber Schnitger schlug dem

Betheler Anstaltsleiter mit seinen eigenen Waffen, denn der hatte oft genug gesagt: *»Sammelt die übrigen Brocken auf, damit nichts umkomme.«*

Dieser Spruch aus Johannes 6,12 wurde dann auch das Leitmotiv für die neue Arbeit, bei der bald 23 epilepsiekranke Handwerker, aber auch ganz Schwache Beschäftigung fanden, die die »alten Brocken« wieder aufarbeiteten. Bei Büchern achtete Schnitger eifrig darauf, daß die »geistigen Giftstoffe« vernichtet und als Altpapier wieder in den Recyclingkreislauf eingefügt wurden, während theologische Literatur liebevoll und sorgfältig aufgearbeitet wurde. Bereits 1892 hatte die Brockensammlung einen Umsatz von 24 000 Mark, und 1896 wurde ein sogenanntes Raritätenkabinett zum Verkauf eingerichtet. Dort wechselte zum Beispiel ein Brief Friedrichs II. für 1,75 Mark den Besitzer, und ein Amerikaner erwarb ein Hemd Napoleons, das Bodelschwingh aus dem Besitz einer Offiziersfrau erhalten hatte und dessen Echtheit er garantierte.

Aber auch bei diesem neuen Arbeitszweig ließ Ärger nicht lange auf sich warten. Der desertierte österreichische Marineleutnant Franz Paßler, der wegen Unterschlagung unter dem Namen Albert Kadnár nach Deutschland geflohen war, hatte sich in Bethel als Maler ausgegeben und Aquarelle für die Brockensammlung gemalt. Plötzlich stellte er enorme Geldforderungen. Als sie nicht erfüllt wurden, verfaßte er 1897 eine Schmähschrift gegen Bethel mit dem Titel »Die Wahrheit über die Anstalt Bethel und ihre Dépendancen bei Bielefeld«. Darin schilderte er die »Stadt der Barmherzigkeit« als eine »getarnte Erpresserhöhle«, in der die Kranken unter falschen Vorspiegelungen mißhandelt und »klein gemacht würden«. Große Reichtümer seien angesammelt worden, aber die Kranken müßten unter menschenunwürdigen Bedingungen leben und arbeiten.

Bodelschwingh, der sofort die gerichtliche Beschlagnahme erwirkte, wurde von dem Pamphlet hart getroffen, zumal es dazu geeignet war, einen geplanten Kaiserbesuch in Bethel in Frage zu stellen. Offenbar war die Schrift von Kreisen finanziert worden, die dieses verhindern wollten. Die Schrift hatte trotz oder vielleicht wegen der gerichtlichen Beschlagnahme eine große Resonanz. Am 3. Juli veröffentlichte Bodelschwingh die Gegenschrift unter dem Titel *»Zu Schutz und Trutz gegen gute und böse Gerüchte«* und zerpflückte Paßlers-Kadnárs Vorwürfe. Bevor es zur Verhandlung vor der Ersten Strafkammer des Bielefelder Landgerichts kam, saß Paßler bereits hinter Gitter, denn er hatte sich mit seiner Enthüllungsgeschichte selbst enttarnt, so daß die österreichischen Behörden bereits die Auslieferung beantragten. Der Prozeß endete am 15. Dezember 1897. Paßler wurde zu zwei Jahren Gefängnis verurteilt.

Bodelschwingh hatte die Richter um Milde für seinen Beleidiger gebeten, denn es ging ihm eigentlich nur um die Aufklärung der Vorwürfe, die sich als haltlos erwiesen hatten. Vergeblich richtete Bodelschwingh sogar ein Gnadengesuch an den Kaiser. Allerdings brachte Bethel eine Dokumentation[14] über diesen Fall Kardnár heraus, um trotz der Verurteilung den Gerüchten entgegenzutreten, die von Gegnern Bethels immer wieder geschürt wurden.

Das Kadnár-Pamphlet hatte den Kaiserbesuch nicht verhindern können. Er fand, wie geplant, am 18. Juni 1897 statt. Während Wilhelm II. Wilhelmsdorf besichtigte, ließ sich die Kaiserin Bethel zeigen. Wilhelm schwärmte bei einem anschließenden Empfang auf der Bielefelder Sparrenburg: »Mit staunender Bewunderung habe ich die überwältigenden Leistungen und Erfolge jenes gottbegnadeten, von Gott uns gesandten Mannes gesehen.«

Die Sorge um die Geheiligten Gottes

Die Schrift sollte nicht die einzige Verteidigungsschrift bleiben. Immer wieder mußte sich Bodelschwingh gegen Angriffe zur Wehr setzen, weil zum Beispiel die »Germania« fälschlicherweise verbreitet hatte, daß in Bethel Angehörige anderer Konfessionen benachteiligt würden. Um die Psychiatrie gab es eine ernsthafte Auseinandersetzung mit Bremer Ärzten.

Ab 1879 waren in Bremen Sarepta-Schwestern sowohl zur Ausbildung wie in der Pflege im Einsatz, aber als dann eine Psychiatrische Abteilung angeschlossen wurde, kam es 1890 zu schwerwiegenden Differenzen mit dem ärztlichen Direktor Scholz und zur Abberufung der Diakonissen und Diakone. Scholz behauptete zwei Jahre später, die Kranken seien durch das Pflegepersonal mißhandelt worden; außerdem sei das Betheler Pflegepersonal zu unfrei gewesen. Bodelschwingh protestierte sofort aufs schärfste, so daß eine Untersuchungskommission des Bremer Senats eingesetzt wurde mit dem Ergebnis, daß Dr. Scholz seine Kündigung erhielt, die Diakonissen und Diakone rehabilitiert und ihnen für ihre »Tüchtigkeit, Aufopferung und Pflichttreue« der Dank des Senats ausgesprochen wurde.

Bodelschwingh, der im psychisch Erkrankten einen *»Geheiligten Gottes«* sah, dem gegenüber *»die Barmherzigkeit immer die Königin sein müsse«*, wollte damals eine Psychiatrie, die die Grundzüge einer

Sozialpsychiatrie trug und unter seelsorgerlichem und pädagogischem Vorzeichen stand. Er war der tiefsten Überzeugung, daß Ärzte bei Geisteskrankheiten wenig ausrichten konnten.[15] Ihre Arbeit beschränkte sich bei der Behandlung des *»kranken Gehirns«* auf *»Bettruhe, Isolierung, Bäder und Dosierung der Narkotika«*, aber bei ihrer Therapie bliebe das eigentliche, geistliche Gebiet nicht berücksichtigt. Daher, folgerte Bodelschwingh, könnten die psychisch Kranken *»den Seelsorger nicht entbehren«*.

1889 war in Bethel im Hause »Magdala in Bethel« eine rein psychiatrische Arbeit begonnen worden, mit der Zielsetzung, die Isolierung der psychisch Kranken zu beenden. Psychische Erkrankungen sollten ebenso als etwas Selbstverständliches gesehen werden wie körperliche Leiden. Jedoch schuf er dafür keine Kliniken, sondern »Häuser« mit Gästen. Bodelschwingh war durch die »Schwermut« seiner Frau für diese Leiden besonders sensibilisiert und sah in der natürlichen menschlichen Zuwendung gegenüber dem Kranken einen Schlüssel in der Behandlung. Daher setzte er sich mit Leidenschaft für eine bessere Ausbildung des Personals ein und plädierte für deren verstärkte geistliche Zurüstung. Dies lief den Vorstellungen einer konservativen Ärzteschaft zuwider.

So kam es im Nachgang zu der Auseinandersetzung mit Scholz zu einer heftigen Kontroverse mit dem Bremer Assistenzarzt Dr. A. Dannemann, die ihren Niederschlag in Bodelschwinghs Kampf- und Verteidigungsschrift vom März 1896 mit dem Titel *»Die Mitarbeit der Kirche an der Pflege der Geisteskranken«* fand. Über den Tagesstreit hinaus ging es um eine grundsätzliche Auseinandersetzung mit der Medizin. Dannemann hatte einen Rede-Entwurf Bodelschwinghs, der allerdings noch nicht einmal im Manuskript erschienen war, zum Anlaß genommen, ihm drei »Hauptanklagen« vorzuhalten:

»1. daß die von Bodelschwingh vertretene Richtung einen Zusammenhang zwischen Sünde und Krankheit annehme,
2. daß dem Geisteskranken ein Bewußtsein von Sünde und Verantwortlichkeit für sittliches Verhalten zugerechnet werde,
3. daß die Aussagen Christi und seiner Apostel in bezug auf das Vorhandensein eines Geisterreiches und speziell einer dämonischen Welt von Bodelschwingh wörtlich genommen und damit auch die Möglichkeit dämonischer Einwirkungen auf Seele und Leib des Menschen angenommen werde.«[16]

In seiner Entgegnung schrieb Bodelschwingh: *»Auch wir sind wirklich keine Buchstabenknechte und wir wissen recht gut, daß die ewi-*

gen Wahrheiten der Heiligen Schrift in irdenen Gefäßen gefaßt sind, die auch die Kritik vertragen.« Er sah dabei keinen Widerspruch zwischen der Heiligen Schrift und *»echter Wissenschaft«* und betonte, daß er sich keineswegs im Gegensatz zu großen, hervorragenden Ärzten wie Heim, Zeller und Hufeland und Naturforschern wie Newton und Kepler befinde. Aber er gehörte zu jenen Theologen, die den Ursprung aller Krankheit aus der Sünde, wenn man so will, aus der Erbsünde, ableiteten, und verwies in diesem Zusammenhang auf den Kranken von Bethesda, dem Jesus gesagt habe: »Sündige hinfort nicht mehr, auf daß dir nicht etwas Ärgeres widerfahre!« (Johannes 5,14) Bodelschwingh sah allerdings auch keinen Widerspruch darin, daß es unzählige *»der frömmsten und edelsten Christen«* gebe, die trotzdem besonders schwer von Krankheiten heimgesucht würden, während schlechte Leute mit *»strotzender Gesundheit dahergehen«*.

Gleichzeitig wehrte er sich gegen den immer noch herrschenden Volksglauben, *»als ob Kranke, seien es nun Geisteskranke und epileptische oder andere Kranke, um ihrer Krankheit willen im allgemeinen für sündigere Menschen zu halten sind wie andere, die mit gesundem Leibe umhergehen«*, und verwies dabei auf die Geschichte mit dem Blinden nach Johannes 9,1-3. Für Bodelschwingh war eine schwere Krankheit noch lange nicht gleichbedeutend mit einem besonders sündigen Leben. Allerdings war Trunksucht für ihn eine Ausnahme. Er sah in ihr auch keine Krankheit, sondern ein Laster. Hierüber glaubte er sich mit den Ärzten, die auf *»sittlich-religiösem Boden standen«*, einig, daß es viele Kranke gab, die sich durch den Trunk gesundheitlich ruiniert hatten.

So hielt er seinem Bremer Widersacher entgegen: *»Will Dr. Dannemann leugnen, daß Saufen Sünde sei oder daß das Saufen Ursache des Deliriums gewesen sei? Oder ist ihm bekannt, welche bestimmten Ursachen in den meisten Fällen (man nimmt ja mindestens 70 Prozent an) die Paralyse veranlassen?«*

Für ihn war eine ärztliche Wissenschaft, die dem Kranken die Schuldfähigkeit absprach, weil man *»in dieser Weise das Gewissen abstumpfen wollte«*, geradezu eine schwere sittliche Gefahr für das gesamte Volkswesen. *»Im Interesse der Humanität und im Interesse aller Irren und namentlich auch unserer Epileptischen müssen wir uns entschlossen dagegen wehren, daß man jede sittliche Verirrung einfach der Krankheit zuschiebt.«* Epileptiker würden sich *»auf das Schönste bedanken, wenn man sie für alle ihre Handlungen unverantwortlich machen wollte«*.

Für Bodelschwingh stand es außer Frage, daß eine dämonische

Welt Einfluß auf Seele und Leib des Menschen ausüben könne und einzelne Krankheiten auf dämonische Einflüsse zurückzuführen seien. Hier ging er auf seinen Baseler Lehrer, Professor Auberlen, zurück: *»Die Leugnung des Satans ist eine tiefe Entwürdigung des Menschengeschlechts. Gibt es keinen Teufel, so sind wir selbst der Teufel.«* Der Apostel Paulus war für den Betheler Seelsorger nach Christus der größte Theologe und Psychologe aller Zeiten, und dieser habe von den *»feurigen Pfeilen des Bösewichts«*, die auf *»Menschenherzen abgeschossen werden«*, geredet.

Dagegen hatte Bodelschwingh keine Probleme, die »Besessenen«, von denen in der Bibel berichtet wird, als neurologisch bzw. psychisch Kranke einzuordnen. *»Es gibt wohl weder leibliche, noch seelische, noch geistige Erregungen und Erschütterungen, welche nicht das Gebiet der Nerven berühren, und wenn es direkte Einflüsse der Geisterwelt auf die Leiblichkeit des Menschen gibt, so scheint mir eben das Nervensystem das erste Angriffsgebiet zu sein«*, führte er gegen Dr. Dannemann aus. Jede Form von Exorzismus lehnte Bodelschwingh entschieden ab. Zwar habe Christus die Vollmacht gehabt, den Dämonen Befehle zu erteilen, aus den Leibern der Kranken zu fahren, aber seinen Jüngern habe er keine Teufelaustreibungs-Formel gegeben.

Bodelschwingh kritisierte bei der Behandlung der psychisch Kranken nicht nur die Defizite der Ärzte, sondern auch große Versäumnisse der Kirche. In diesem Zusammenhang sprach er sogar von einer *»geistlichen Mißhandlung«* der Kranken: *»In den meisten Anstalten ist die Seelsorge schon an sich überlasteten, oft auch für diese zarte Aufgabe nicht im geringsten vorgebildeten Geistlichen im Nebenamt übergeben«* worden.

Wenn auch Bodelschwingh einen Zusammenhang zwischen Krankheit und Sünde sah, so untersagte er den Mitarbeitern, den Kranken irgendwelche Vorwürfe zu machen. Er sah sowohl einen quantitativen wie qualitativen »Pflegenotstand« in den Häusern für Geisteskranke. Die Ursachen suchte er unter anderem in der *»unzureichenden irdischen Versorgung des Personals«*. *»Kein dauernder Lebensberuf, keine Sicherung des Lebensabends, daher schnell vorüberziehende Leute«*, die oft *»minderwärtigen Oberwärtern respektive Oberwärterinnen überlassen sind«*, hieß es in seinen die Zukunft weisenden Thesen zum Pflegenotstand, die von ihm auf der »Irrenseelsorger-Konferenz« in Dresden vorgetragen, aber nicht weiter diskutiert wurden.[17] Die ärztlichen Bedenken gegen Bodelschwinghs Thesen verstummten aber nicht.

Das Jahr 1890 – ein Jahr der Entscheidung

Das Jahr 1890 sollte für Bethel ein Jahr der Entscheidungen werden. Trotz seiner Belastungen durch die bisherige Arbeit an den Anfallskranken, den Wanderarmen und seinem Engagement in der Arbeiterheimstätten-Siedlung nahm sich der nunmehr 59jährige nicht zurück, sondern stellte sich immer da, wo man ihn rief, neuen Aufgaben. 1890 wurden die Seehospize auf Amrum gegründet. Bodelschwingh begann voll mit der Missionsarbeit und gründete am 1. November das Betheler Kandidaten-Konvikt, als Ausdruck seiner Vorstellungen von dem praktischen Theologen der Zukunft.

Die Gründung der Seehospize erfolgte geradezu nebenher und zeigt doch, wie er in kurzen Momenten sofort das Wesentliche erfaßte und instinktiv das Richtige tat. Bodelschwingh hatte gelegentlich auf den Nordseeinseln Erholung gesucht. Er liebte das Meer, aber es bekümmerte ihn, wie das Geld der Badegäste nicht nur die Sitten der Einheimischen verwilderte, sondern auch die Sonntagsheiligung in Mitleidenschaft zog. »Es war ihm fast unerträglich, in der Kirche zu sitzen und die von den Ortseingesessenen verlassenen Bänke zu sehen. Am meisten litt er unter dem Strom von Luxus und Sünde, der durch die Fremden auf die Insel kam«[18], berichtete Gustav von Bodelschwingh über die Kümmernisse seines Vaters. Als diesen 1889 der Amrumer Insel-Pastor Wilhelm Tamsen um Hilfe bat, um gegen »die drohende Welle des modernen Badelebens geschützt« zu werden, hatte Tamsen schon einen Bundesgenossen, obwohl Bodelschwingh bis zu diesem Augenblick noch keinen geographischen Begriff von Amrum hatte und die nordfriesische Insel erst einmal auf der Landkarte geortet werden mußte. Der Inselpastor hatte aufgrund einer Empfehlung von Pastor Braune vom schleswig-holsteinischen Landesverein für Innere Mission mit Bethel Kontakt aufgenommen. Mit Braune hatte Bodelschwingh wegen der Arbeiter-Probleme beim Bau des Kaiser-Wilhelm-Kanals, dem heutigen Nord-Ostsee-Kanal, Verbindung gehabt. So war Amrum ein Beispiel dafür, daß sich bei Bodelschwingh aus jeder Arbeit, aus jeder Initiative eine neue entwickelte.

Amrum, die ehemals dänische Insel, hatte damals 800 Bewohner und war in einer wirtschaftlichen Zwangslage. Der Ausbau zu einem Seebad konnte einen wirtschaftlichen Ausweg bedeuten. Aber es sollte ein Badeort werden, »wo die Gläubigen sich geistig und leiblich erquicken und immer stärken konnten«, wie es sich der Inselpastor Tamsen wünschte.

Noch im gleichen Jahr reiste Bodelschwingh mit seiner Familie auf die Insel, wo man bereits begann, nach dem Vorbild von Sylt auf der Südspitze Hotelbauten zu errichten.

Als er nach einer umständlichen, beschwerlichen Seereise über Helgoland und Föhr, von der Seekrankheit durchgeschüttelt und mehr tot als lebendig auf Amrum angekommen war, ging er sofort an die Arbeit.

Die eingehende Inselerkundung wurde von seinem Sohn Gustav sehr anschaulich beschrieben: »Wir hatten bei unseren Streifzügen unser Badezeug bei uns, um aus eigenen Erfahrungen erproben zu können, an welchen Stellen sich am günstigsten baden ließ und welcher Teil der Insel überhaupt zur Errichtung eines Seebades in Betracht käme.« Wie so oft entwickelte Bodelschwingh auch hier seine Pläne durch einfaches Erkunden. So kam die kleine Expedition zum Nordteil der Insel, unweit des Dorfes Norddorf. »Es war, als wenn seine schilfgedeckten Häuser sich noch tiefer als die anderen Häuser der Insel in den Sand hineinduckten und sich fast ängstlich an den Abhang anschmiegten, der sich im Rücken des Dorfes hinzog.«

Kein Haus, kein Mensch, kein Schiff, nur ein paar Kaninchen und Möwen, dazu Dünen, die hier steiler als an irgendeinem anderen Punkt der Insel ins Meer abfielen. Die Wellen waren zwar nicht so hoch wie in Norderney oder Sylt, »aber es waren doch kräftige Wasserstürze, die einem den Rücken rot peitschten und das Blut frischer durch die Adern jagte. Das war ein Bad, so ganz nach unseres Vaters Sinn«, wie Gustav erzählte. »Zu stark konnte er es nicht mehr vertragen, aber zu schwach liebte er es auch nicht. Er stampfte ordentlich vor Freude in den festen Sand des Strandes, als wir klappernd vor Kälte und Anstrengung wieder in unseren Kleidern waren«.[18a]

Bei Ebbe hatte er den Kindern einen Kahn gezeigt, der am Strand lag, und sie aufgefordert, ihn zu bewegen. Es ging nicht, trotz heftigsten Muskeleinsatzes. Wenige Stunden später bei Flut war kein Muskeleinsatz mehr nötig. Das Fazit, das Bodelschwingh seinen Söhnen vermittelte: Für Bewegung muß man den rechten Zeitpunkt abwarten.

Für die Amrumer wurde eine Versammlung in der Kirche zu Nebel anberaumt, wo Bodelschwingh dann seine Pläne offenlegte und auf der anderen Seite der Inselbevölkerung das Schreckgespenst eines *»verderblichen Badelebens«* vor Augen führte. Die Insulaner gingen auf Bodelschwinghs Pläne ein, und um Spekulationen entgegenzuwirken, wurde ihm zunächst einmal das Land übertragen. Nach bewährtem Vorbild gründete man einen Verein aus schleswig-holsteinischen und Hamburger Kreisen, der zusammen mit den Diakonissen aus Bethlehem in Hamburg und dem Bielefelder Diakonissen-Haus die

Errichtung des Amrumer Christlichen Seehospizes betreiben und das nötige Kapital vorstrecken sollte.

Aufgrund seiner Pariser Erfahrung und durch schwedische Besucher hatte Bodelschwingh sich zu mobilen skandinavischen Holzhäusern entschlossen, die in Oslo bestellt wurden, weil diese im Gegensatz zu den festen Bauten im Notfall abgebrochen und an einer anderen Stelle wieder aufgeschlagen werden konnten. Als Bodelschwingh im August 1890 mit seiner Familie zum zweiten Mal nach Amrum aufbrach, war bereits die Badesaison eröffnet. Auch diesmal hatte er versucht, das Kaiserhaus in seine Pläne einzubeziehen. Zwar gelang es ihm nicht, die Frau Wilhelms II., Kaiserin Auguste Viktoria, zu bewegen, auf Amrum eine Art Sommerresidenz zu gründen, aber immerhin kurte Irene Prinzessin Heinrich von Preußen für sieben Wochen in dem Prinzenhäuschen des Hospizes und übernahm 1893 das Protektorat über das Amrumer Christliche Seehospiz, das bald durch neue Häuser erweitert werden mußte.

Amrum: Drei schwedische Holzhäuser als Beginn des Christlichen Seehospizes

Der »Kurarzt« Bodelschwingh hatte als Therapie das Verabreichen von warmen Seewasserbädern eingeführt. Als »Kurdirektor« schickte er den Diakon Ahlemeier nach Amrum, bevor dann die Diakonissenanstalt Sarepta als Sachverwalter die Hospize übernahm.[19] Das Engagement von Bodelschwingh bewirkte jedenfalls, daß Amrum sich weitgehend zu einem alternativen Bad entwickelte, auf dem Hochhäuser und mondänes Badetreiben Fremdkörper blieben.

Aus den Aufzeichnungen der Kinder Bodelschwinghs wissen wir, wie der Vater seine Ferientage verbrachte. »Zunächst«, so erzählte Gustav, »wurde im Hof des Hauses aus einem Segel ein Zelt errichtete, wo dann morgens gearbeitet wurde«, wobei die Söhne seine Stenographen waren. Damit alles sehr zügig ablief, diktierte er dem einen den ersten Satz, dem anderen den zweiten usw. Später wurde daraus dann der Brief zusammengefügt. Das hatte den Vorteil, daß er zügig sprechen konnte, ohne seine Kinder zu überfordern. Der Nachmittag gehörte dann dem Badevergnügen bzw. dem Erwandern der Insel. Immer ging es auch hinaus in die Dünen, um dort bei gutem Wetter Bibelstunden abzuhalten. Noch ein Charakteristikum seiner Menschenführung wird auf Amrum deutlich: An Sonntagen wurde bei Bodelschwinghs nur von einem Teller gegessen, um der Küche Arbeit zu sparen. Als er einmal starke Spannungen unter dem Personal spürte, machte er kurz entschlossen mit ihnen einen Betriebsausflug, um den gefährdeten Arbeitsfrieden wieder herzustellen. Wie Gustav berichtete, war »gerade eine Segelfahrt der Gäste vereinbart. Aber daraus wurde nichts, sondern die Gäste blieben zu Hause, und Bodelschwingh segelte mit den Hausgenossen«.

Das Christliche Seehospiz auf Amrum blieb nicht die einzige neue Gründung. Während seiner theologischen Studienjahre hatte er sich immer wieder die Frage gestellt: *»Nehme ich aus diesen Jahren des Lernens soviel mit, daß ich wirklich den Heiden das Evangelium verkünden kann?«* Eine Frage, die ihn nie mehr losließ und der er sich auch im Hinblick auf den Theologennachwuchs stellte – auch aus der Sicht eines ordentlichen Mitgliedes der zweiten Generalsynode, in die er 1885 durch den preußischen König Wilhelm I. berufen worden war. Auf der Synode erlebte er nicht nur den Streit um die theologischen Aussagen und Bedeutung des Apostolischen Glaubensbekenntnisses (Apostolikumsstreit), sondern auch die Auseinandersetzung zwischen der sogenannten Liberalen, kritischen, wissenschaftlichen Theologie, deren Protagonist Adolf von Harnack war, und den Konservativen. Bodelschwingh hatte schon durch seinen Sitzplatz klargemacht, welche Position er einnahm; er setzte sich auf die äußerste Rechte zu der sogenannten konfessionellen Gruppe. Damals drängte sich ihm erneut die Frage auf, wie weit die Universität die richtige Ausbildungsstätte für Theologen war, eine Frage, die ihn schon in Paris beschäftigt hatte, zumal die evangelischen Theologen in Frankreich an einer vom Staat unabhängigen Fakultät studierten.

Als sich in den achtziger Jahren ein Überangebot an jungen Theologen gebildet hatte, die jahrelang auf eine Anstellung warten mußten, war es der Praktiker Bodelschwingh gewesen, der wiederum versuchte, die Not in eine Tugend zu wandeln. Er hatte zunächst von der preußischen Landeskirche gefordert, eine Zusatzausbildung in Form eines Vikariats oder Predigerseminars einzuführen, und argumentiert *»daß die meisten ohne jede Erfahrung und Einarbeitung in das Amt hineintreten, für das sie nichts anderes mitbringen, als eine dürftige Weisheit von den Schulbänken«*. Doch der Vorschlag war nicht gerade auf fruchtbaren Boden gefallen, und darum hatte er 1887 beim Kultusministerium in Berlin das Gesuch eingereicht, in Bethel ein Kandidaten-Konvikt zu errichten, das ihm als eine Vorschule für Mission und Diakonie vorschwebte. Damit war er aber auf den erbitterten Widerstand des auch für Bethel zuständigen westfälischen Generalsuperintendenten Gustav Nebe in Münster gestoßen. Der sah in Bodelschwinghs Plänen eine gewisse Einseitigkeit und argumentierte, »das schon schwer belastete Bielefeld läuft Gefahr, ein unabsehbares Chaos zu werden!«[20]

Statt dessen hatte Nebe die Weiterbildung der jungen Theologen bei den Provinzialkirchen ansiedeln wollen und Bodelschwingh um Aufgabe seiner Pläne gebeten. Als Gegenleistung sollte Bethel einige Kandidaten erhalten, die sich besonders für die Innere Mission eigneten. Doch Nebe hatte die Rechnung ohne Bodelschwingh gemacht. Der setzte sein Kandidaten-Konvikt durch.

Am 14. April 1888 hatte der preußische Kultusminister die Errichtung des Kandidaten-Konvikts und des Ausbildungsplans genehmigt, so daß es dann offiziell am 1. November 1890 eröffnet werden konnte. Die Kandidaten erhielten ein Taschengeld von jährlich fünfhundert Mark und dazu freie Kost und Unterkunft. Die Ausbildung sollte sich in einem Wechsel von praktischem Dienst und theologischer Ausrichtung vollziehen. Der Vormittag war der Praxis vorbehalten. Das bedeutete Arbeit auf den Pflegestationen, bei der sich die angehenden Theologen die blaue Schürze umbanden. Diese blaue Schürze sollte zu einem Symbol und zu einem Markenzeichen für junge Theologen werden. Innerhalb von sechs Wochen wurden jeweils die Einsatzorte gewechselt. Zu dem System gehörte auch die Assistenz bei Bodelschwingh. Hier wurde der Kandidat in die Verwaltungsarbeit eingeführt und auf zukünftige Leitungsaufgaben vorbereitet.

Das Kandidaten-Konvikt befand sich in der Nähe des Kindergartens. Das war nicht nur die geographische Nachbarschaft, denn die geistliche Unterweisung der Kinder bildete einen Schwerpunkt der

Ausbildung. Bodelschwingh achtete, ebenso wie bei der Ausbildung der Diakonissen, darauf, daß die Kandidaten biblische Geschichten plastisch erzählen konnten. Unter der Leitung von Pastor Johannes Rahn, dem ersten Leiter des Konvikts, mußten die Kandidaten auch Bibelstunden und Gottesdienste halten, wobei Bodelschwingh peinlich darauf achtete, daß die Kandidaten weniger ihr theologisches Wissen zur Schau stellten, als – wie er sagte – für die Kranken ein Wort *»der Erquickung«* hatten.

Sehr intensiv stellte sich Bodelschwingh die Frage: Wie gingen die jungen Theologen mit dem Erleben um, mit dem sie in Bethel konfrontiert wurden? An einen Amtsbruder, der sich Sorgen um einen Kandidaten machte, weil dieser den Anblick von soviel Leid nicht ertragen könne, schrieb er: *»Was soll aus unseren nervenkranken Epileptischen werden, die ja meist noch nie in ihrem Leben einen Anfall bei einem anderen epileptischen Kranken erlebt haben, wenn sie hierher kommen und ihre eigenen Anfälle ja gar nicht kennen, wenn dieselben durch den Umgang mit ihren Leidensgefährten geschädigt werden sollten!«*[21] Allerdings sprach Bodelschwingh einem angehenden Pastoren, der sich nicht an den Anblick des Leidens gewöhnen könne, auch die Fähigkeit ab, als Seelsorger unter ihnen zu wirken. Denn Nervenkranke gab es in jeder Gemeinde. So folgerte Bodelschwingh: *»Aber die Schule muß doch hier durchgemacht werden.«*

Die Errichtung des Kandidaten-Konvikts war am zuständigen Oberkirchenrat in Berlin regelrecht vorbeigelaufen und daher im Grunde nicht eine Einrichtung der Kirche, sondern der Inneren Mission. Dies erleichterte Bodelschwingh die Überlegung, das Konvikt mit einem Missionsseminar zu verbinden. Die Frage tauchte auf, nachdem Bodelschwingh in die Arbeit der deutsch-ostafrikanischen Missionsgesellschaft, auch Berlin III genannt, gerufen worden war und nun auch hier vor der Frage stand, wie das Personal ausgebildet werden sollte.

»Es ist uns bekannt, wie sehr Eurer Majestät auch gerade die Missionssache am Herzen liegt, und darum wagen wir es gleich von vornherein, Eure Majestät in diesen unseren verborgenen Liebesbund hineinzuziehen und um einen Baustein für dieses Seminar alleruntertänigst zu bitten«[22], wandte er sich am 12. November 1890 an Kaiser Wilhelm II. Ihm wurden dreitausend Mark bewilligt.

Das Engagement in der Missionsgesellschaft

Am 12. Mai 1890 schifften sich die Diakonissen Amalie von Wichmann und Friederike Schütte sowie Pastor Arthur Worms in Marseille mit Ziel Sansibar ein, wo sie 18 Tage später ihren Dienst im Deutsch-evangelischen Hospital antraten. Es wurde von der Berliner Missionsgesellschaft III unterhalten. Die drei waren die personelle Vorhut von Bodelschwinghs unmittelbarem Engagement in der Mission. Wenige Jahre zuvor hatte er es abgelehnt, Schwestern und Brüder von Bethel auf die Missionsfelder zu schicken, weil sie noch nicht genügend gerüstet waren. Bei aller Impulsivität, bei allem Wagemut war er kein unüberlegter Spieler. Später allerdings machte er sich Vorwürfe, zu langsam im Helfen gewesen zu sein.

Bereits am 15. September 1887 hatte die Berliner Missions-Gesellschaft den Entschluß gefaßt, Bodelschwingh um Sarepta-Diakonissen für Sansibar zu bitten. Wie Gustav Menzel in seiner Geschichte der Bethelmission feststellte, blieb es jedoch zunächst aus unbekannten Gründen lediglich bei diesem Vermerk im Protokollbuch. Erst am 13. März 1890 sei man auf ihn zurückgekommen, als bekannt wurde, daß Johannes Wichern, der Sohn Johann Hinrich Wicherns, die Brüder des Rauhen Hauses nur für ein Jahr nach Sansibar entsenden wollte. Nun erhielt Missionsinspektor Lebrecht Beyer den Auftrag, mit Bielefeld und Duisburg über Anstellungen von Diakonen für Sansibar zu verhandeln.

Bei Bodelschwingh fand er sofort ein offenes Ohr. Es kam zu mündlichen Verhandlungen zwischen Pastor Kurt Distelkamp, einem alten Bekannten aus Dellwiger Tagen, und Bodelschwingh. Sie endeten mit dessen Zusage: *»Nicht nur Brüder, sondern auch Schwestern, ja, einen Pastor sollt Ihr haben«.*[23] Über Distelkamps sozial-missionarische Tätigkeit meinte er anerkennend im Familienkreis, *»der springt auch in jede Pfütze«.* Karl Diestelkamp war geschäftsführender Vorsitzender der Evangelischen Missionsgesellschaft für Ost-Afrika, die zur Unterscheidung der anderen Berliner Missionsgesellschaften Berlin III hieß. Die Kontakte zwischen Berlin und Bethel sollten nun nicht mehr abreißen, denn Bodelschwingh wurde nicht nur zum Motor, sondern mit seinen Ideen auch zum Retter der Gesellschaft.

Bereits im Mai nahm Bodelschwingh erstmalig an einer Vorstandssitzung der Missionsgesellschaft teil, obwohl er noch kein reguläres Vorstandsmitglied war – das wurde er erst am 2. Oktober 1890. Für das Betheler Allround-Talent stand außer Frage, daß der politischen Kolonialisierung die christliche Mission folgen mußte. In einem

Aufruf im November 1890 appellierte er an die evangelischen Jünglingsvereine: *»Es gilt nun auch, diese weiten Länderstrecken, welche deutsche Waffen beschützen, mit den selig machenden Kräften anzufüllen, welches allein das Evangelium von Jesus Christus bieten kann.«*[24] Bei allem Patriotismus sah Bodelschwingh immer die Priorität des Christentums, hinter dem nationale Interessen zurückstehen mußten. Als Christ kannte er keine Rassen-Gesellschaft, sondern nur die religiöse Trennung in Heiden und Christen.

Die Missionsarbeit wurde für ihn ein Feld der *»dienenden Liebe«*, wo äußere Mission und Diakonie sich zukunftsweisend als Einheit zu betätigen hatte. Gleichzeitig sah er in der Mission auch eine Möglichkeit, seiner Bethel-Gemeinde eine über die Grenzen Bethels reichende neue Perspektive zu geben. Dies wird besonders deutlich bei der Briefmarkenarbeit, denn die Erlöse der Briefmarkenstelle gingen nun nach Ost-Afrika. Dies gab den Schwächsten in Bethel das Gefühl, für andere nützlich zu sein.

Bodelschwinghs Einsatz in der Missionsgesellschaft trug dazu bei, daß nun auch die kaiserliche Huld »und weitere christliche und philanthropische Kreise«, wie der Missionsdirektor D. Theodor Wangemann bemerkte, sich für die Berliner Mission III interessierten. Wilhelm II. soll sogar verfügt haben, »die evangelische Mission in den Schutzgebieten möge kräftiger als bisher gefördert werden«. Aber durch Bodelschwinghs Eintritt hätte die Mission, so Gustav Menzel, einen völlig anderen Verlauf genommen und sich von der kolonial-enthusiastischen Bewegung der achtziger Jahre gelöst. Sie sei kolonialfreundlich geblieben, habe sich aber keineswegs ins Schlepptau der Kolonialregierung nehmen lassen. Bodelschwingh sah auch in den Einheimischen Brüder und Schwestern. Die Mission sollte in seinen Augen nicht als Gehilfe der Kolonialmacht dienen. Trotzdem setzte er sich vielen Angriffen aus. So warf ihm der norddeutsche Missionsdirektor Michael Zahn vor, zu sehr mit dem »Kummer des Kaisers argumentiert zu haben«: »Sie sind ein guter Pietist, und doch sehe ich, daß Ihre Frömmigkeit Sie nicht bewahrt vor einem Wege, auf welchem Sie so viele verletzen müssen.«[25] Zahn warf Bodelschwingh vor, zu eigenmächtig zu handeln und sich wenig um Beschlüsse zu kümmern, die nicht in seinem Sinne waren. (Diese Sorge hatte Zahn mit dem Bethelvorstand gemeinsam.)

Das Missions-Engagement Bodelschwinghs führte aber auch zu heftigen Konflikten innerhalb der Ravensberger Pfarrerschaft, weil diese in der Erweiterung der missionarischen Aufgaben Bethels in Richtung Ost-Afrika und einer möglichen Fusion von Berlin III mit der Rheinischen Mission ihre Interessen berührt sah. Die Pfarrerschaft wollte auf keinen Fall, daß die Verbindung Ravensberg mit der Rheinischen Mission beeinträchtigt wurde. Doch Bodelschwingh ließ sich davon nicht sonderlich beeindrucken und verfolgte seine Missionspläne unbeirrt weiter. Nach dem Vertrag des Deutschen Reiches mit Großbritannien 1890 wurde die Insel Helgoland gegen Sansibar ausgetauscht und das deutsch-evangelische Krankenhaus von Sansibar nach Daressalam verlegt. Noch im selben Jahr machte er dem Vorstand der Missionsgesellschaft den Vorschlag, die Aktivitäten der Mission ins Innere des Gebirgslandes Usambaras zu verlegen und in Mlalo eine Missionsstation anzulegen. Dabei dachte er auch an die besseren klimatischen Voraussetzungen, denn Bodelschwingh wollte die gesundheitlichen Opfer unter dem Missionspersonal in Grenzen halten.

Es ist immer wieder erstaunlich, wie Bodelschwingh, der nie selber in Afrika gewesen war, richtungsweisend seine Entscheidungen fällte. Er hatte sich allein mit Hilfe der Schriften des Forschungsreisenden Oskar Baumann sachkundig gemacht.

Für die Ausweitung der Missionsarbeit ins Innere wurden zwei Mitglieder des Kandidatenkonvikts, Paul Wohlrab und Ernst Johannssen, nach Afrika entsandt. Dabei kam es von Anfang an zu einem Wechselspiel zwischen Bethel und den Missionsgebieten, das trotz zweier Weltkriege auch nach hundert Jahren Bestand hat. Als sichtbare Zeichen, daß Bethel eine Missionsgemeinde war, hatte der Missionar Jacob Greiner 1891 zwei »eingeborene« Kinder, die fünfjährige Fatuma und den dreizehnjährigen Ali, die Sklavenhändlern entrissen worden waren, nach Bethel gebracht. Aber trotz aller liebevollen Pflege starben sie schließlich; beide hatten keinerlei Abwehrkräfte gegen die Krankheitskeime der europäischen Zivilisation. Die Aufnahme der beiden Kinder in Bethel beweist jedoch, daß es Bodelschwingh ernst war, keinerlei Rassenschranken aufkommen zu lassen. Ali wuchs mit den anderen Bethel-Kindern, darunter auch mit Bodelschwinghs Sohn Fritz, auf, sie besuchten den gleichen Konfirmandenunterricht. Fatuma bekam als Taufspruch »Ich bin schwarz, aber gar lieblich« (Hoheslied 1,5).[26]

Bodelschwinghs Missionstätigkeit, wie auch seine spätere Arbeit, war von permanenten Konflikten begleitet. In seiner Streitschrift »Schwert und Kelle« (1891) schildert er eindrücklich: *»Von dem Seegebiet bis zur Küste zieht sich so mancher blutbenetzte, durch moderne Menschenbeine gezeichnete Pfad, auf welchem die unmenschlichen Sklaventreiber ihre schwarzen Menschenherden mit weißem Elfenbein belastet …«*[27] Er setzte sich dabei auch leidenschaftlich mit den Vor-

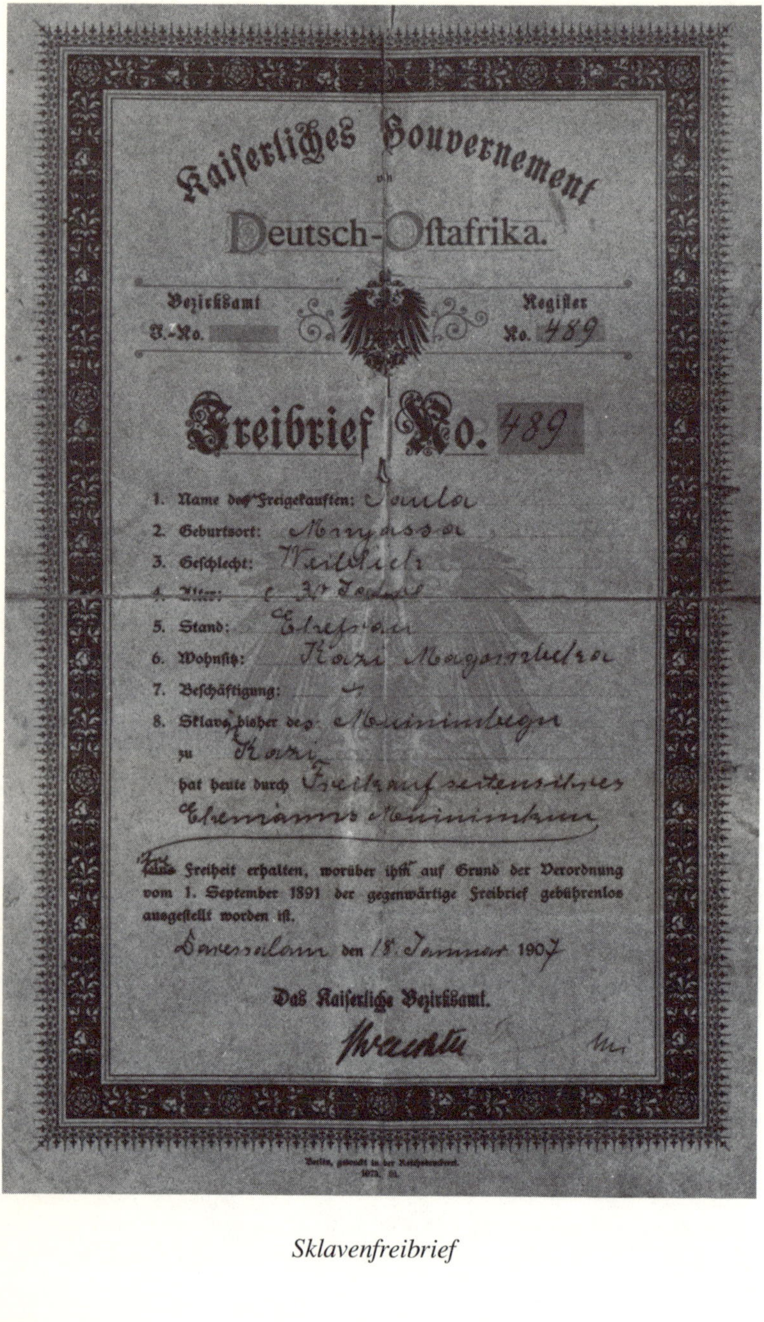
Kaiserliches Gouvernement von Deutsch-Ostafrika.

Bezirksamt J.-No. Register No. 489

Freibrief No. 489

1. Name des Freigekauften:
2. Geburtsort:
3. Geschlecht: Weiblich
4. Alter: c. 30 Jahre
5. Stand: Ehefrau
6. Wohnsitz: Kori
7. Beschäftigung: –
8. Sklave bisher des

zu Kori

hat heute durch Freikauf seitens ihres Ehemanns

die Freiheit erhalten, worüber ihr auf Grund der Verordnung vom 1. September 1891 der gegenwärtige Freibrief gebührenlos ausgestellt worden ist.

Daressalam den 18. Januar 1907

Das Kaiserliche Bezirksamt.

Sklavenfreibrief

Die Gräber der beiden afrikanischen Kinder auf dem Bethel-Friedhof

würfen auseinander, die man der Mission machte. Dazu gehörte, *»daß die Kranken nicht ordnungsgemäß durch Fachkräfte versorgt würden und daß es zu Mißgriffen bei der Personalauswahl gekommen sei«.* Dafür, so räumt Bodelschwingh ein, *»tragen die Diakonissenhäuser, welche die erbetene Hilfe versagt haben, ... die erste Schuld«.*

Wenn man aber *»nun arme Kranke, Verwundete, Ertrinkende, Sterbende vor sich hat – soll man da mit der Hilfe überhaupt warten, weil noch die rechte geschulte Hilfe nicht da ist – greift man nicht lieber zu und hilft, so gut man kann, auch mit noch schwachen Kräften?«* So versuchte der Pragmatiker Bodelschwingh – sich der eigenen Schwäche bewußt –, eine rein theoretische Diskussion zu entkräften, die sich darum drehte, ob man eine Arbeit erst beginnen sollte, wenn alle notwendigen Voraussetzungen erfüllt waren, oder, wie Bodelschwingh, mit primitiven Mitteln anfangen sollte, um einigen Menschen schnell zu helfen.

Dies tat er nicht nur mit Worten, sondern auch mit Taten. In Mlalo hatten Ernst Johannssen und Paul Wohlrab die Missionsstation Hohenfriedberg errichtet. Ihr Bild hatte Bodelschwingh in seinem Arbeitszimmer stets vor Augen. In Kissarawe wurde eine Erziehungsstation für befreite Sklavenkinder eingerichtet. Eine solche Sklavenfreistätte wurde auch in Lutindi nach seinen Plänen geschaffen. Hier wurde

Schwester Lina Diekmann und Diakon Wilhelm Bokermann 1896/97 in Tanga/Tansania mit Sklavenkindern, die von Kissarawe nach Lutindi gebracht wurden

später – 1903 – ein Hospital mit einer angeschlossenen Station für Geisteskranke eingerichtet.

Wie immer man die Arbeit der Bethelmission beurteilt, man wird ihr stets zubilligen müssen: Es ging Bodelschwingh nie um die Vereinnahmung der Afrikaner, sondern um deren Befreiung. Er wollte sie zwar zum Christentum bekehren, aber nicht ihre Kultur oder ihren Lebensstil zerstören. So mußten die Missionare zum Beispiel die Bauweise der Afrikaner erlernen.

Bodelschwingh verfolgte das Geschehen in Afrika zwar aus der Distanz, aber sehr eingehend. Gustav von Bodelschwingh schildert sehr anschaulich, wie sein Vater die Missionsarbeit auch der Bethel-Gemeinde vermittelte: »Vaters Herz ging in Sprüngen«, schrieb er, »das Land, die unermeßliche Steppe in der Tiefe, der Spiegel des Indischen Ozeans am Horizont, die blauen Berge von Pare, die herüberwinkten, und das verschneite Haupt des Kilimandscharo, der alles überragte, standen ihm so lebendig vor Augen, wußte er so glühend, so nah, so gegenwärtig zu schildern, daß Besucher, die in die Familienabende von Sarepta oder in die Donnerstagsstunde in die Zionskirche kamen, fragten, wann er denn eigentlich in Afrika gewesen sei.«[28]

Doch die Verbindung mit Afrika erfolgte nur brieflich, zum Beispiel mit vielen afrikanischen Täuflingen; sie wurde mit Reisebeschreibungen, wissenschaftlicher Literatur und Studium der militärischen Kolonialstrategie ergänzt. 1890 hatte Bodelschwingh alleine 40 Briefe in Sachen Ost-Afrika geschrieben. Es sollten bis 1900 jährlich 100 bis 170 Briefe werden. Im stillen jedoch hoffte er, die Entwicklung des Luftschiffbaus werde solche Fortschritte machen, daß man auf die ost-afrikanischen Missionsfelder gelangen konnte, ohne den beschwerlichen Seeweg zu nehmen. Eine Hoffnung, die sich für ihn nicht erfüllte.

1896 schied Bodelschwingh aus dem Missionsverband aus, weil er sich von dem Missionsinspektor A. Winkelmann, der erhebliche Vorbehalte gegen Bodelschwinghs Missionsstrategie hatte, nicht ausreichend informiert fühlte. Doch als Winkelmann sich aus der Mission zurückzog, nahm Bodelschwingh seine Arbeit wieder auf. Zu einem Gleichklang kam es mit dem neuen Missionsinspektor Walther Trittelvitz, der in Personalunion in Bethel der »Dankort«-Leiter wurde. In der Dankort-Arbeit verbanden sich innere und äußere Arbeit.[29] Der Dankort war im Begriff der damaligen Zeit eine Art Werbebüro und ein Ort, an dem man mit Spenden danken konnte. Er bildete die Zentrale der volksmissionarischen Arbeit in Bethel, die auch für die äußere Mission zuständig war. Trittelvitz, der hervorragend mit dem späteren 2. Inspektor Walter Michaelis zusammenarbeitete, war ebenso wie Michaelis Bodelschwingh gegenüber völlig loyal, aber auch nicht unkritisch. Beide wurden zu den verläßlichen Partnern der Missionsarbeit.

1899 erließ Bodelschwingh einen Spendenaufruf unter der Überschrift *»Brot für Steine«*.[30] Im Lande der Wasaramos im Hinterland von Daressalam war eine verheerende Hungersnot ausgebrochen. Bodelschwingh wollte den Bewohnern Steine gegen Brot tauschen, denn Steine wurden zum Ausbau der missionarisch-diakonischen Einrichtungen gebraucht. Die Bethel-Missionare waren gehalten, kein Holz für die Bauten zu verwenden. Eine Entscheidung, die zeigt, wie weit Bodelschwingh und seine Mitarbeiter auch auf dem Gebiet des Umweltschutzes ihrer Zeit voraus waren. Wie er vor den Gefahren der Gewässerverschmutzung warnte, wollte Bodelschweingh auch der allgemeinen Abholzung mit ihren verheerenden Folgen entgegenwirken. Als Landwirt verband er seine ökologische Warnung mit seinem theologischen Credo, daß das Holz seinen symbolischen Wert schon dadurch für die Christenheit habe, weil an ihm *»der Herr Jesus gekreuzigt worden sei«*. Statt dessen riet er den Bethel-Missionaren, die Lehmbauweise der Einheimischen zu lernen. Auf diese Weise wurde sie nach

Deutschland gebracht, woran sein Sohn Gustav einen entscheidenden Anteil hatte. In Notzeiten, insbesondere nach dem Ersten Weltkrieg, wurde sie für den Wohnungsbau verwendet. Sie kam einer breiteren Öffentlichkeit wieder in Erinnerung, als sein Urenkel Dietrich von Bodelschwingh diese Methode 1991 nach Belorußland brachte, um mit ihrer Hilfe Häuser für Tschernobyl-Geschädigte zu bauen.

Bodelschwingh war, seitdem er sich für die Mission engagierte, immer der heimliche Vorsitzende der EMDOA (Evangelische Mission für Deutsch-Ostafrika), wie die offizielle Abkürzung der Missionsgesellschaft Berlin III hieß. 1906 wurde er offiziell gewählt, und im gleichen Jahr siedelte die Mission nach Bethel über. Von nun an hieß sie »Bethel-Mission«, bis 1971, als sie sich mit der Rheinischen Mission zur Vereinigten Evangelischen Mission (VEM) zusammenschloß.

Ida von Bodelschwingh

»Die Heiterkeit und Zuversicht aber, die das Elternhaus erfüllten, waren immer zugleich getaucht in einen leisen Hauch von Trauer, über all das Herzeleid, das an unserer Tür klopfte«, erinnert sich Gustav von Bodelschwingh, wobei er in seiner freundlich verklärten Rückerinnerung einräumt: »wenn aber je und dann einmal die ›ausschweifende Barmherzigkeit‹ unseres Vaters ihre Schranken überspringen wollte, dann war es die humorvolle, aber unerbittliche Nüchternheit unserer Mutter, die allem Geschehen das Gleichmaß verlieh«[31].

Es ist eine freundliche Beschreibung für das, was auch als Kritik an dem ungestümen und unruhigen Leben des Friedrich von Bodelschwingh gesehen werden kann. In Briefen, die Ida von Bodelschwingh an ihre Freundin und Cousine Caroline von Zacha schrieb, wird das deutlich. »Den 700 so oft mit Recht sich verlassen fühlenden Schwestern kann er nun erst recht ein väterlicher Freund und Berater sein. Allen verirrten vagabundierenden Leuten, deren er fast zu viele hatte, mag er von ferne durch andere Rat schicken.«[32]

Ida von Bodelschwingh, die nach Aussage der Kinder oft weinte, mischte sich nie in das Anstaltsgeschehen ein. Sie war eine Frau im Hintergrund, die bei den Hausandachten das Harmonium spielte. Es gelang ihr selten, Einfluß auf ihren Mann zu nehmen. Typisch dafür war ihre Warnung vor der Reise Bodelschwinghs zu dem kranken Kronprinzen, die dann für ihn zu einer herben Enttäuschung wurde. Die Betheler Dokumente berichten wenig über Ida von Bodelschwingh. Auch in Bodelschwinghs Briefen und in der Biographie Gustavs findet sich recht wenig über sie.[33]

Die Bodelschwinghs hatten 1879 zusammen ein Testament gemacht, in dem festgelegt wurde, daß Ida, falls er vor ihr sterben würde, nach Gütersloh ziehen sollte. In einem Nachtrag 1891 wurde revidiert, daß sie als Witwe doch auf dem Anstaltsgelände wohnen könne, sofern einer seiner Söhne ein Gehilfe seines Nachfolgers werde. Bodelschwingh hatte zunächst an Stürmer als den neuen Leiter von Bethel gedacht. Seine Witwe, so meinte er, könne ja dann als Beraterin und Freundin der jungen Hausfrauen, der Kandidaten, des Kandidatenkonvikts nützliche Dienste leisten. Ungefähr zur gleichen Zeit sprach Ida von Bodelschwingh den Wunsch aus, »ihr Mann möchte sich neben seiner unruhevollen Arbeit mehr Stille gönnen«. Für jedes Kind hatte sie, wie Alfred Adam schreibt, liebende und sorgende Gedanken. Besonders verbunden fühlte sie sich Wilhelm, der mit einer Hasenscharte geboren war. Offenbar war ihr aber ihr jüngster Sohn Fritz sehr ans Herz gewachsen. »Mein Kleinster, der so liebwarm mich in manchen kranken und einsamen Stunden umgab, möge der Sonnenschein des Hauses bleiben; er muß streng und liebevoll überwacht werden, damit er auf gutem Wege bleibe und nicht auf Irrwege gerät.«

Sie muß zeitweise unter sehr schweren Depressionen gelitten haben. Jeder Abschied fiel ihr besonders schwer und kostete sie Tränen. Vielleicht nicht nur eine Todesahnung, sondern eine Ahnung, unter welchen Umständen sie 1894 fernab von ihrer Familie sterben würde. Caroline von Zacha schrieb nach ihrem Tod im Einverständnis mit Bodelschwingh[34]: »Sie hat durch Leiden Lieben gelernt. Kranke, Elende, Angefochtene konnte sie trösten mit dem Trost, mit welchem sie getröstet war. Gegenüber ihrem Mann sei sie die stete Mahnerin gewesen, das Werk nicht in die Breite, sondern in die Tiefe wachsen zu lassen.«

Es gehörte, laut Caroline von Zacha, zu Idas Wesen, daß sie ihre Kritik nicht zurückhielt[35], sondern »geradeheraus« anbrachte. Während ihr Mann bei den gemeinsamen Gängen durch die Anstalt zu vielen Mängeln, die er registriert hatte, bewußt schwieg, hielt sie mit ihren negativen Feststellungen nicht zurück. Bodelschwingh wußte, daß er in ihr eine verläßliche Partnerin hatte, die ihm nie schmeichelte und sich auch nicht in sein Amt einmischte. Im übrigen verhielt sie sich, wie es damals bei Frauen üblich war und wie es Paulus gebot: »Das Weib schweige in der Gemeinde.«

Erst 1894 wurde sie wie die Frauen der Pastoren Stürmer, Siebold und Kuhlo, in den Hausvorstand von Sarepta gewählt. Darüber hinaus gehörte sie nur einem Komitee an, das die Lieder für den Bethel-Anhang im Gesangbuch aussuchte. Sie bekleidete kein offizielles Amt in der Zionsgemeinde, aber »wie eine Mutter hat sie sich um uns gekümmert«, sagten die Hausmütter.

Die ständigen Besuche, Reisen und Abwesenheiten Bodelschwinghs brachten natürlich Unruhe in den Pastorenhaushalt. Auch die Not und die Sorgen der Anstaltsbewohner machten nicht vor der Tür halt. Bodelschwingh liebte zwar seine Familie außerordentlich, aber sie mußte sich seinem Amt unterordnen. Wenn er auf Reisen war, nahm er nicht den unförmigen Schlüssel mit, sondern schickte vor der Heimreise kurzfristig ein Telegramm: *»Schlüssel heraus«*. Dann wurde der Schlüssel an einer bestimmten Stelle versteckt. Sonst diente ihm eine Bohnenstange dazu, an das Schlafzimmerfenster seiner Frau zu klopfen.

Nur gelegentlich begleitete Ida von Bodelschwingh ihren Mann auf seinen Reisen. Im Sommer 1894 machte sie noch eine Reise nach Süddeutschland und in die Schweiz. Sie schrieb, bevor sie nach Stuttgart fuhr: »Man findet hier, was man braucht: Ein friedreiches, getröstetes Leben und endlich die Genesung, auf die man kaum noch hofft.« In Stuttgart besuchte sie ihre sterbende Freundin, die Oberin Hedwig von Brauchitsch. Sie hatten sich 1856 im Berliner »Marthashof« kennengelernt, als Ida dort wegen ihrer Depressionen Heilung suchte. Ihre Pflegerin von einst war nun selbst eine Leidende geworden. Sie war vollständig gelähmt und krebskrank. Beide nahmen voneinander Abschied, für ein Wiedersehen in der Ewigkeit.

Diese letzte Begegnung der Freundin löste bei Ida von Bodelschwingh eine akute Psychose aus. Sie war von nun an, wie Caroline von Zacha schrieb, von Todessehnsucht und von der Gewißheit erfüllt, daß auch sie bald sterben würde. Trotz heftiger Kopfschmerzen und trotz der Bedenken ihres Mannes begleitete sie ihn im September 1894 zur Kaiserswerther Konferenz, und nach ihrer Rückkehr nach Bethel formulierte sie einen Abschiedsbrief an Mann und Kinder: »Ach, wird das ein Ausruhen sein bei meinem treuen Heiland und in meiner Elisabeths (der in Dellwig verstorbenen Tochter; M. H.) Nähe.«

Im Oktober mußte Bodelschwingh an der Generalsynode in Berlin teilnehmen. Es sollte das letzte Mal sein, daß seine Frau mit ihm reiste. Sie wohnte in Potsdam, in der Nähe des Parks von Sanssouci. Hier konnte sie stets von ihrer Freundin Caroline von Zacha besucht werden. Bei ihren Morgenspaziergängen stimmte sie, wie Alfred Adam berichtet, »Lieder des ewigen Heimwehs an«: »Wenn endlich, eh es Zion meint, / die sehr erwünschte Stund erscheint, / da Gott wird die Erlösung geben.«

Ihre Krankheit verschlimmerte sich zusehends, so daß sie nach ihrer Rückkehr in ein Heim für Gemütskranke in Brake, vierzig Kilometer von Bielefeld entfernt, aufgenommen wurde. Die Einweisung erfolgte mit ihrem Einverständnis. Bodelschwingh brachte sie selbst dorthin. Sie verbrachte dort nur wenige Tage. Am 5. Dezember 1894 starb sie unverhofft, so daß ihr Mann nicht rechtzeitig benachrichtigt werden konnte. Bevor sie die Augen für immer schloß, hatte sie dreimal seinen Namen gerufen.

Bodelschwingh sprach bei seiner Traueransprache nicht nur von ihrer *»tränenreichen Pilgerreise«*, sondern er dankte ihr für ihre aufrichtigen Worte: *»Und dann hat sie vielen doch so manches Wort der Wahrheit gesagt, besonders euch, ihr lieben Schwestern und Hausmütter; was, das wollen wir ihr auch heute gern danken!«* In 34 Jahren des gemeinsamen Lebens habe sie ihm nie geschmeichelt, bekannte er der Trauergemeinde, *»aber die Wahrheit hat sie mir stets gesagt, auch wenn sie mir nicht angenehm war«.*

Die Kranken trauerten um sie wie um eine Mutter.

Acht Tage nach dem Begräbnis formulierte Bodelschwingh sein Testament neu. Für seine Söhne schrieb er hinein: *»Falls sie alle drei Prediger des Evangeliums werden wollten«*, möchten sie *»kein anderes Evangelium verkünden, als das alte der Apostel und Propheten.«* Sollten sie aber *»am Glauben Schiffbruch erleiden«*, möchten sie den Pfarrerberuf aufgeben.

Eva von Tiele-Winckler

Im Alter wurde für Bodelschwinghs Arbeit die Freundschaft mit einer tief religiösen, viel jüngeren Frau sehr anregend. Neben seiner Frau und seiner Mutter hatte in Bodelschwinghs Leben Eva von Tiele-Winckler schon früher eine nicht unwichtige Rolle gespielt. Bei allen Gegensätzlichkeiten war es eine geistig-geistliche Freundschaft, die ihn mit dieser schwärmerischen, vermögenden Frau verband. Sie war 1866 im oberschlesischen Miechowitz geboren und zunächst katholisch erzogen worden. Die Predigten des Mystikers Johann Tauler, die sie als sechzehnjährige in Berlin gelesen hatte, hatten bei ihr, nachdem sie einen evangelischen Konfirmationsunterricht absolviert hatte, eine geistliche Erweckung ausgelöst.

Als Zwanzigjährige hatte sie das oberschlesische Heimatlied

»Volk meiner Heimat in Nebel und Rauch« gedichtet und im gleichen Jahr Bethel kennengelernt. Es machte auf sie einen derartig starken Eindruck, daß sie ihren Vater bat, auf seinem Schloßgelände ein Haus für die Pflege von Kranken zu errichten, was er auch tat. 1887 ging sie nach Bethel, um sich als freie Hilfsschwester ausbilden zu lassen. Im September 1890 wurde ihr bescheidenes Krankenhaus, das zunächst »Evaheim« hieß, aber zum Grundstock des Diakonissenhauses »Friedenshort« wurde, eröffnet. Bodelschwingh stand ihr dabei mit Rat und Tat zur Seite und sandte auch 1891 die erste Schwester von Bethel nach Miechowitz. Außerhalb der Ausbildungs- und Einsegnungsordnung segnete er Eva von Tiele-Winckler im August 1892 zur Diakonisse ein. Nachdem er zunächst Pastor Johannes Rahn, den späteren Leiter des Betheler Kandidaten-Konvikts, als Anstaltsgeistlichen für Miechowitz ausersehen hatte, dieser jedoch ablehnte, entschied sich die junge Diakonisse für den brandenburgischen Pfarrer Ebeling.

Obwohl Schwester Eva eine starke Anlehnung an Bethel und Bodelschwingh hatte, übernahm sie wenig von seinem Pragmatismus. Statt dessen setzte sie auf einen verklärten Symbolismus. So legte sie die Zahl ihrer Schwestern auf zwölf fest, weil dies die Zahl der Apostel war, in der Hoffnung, daß mit der Zahl so etwas wie der Geist der Apostel über ihre Schwesternschar kommen werde.[36] Sie wurde aber von ihren Zweifeln an der evangelischen Gestaltung des Diakonissenamtes und der katholischen Ausprägung des klösterlichen Lebens hin- und hergerissen. Bodelschwingh versuchte immer wieder, ihre Zweifel zu zerstreuen. So auch in einem Brief vom 30. November 1894, in dem er schreibt: *»Sein* (Jesu; M. H.) *teures Blut – sein ganzes heiliges Verdienst stehen dir frei und offen – gerade in der armen, streitenden Kirchengestalt, der du mit uns angehörst. – Dennoch soll die Stadt Gottes fein lustig bleiben mit ihren Brünnlein, da die heiligen Wohnungen des Höchsten sind.«*[37]

Trotz des geistlichen Beistandes zeigt sich sehr bald, daß Eva von Tiele-Winckler mit dem Friedenshort überfordert war. Dabei mag auch ihre Lungenerkrankung eine Ursache gewesen sein. Von Bethel aus wurde eine Vertretung nach Oberschlesien geschickt, und auf Bodelschwinghs Rat trat Schwester Eva zusammen mit Schwester Martha Magnus aus dem Friedenshort und Gustav von Bodelschwingh als Reisemarschall eine längere Mittelmeerreise an, die sie auch nach Jerusalem führte.

Gut erholt kam Schwester Eva nach einem Vierteljahr zurück, aber Bodelschwingh machte sich den dringenden Wunsch ihrer Stiefmutter

Eva von Tiele-Winckler (1866-1930)

zu eigen und überzeugte sie davon, daß es besser sei, wenn sie nicht mehr die Leitung des Friedenshortes übernähme. Er hoffte aber, sie nun für immer an Bethel zu binden. Gustav von Bodelschwingh war der Meinung, daß Schwester Eva für seinen Vater »ein Trunk frischen Wassers« war. Vater Bodelschwingh war von ihrer Gottesergebenheit und Hingabe fasziniert und hegte starke, väterliche Gefühle für die viel jüngere Frau. Durchaus zutreffend sah er ihre *»Neigung, jeden Augenblick alles, was sie hat, Leib und Seele hinzuwerfen, im Dienst des Herrn, und die Widerstandslosigkeit gegen die weitergehenden Ansprüche an ihre Liebe«*. Er erkannte aber nicht (oder wollte nicht erkennen), welche Gefahren sich daraus für die Leitung eines Hauses ergaben. Nur so ist es zu erklären, daß sie auf sein Betreiben hin am 28. Juni 1885 zur Vorstehenden Schwester des Mutterhauses gewählt wurde und die bewährte, aber schon dreiundsiebzigjährige Schwester Emilie Heuser ablöste.

»Nie seit dem Verlust unserer Mutter hat Vater glücklichere Jahre verlebt«, schildert Gustav die relativ kurze Zusammenarbeit seines Vaters mit Schwester Eva seit 1887. Bereits im Mai 1896 zeigten sich bei ihr an beiden Seiten des Halses Drüsenschwellungen, die eine sofortige Operation in Bremen notwendig machten. 1899 wurde sie »von einem fiebrigen Lungenkatarrh« befallen, den sie im Schwarzwald auskurierte. Aber es waren nicht nur die Krankheiten, durch die sie für die Leitung einer so großen Diakonissenschaft nicht belastbar genug war. 1898 traten bei ihr wieder Zweifel an »der Glaubensgemäßheit des evangelischen Kirchentums« auf. Sie wünschte sich zwar keine römische, jedoch eine katholische Gestalt der Kirche. Bodelschwingh versuchte ihr seelsorgerlichen Beistand zu geben, manchmal auf recht robuste Art: *»Hurra, Schwester Eva sündigt mal wieder«*, quittiert er ihre selbstquälerischen Zweifel.

Im November 1900, während sie in Davos kurte, legte sie ihr Amt nieder. Aber Bodelschwingh hatte noch immer nicht die Hoffnung aufgegeben, sie Bethel zu erhalten. Bei ihrer Verabschiedung im November 1901 sagte er in einem Fürbittengebet, *»ach, wenn's sein kann, so laß sie wieder erstarken und – wir wollen ja nicht unbescheiden sein – bring sie, wenn es sein kann, auch wieder zu uns zurück«*. Er trug sich sogar mit dem Gedanken, seine Tätigkeit in Bethel aufzugeben und sich als Anstaltsgeistlicher nach Miechowitz zurückzuziehen. *»Ich habe dir auch oft angedeutet, daß ich dann so gerne mit dir ziehen möchte, wenn du mich armen, alten Mann noch brauchen könntest, um dein Feierabend- und Friedenshort-Pastor zu sein«*, schrieb er ihr. Aber dann entschied er sich trotz seiner schweren Nieren- und Blasenerkrankung, die er 1899 durchgemacht und in die Nähe des Todes gebracht hatte, für sein Werk in Bethel.

Zahlreiche Briefe bezeugen, daß die geistliche und geistige Verbindung zwischen Eva von Tiele-Winckler und Bodelschwingh nie abriß. Es gab kaum ein Projekt, das von ihm ins Leben gerufen wurde, an dem sich Schwester Eva nicht mit erheblichen Summen beteiligt hätte, obwohl es grundsätzliches Einvernehmen gab, daß ihr Vermögen nicht für Bethel überschrieben wurde. So gehörte sie auch zu den sechs Finanziers, die mit einem Darlehen von je 3 000 Mark Bodelschwingh ermöglichten, die »Schwarze Liesl« in Badgastein zu kaufen. Diesen Gasthof wollte Bodelschwingh in eine Rehabilitationsstätte für Kriegsinvaliden verwandeln, in der zugleich Kaiser Wilhelm I. geehrt werden sollte.

Bodelschwingh hatte 1899 in Badgastein gekurt und das österreichische Bad mit seiner radonhaltigen Ache als Kurprediger kennengelernt. Der Kurort war nicht nur ein beliebter Aufenthalt von Kaiser Franz-Josef, sondern auch des von Bodelschwingh so verehrten Kaisers Wilhelm I. In der Helenenburg, einem bescheidenen Landhaus, hatte Kaiserin »Sissi« residiert. Als Bodelschwinghs Tochter Frieda wegen ihres »schwachen Herzens« Aufenthalt in frischer Bergluft verordnet wurde und auch Gustav dringend Erholung benötigte, der Vater andererseits auch nicht als Kurgast geistlich untätig sein wollte, hatte er sich beim Oberhofprediger in Berlin als Kurprediger beworben. Die evangelische Kirche in der kleinen Hugenottengemeinde in Badgastein war nämlich Eigentum des deutschen Kaiserhauses.

Dem Gesuch wurde stattgegeben, und Bodelschwingh entdeckte die »Schwarze Liesl«, ein Lokal, in dem sich oft das kaiserliche Gefolge aufgehalten und wo der deutsche Kaiser beim Kegeln zugeschaut hatte. Der Wirt, Michael Luger, der, wie sich später herausstellte, ein Gauner war, hatte in einem »Kaiserzimmer« Kegelkugel und Gläser, die angeblich von Wilhelm I. benutzt worden waren, als eine Art Kleinodien aufbewahrt. Dem listigen Wirt blieb nicht verborgen, daß diese Gegenstände für Bodelschwingh mehr als Kleinodien waren. So bekam der Kurprediger bei seinen Mahlzeiten nicht nur Brathendl, sondern auch rührselige Geschichten aufgetischt, nach denen diese Gegenstände bald unter den Hammer kämen, wenn dem Wirt nicht finanziell geholfen werde.

Kaum nach Bethel zurückgekehrt, fand Bodelschwingh dann auch einen Brand-Brief des Wirtes vor, der angeblich dringend 3 000 Mark benötigte, um diese Gegenstände zu retten. Die zahlte der Kaiser-Verehrer, der nach seinem Gasteiner Aufenthalt an einem Nieren- und Blasenleiden schwer erkrankt war, aus seinem bescheidenen Privatvermögen. Er gründete einen Verein mit dem Ziel, das Vermächtnis Kaiser »Wilhelms des Großen« zu pflegen und in der »Schwarzen Liesl« eine Stätte zu schaffen, wo unversorgte Kriegsinvaliden kostenlos kuren konnten.

Wieder einmal verband Bodelschwingh seinen Patriotismus mit einem sozialen Engagement. Deshalb sollte schließlich die »Schwarze Liesl« gekauft werden. Zu diesem Zweck wurden insgesamt 23 800 Mark zusammengetragen. Aber es war eine Fehlinvestition. Nicht nur die Kaisererinnerungen, jene Reliquien des Patriotismus, die Luger an Bodelschwingh verkauft hatte, blieben verschwunden. Es stellte sich auch heraus, daß Besitzer der »Schwarzen Liesl« in Wirklichkeit bereits eine Brauerei war, die das Anwesen per Zwangsversteigerung erworben hatte. Erst am 17. April 1905 ging das Haus in das Eigentum der Kaiser-Wilhelm-Stiftung über, nachdem es von Bodelschwingh und seinen Freunden praktisch zum zweiten Mal bezahlt worden war. Der gutgläubige Bodelschwingh war von Luger nicht nur betrogen worden. Ähnlich wie im Falle Kadnár wurde er von dem Ex-Wirt, der schließlich im Gefängnis landete, noch öffentlich verleumdet.

Aber auch diese schlechten Erfahrungen vermochten an Bodelschwinghs Willen, in jedem Gestrauchelten das Positive zu sehen, nichts ändern. Ging es um Menschen, wohnten zwei Seelen in seiner

Brust, die oft miteinander im Streit lagen. Das zeigte sich auch bei seiner Freundschaft mit Stoecker. Bodelschwingh war bei allem Patriotismus ein Weltbürger und alles andere als ein Antisemit. Antisemitismus war für ihn *»eine höchst verwerfliche Angelegenheit«* und eine Schmach. *»Bloß darum verächtlich auf einen Mitmenschen herabzusehen, weil er ein Jude ist, und das ganze Volk hat ein solches Unterdrücken und Verfolgen aus unreinen, materiellen Rücksichten, z.B. mit dem Feldgeschrei: Kauft bei keinem Juden«*[38], war für ihn eine Handlungsweise, der sich ein Christ schämen mußte. So bat er auch seine Hausväter und die Hausbewohner in einem Rundschreiben vom 7. November 1891, keine antisemitischen Versammlungen zu besuchen, die letztlich auch auf Stoecker zurückgingen. Doch Stoecker nahm er weiterhin gegen alle Angriffe in Schutz.[39]

5. *»Daß unsere kirchlichen Kämpfe endlich einmal von der Gehässigkeit frei werden«*

Der Parlamentarier – die letzten Gründungen

Im Jahre 1895 hatte Bodelschwingh bei seinem sozialen Bemühen um die Hilfe für die Wanderarmen und die Errichtung von Verpflegungsstationen einen herben Rückschlag hinnehmen müssen. 1894 hatte er einen *»Notschrei«*, eine Gesetzesvorlage zum Schutz der Wanderarmen, als Denkschrift veröffentlicht. Doch bevor sie der preußische Ministerpräsident im Landtag vorlegen konnte, wurde er aus seinem Amt entlassen[1], so daß Bodelschwinghs Vorstoß zwar nicht ohne Echo, aber ohne Erfolg verhallte.

Seine Pläne, *»Naturalverpflegestationen«* per Gesetz einzurichten, waren nicht nur auf den hinhaltenden Widerstand der konservativen Kreise gestoßen, sondern gerieten auch ins Schußfeld der Sozialdemokraten, die dieses Gesetz der »Bourgeoisie« auf das heftigste bekämpften. So ergossen sich die polemischen Angriffe des »Vorwärts«[2] auch über Bodelschwingh. Was allerdings für den Betheler schwerer wog, war, daß der Oberkirchenrat gegen ihn Front machte. Der cand. theol. Theodor Wangemann, ein Sohn des Hamburger Missionsdirektors, hatte sich 1891 und 1892 nach Absprache mit Bodelschwingh als vermeintlich Arbeitsloser auf die Walze begeben, Erfahrungen und Erlebnisse auf der Straße zusammengetragen und diese dann als realistische Schilderung unter der Überschrift »Aus meinem Wandertagebuch« in der »Arbeiterkolonie« 1893 veröffentlicht.[3] Mit diesen höchst wertvollen Erfahrungen eckte Bodelschwingh jedoch auf dem »Evangelisch-sozialen Kongreß« 1893 an. Fast hätte der mit einem Disziplinarverfahren reagiert. Es endete mit einem Verweis für Wangemann, dem für die Zukunft ähnliche Wanderschaften untersagt wurden, und einem Rüffel für dessen Mentor Bodelschwingh. Schließlich scheiterte die von der Regierung wie Opposition ungeliebte Vorlage.

Bodelschwingh hatte sich aber in diesem Zusammenhang mit dem von den Sozialisten geforderten Recht auf Arbeit auseinandergesetzt. *»Ich bin nicht der Meinung, daß die Gesetzgebung ein Recht auf Arbeit in dem Sinne jemals fordern darf, daß jeder deutsche Untertan jederzeit fordern könnte: Gebt mir Arbeit, und zwar so lohnende, daß ich damit mich selbst und meine ganze Familie ausreichend ernähren kann.«* Er war nämlich der Meinung, daß eine solche Gesetzgebung jeden Staat in den Bankrott führen müsse. *»… nicht als ein Recht,* *wohl aber als eine Pflicht für den Notleidenden und als eine Bedingung der Unterstützung wollen wir die Arbeit, ferner als eine freie angebotene Barmherzigkeit, um sie in vorübergehenden Zeiten besonderer Not vor dem Betteln zu schützen«.*[4]

Er wurde auch nicht müde, für die Barmherzigkeit der Arbeit zu werben und immer auf neue Möglichkeiten zu sinnen. 1898 hatte er eine schon genannte Filiale von Wilhelmsdorf im Wietingsmoor in Niedersachsen errichtet, die den Namen Freistatt erhielt. Es sollte eine Freistätte sein, wie sie im Alten Testament der Bibel beschrieben wird, wo es keine Verfolgung gab. In einem Kollektenblatt mit der Überschrift *»Wer schenkt uns einen Morgen Hochmoor?«*[5] beschreibt er die neue Einrichtung einer Notstandskolonie. Wilhelmsdorf habe bisher 9 000 Kolonisten beherbergt. Der starke Strom von Arbeitslosen habe die Kolonie bei Einbruch des Winters derartig stark belastet, daß die *»400 ha armen Heidebodens«* bis auf einen kleinen Rest *»umgewühlt«* wurden. *»Wir sind darum genötigt, unseren Pilgerstab zu ergreifen und eine neue Heimat zu suchen. Das ist nicht leicht, bei der großen Schuldenlast, die auf unseren Schultern ruht«*, denn es sei nicht möglich gewesen, von dem Verdienst der armen Arbeitslosen irgendwelche Schulden abzutragen. Die Schuldenlast betrug damals nach seinen Angaben 268 028,58 Mark.

Man hatte ganz Westfalen durchstreift, aber nirgends eine geeignete Stätte gefunden. Schließlich entdeckte man im hannoverschen Kreis Sulingen das Wietingsmoor, ein Hochmoor. Für 8 500 Mark wurden 2 000 Morgen Moorland angekauft, also für etwa 4,25 Mark pro Morgen. Jetzt erwartete Bodelschwingh von seiner Gemeinde und Freunden, ihm diesen Ankauf zu finanzieren, wobei er nach Art einer Lotterie das Moor zu einem halben, viertel, achtel, zehntel, zwanzigstel und schließlich vierzigstel Morgen zu Preisen von 20, 10, 5, 4, 2 und 1 Mark anbot. Jeder, der ihm helfen wollte, konnte dies tun, und wenn es mit einem vierzigstel Morgen war.

Der Aufbau der Kolonie ist eng mit dem Namen Hermann Deckert verbunden. Als Forstrat kannte er das Wietingsmoor von seiner beruflichen Tätigkeit her und hatte sich bereits bei dem Erwerb und der Aufforstung von Amrum bewährt. Deckert wurde am 24. November 1897 Vorsitzender der Gesamtleitung der Betheler Anstalten, nachdem der bisherige Präses, Gottfried Bansi, am 12. Oktober 1896 sein Amt niederlegte, aber im Vorstand blieb. Zum Rücktritt Bansis war es gekommen, weil ihm in der Stadt und innerhalb der Anstalt vorgeworfen wurde, er produziere nicht nur die berühmten Bansi-Tropfen, sondern sei auch am Branntweinhandel beteiligt. Die Angelegenheit konnte nie geklärt werden. Dessen ungeachtet stand Bodelschwingh aber auch weiter *»unbeschwert«* zu Bansi. Aber der Konflikt um Bansi war nur der Ausdruck, daß das Spätwerk Bodelschwinghs von Spannungen begleitet war.

Das ständig wachsende und sich immer mehr verästelnde Werk Bethel war schon damals nicht mehr patriarchalisch-pastoral zu leiten; verschiedene Anstaltsteile mußten sich verselbständigen. Doch dieser Weg wurde nicht gegangen. Statt dessen bildete man acht Kommissionen, von der Wirtschafts-Kommission über die Ärzte- und Pflegegeld- bis hin zur Personalkommission, in der Bodelschwingh den Vorsitz hatte. Die Kommissionen sollten ihre Angelegenheiten selbständig bearbeiten, doch Bodelschwingh, der auch in allen anderen Kommissionen vertreten war, mischte sich mit seiner starken Persönlichkeit immer wieder in die Arbeit ein, so daß die Konflikte programmiert waren.

Alfred Adam, der Martin Gerhardts Bodelschwingh-Biographie beendete, beschreibt das unter dem Stichwort »Spannungen«[6]: »Gelegentliche Reibungen und Meinungsverschiedenheiten konnten dabei nicht ausbleiben.« Allerdings habe Bodelschwingh keinen Widerstand von der persönlichen Seite genommen, »sondern rein sachlich und frei von jeder Empfindlichkeit, und wenn er einmal dem Vorstand gegenüber die satzungsmäßigen Grenzen wieder allzu kühn überschritten hatte, wenn sein Temperament mit ihm durchgegangen war oder jemand ungewollt gekränkt hatte, dann glich er aufkommende Verstimmungen mit einer Entschuldigung aus«. Dies ist eine freundliche Umschreibung der tatsächlichen Ereignisse. Der äußerst konfliktfähige Bodelschwingh ignorierte, wenn er es für richtig hielt, die Meinung der Vorstände, überging sie sogar. Wenn es ihm notwendig erschien, handelte er auch bereits gefaßten Beschlüssen entgegen. Der Nazareth-Leitung drohte er sogar einmal an, wenn sie bei einem bestimmten Beschluß bliebe, werde er seine Mitgliedschaft sofort aufkündigen. Ein anderes Mal verließ er eine Nazareth-Sitzung und sagte zu einem Bewerber, den man gerade abgelehnt hatte, *»es ist alles in Ordnung, du bist aufgenommen«*.

Aber nicht nur seine Vorstandsmitglieder hatten gelegentlich Grund, über ihn verärgert zu sein. Kirchenleitende Gremien hatten es noch mehr, denn sie wurden von ihm manchmal geradezu respektlos behandelt. Ein typischer Fall war die Gründung der Theologischen Schule Bethel; er trieb sie voran, ohne seinen eigenen Vorstand zu informieren. Die Vorgeschichte war folgende:

1892 hatte sich der Apostolikumsstreit an der Berufung des berühmten liberalen Theologen Adolf von Harnack an die Berliner Universität erneut entzündet. Als Mitglied der Preußischen Generalsynode mußte Bodelschwingh erleben, wie die notwendige Diskussion bei der Synode bewußt ausgespart wurde. 1894 lag bei der außerordentlichen Generalsynode zum Ärger der Kirchenleitung ein Antrag vor, nach der der Generalsynodal-Vorstand bei Berufung der Professoren der Theologie ein Mitwirkungsrecht erhalten sollte. Es gelang dem Oberkirchenrat, diesen unerwünschten Antrag an eine Unterrichtskommission zu überweisen. Ihr gehörte auch Bodelschwingh an. Die Kommission formulierte dann einen Kompromiß: Der Oberkirchenrat solle dahin wirken, daß an jeder theologischen Fakultät für genügend Vertretung des kirchlichen Bekenntnisses gesorgt werde. Die Synode beendete schließlich am 15. November auf Anordnung des preußischen Königs das Tauziehen.

Seine eigentliche Absicht, eigene theologische Fakultäten einzurichten, hatte Bodelschwingh nur mit wenigen besprochen. Resigniert schrieb er am 30. November 1894 an Eva von Tiele-Winckler: *»Die mit dem Staat zu eng verknüpfte Landeskirche macht mir oft Angst – und nach meinem Fleisch und Blut möchte ich am liebsten in ein viel kleineres, durch gar keine äußeren Stützen gehaltenes Hüttlein kriechen.«*

In einer Rede am 7. Januar 1895 vor der Bielefelder Pfarrkonferenz ließ Bodelschwingh seine bislang heimlichen Hochschulpläne heraus. Die zu gründende Hochschule sollte Dozenten für die theologischen Fakultäten ausbilden, zugleich aber selber eine Studieneinrichtung für angehende Pfarrer sein. Bodelschwingh ließ die Standortfrage offen. Er hatte offenbar an Gütersloh gedacht, weil die theologische Schule den Lehrern am Evangelischen Gymnasium eine Stütze sein könne. Das Echo war jedoch eher kühl, und sein Freund Pastor Julius Möller vom Gütersloher Gymnasium mußte ihm berichten, daß »ein großer Teil unserer Brüder der ganzen Bewegung ziemlich kühl« gegenüberstehe.

Bodelschwingh ließ sich davon nicht beirren, geschweige sich durch den Widerstand der Kirchengremien von seinem Vorhaben abbringen. Die waren in der Tat zu Recht sehr sicher, daß der »Alte von Bethel« seinen Plan mit der ihm eigenen Zähigkeit und Energie betreiben würde. Bereits 1895 hatte er die Berufungslisten für seine geplante Schule komplett.

Im gleichen Jahr verfaßte er seine Kampfschrift *»Eine kirchlich theologische Fakultät«*[7]. Darin beklagte er, daß junge Theologen in schnell wachsender Zahl, *»mit erschüttertem Glauben an die Autorität der heil. Schrift und an die objektiven Tatsachen des Heils die Hochschulen verlassen. Dies ist ja eine unausbleibliche Folge davon, daß* *eine immer wachsende Zahl von Lehrern an unseren Hochschulen teils eine schrankenlose und oft auch pietätlose Kritik an der heiligen Schrift üben, teils die objektiven Tatsachen des Heils entweder einfach wegleugnen oder in versteckter Weise umdeuten. Fast noch schlimmer als der erschütterte Glaube unserer jungen Theologen (den Gott sowohl wieder aufrichten kann) ist eine Erziehung derselben zum geistlichen Hochmut und zu einer mehr oder weniger bewußten Unwahrhaftigkeit.«* Weiter hieß es, es würden Männer gebraucht, *»starken Glaubens und brennender Liebe, mit warmen und weitem Herzen«*, für die wie für Luther gelte: *»Lustig und hitzig in der heiligen Schrift! Ich würde gern ein Kollegium haben, das auf diesem Boden innerlich herzlich miteinander verbunden wäre, graue Häupter am Abend des Lebens, die schützend und seelsorgend den jüngeren Kollegen zur Seite ständen«*. Bodelschwingh wollte Dozenten, *»die das Feuer göttlicher Liebe«* in den Studenten anzünden konnten.

Aber selbst Hermann Cremer und Adolf Schlatter, denen er sich im Glauben verbunden sah, beargwöhnten seine Pläne. Der ihm sehr nahestehende Jurist Constantin von Zastrow, der ihn von seiner unnachgiebig kritischen Haltung zu Harnack abbringen wollte, erhielt zur Antwort, er wolle nicht über Harnack reden, von dem er mit Schmerzen sehe, *»daß er viele Jünglinge um das köstliche Gut ihres Lebens betrogen habe«*[8]. In seiner Entgegnung appellierte Zastrow an Bodelschwingh, er möge seine Hand dazu reichen, »daß unsere kirchlichen Kämpfe endlich einmal von der Gehässigkeit frei werden, die unser kirchliches Leben heute vergiftet«!

Erst im Mai 1908 war Bodelschwingh schließlich bereit, sich mit Harnack auszusprechen, weil er inzwischen Informationen erhalten hatte, die ihn besonders erfreuten und mehr Verständnis für Harnacks Position bewirkten. Doch wegen einer schweren Erkrankung Bodelschwinghs kam ein geplantes Gespräch nicht mehr zustande. 1893 stand er der Theologie Harnacks aber noch unversöhnlich gegenüber.

Damals erlebte Bethel unruhige Zeiten. Für den vielfach engagierten, aber sich verzettelnden Bodelschwingh hatte Stürmer bereits seit vielen Jahren immer mehr Aufgaben übernehmen müssen, so daß er sich zu wenig um die wachsende Brüderschaft kümmern konnte. Bodelschwingh war auf seinen selbstlosen Freund, auf den er sich unbedingt verlassen konnte, angewiesen und schätzte ihn außerordentlich. (Das hinderte ihn aber nicht daran, gelegentlich mit dem trockenen und zurückhaltenden Pastor seine Scherze zu machen. So zum Beispiel, als er von der Sakristei aus eine langatmige Predigt Stürmers hörte, seine Langeweile mit Skizzen an seinen Luftschiffversionen vertrieb und diese später seinem Amtsbruder zeigte, was er während der Predigt gemacht hatte.[9]) 1893 gab Stürmer das Amt eines Brüderpfarrers an Pastor Johannes Kuhlo ab, einem Pfarrerssohn aus der Minden-Ravensberger Erweckungsbewegung, der die Verkündigung des Wortes mit der Musik verband und später als »Posaunengeneral« einen unverwechselbaren Platz in der Geschichte der evangelischen Posaunenchöre einnahm.[10]

Trotz der Entlastung brach Stürmer 1895 zusammen und konnte nur noch mit eingeschränkter Kraft weiterarbeiten. 1899, nach Stürmers Tod, lobte ihn Bodelschwingh im »Boten von Bethel«, er habe mit großer Meisterschaft das schwierige Amt der Seelsorge an den Anfallskranken geübt.

Stürmers Tod mag dazu beigetragen haben, daß Bodelschwingh nun insgeheim seine eigene Nachfolgefrage zu regeln begann, indem er gelegentlich Gespräche mit Pastoren führte, die aber eigentlich nur eine Alibifunktion hatten und so angelegt waren, daß die Angesprochenen letztlich abwinkten. Sehr früh mußte er auch den Plan erwogen haben, daß sein Sohn Fritz seine Nachfolge antreten solle.

Geradezu selbstverständlich war, daß alle drei Söhne Pastoren wurden. Sohn Wilhelm, der 1895 ordiniert und seit dieser Zeit Hilfsprediger in Bethel war, führte er im März 1898 als Pfarrer und Leiter des Diakonissen-Mutterhauses Sarepta ein. Damit hatte er die wichtigste Säule in Bethel durch ein Familienmitglied abgesichert.

Gustav sollte nach dem Willen des Vaters Inspektor der Bethel-Mission und gleichzeitig Lehrer an der geplanten Theologischen Schule werden. Doch Gustav zog es vor, in den Gemeindedienst zu gehen, und nahm eine Pfarrstelle in Dünne am Fuße des Wiehengebirges an.

Schon während der Militärzeit von Fritz in Göttingen stellte Bodelschwingh dann die Weichen so, daß ihm wegen seiner angegriffenen Gesundheit Fritz als Lehrvikar zugeteilt wurde. Damit verhinderte er dessen mögliche Karriere als Hochschullehrer: Da ihm der westfälische Generalsuperintendent Nebe geschrieben hatte, die Arbeiten von Fritz wiesen auf das Katheder hin, schrieb er an die befreundeten Professoren Adolf Schlatter und Hermann Cremer, bei denen Fritz studiert hatte, und bat sie um eine gutachtliche Stellungnahme über die *»schüchterne Erstlingsarbeit«* des *»kleinen Burschen«*. Als die Stellungnahmen der beiden ambivalent ausfielen[10a], wertete Vater Bodelschwingh das als Absage und benutzte es als Alibi, um seine Ziele mit seinem *»Benjamin«* zu verfolgen. Als dieser nach seinem Lehrvikariat in eine Hilfspredigerstelle nach Dortmund eingewiesen wurde, gelang es Bodelschwingh, ihn schon nach zehn Monaten nach Bethel

»Bote von Bethel«, Titelseite der ersten Ausgabe

Der Diakonissenpastor. Links (hinterste Reihe) Sohn Wilhelm (1869-1921), auf dem Bild in der Mitte Oberin Emilie Heuser

zurückzuholen. Er hielt Fritz für den psychisch belastungsfähigsten seiner Söhne, denn Wilhelm und Gustav hatten wie ihre Mutter eine depressive Veranlagung, wenn auch nicht so ausgeprägt. Fritz dagegen hatte Schwierigkeiten mit seinen Stimmbändern, doch das schätzte sein Vater offenbar als Handicap für einen Pastor gering ein.

Im April 1904 kehrte Fritz nach Bethel zurück. Um diese Zeit gärte es in Bethel an allen Ecken und Enden, und es bestand die Gefahr, daß Bodelschwinghs Werk aus den Fugen geriet – nicht zuletzt darum, weil er 1903 dem entsetzten Bethel-Vorstand mitgeteilt hatte, für das preußische Abgeordnetenhaus zu kandidieren. Durch eine besondere Konstellation hatte sich im Minden-Ravensberger Land ergeben, daß er als parteiloser Kompromißkandidat auf der Liste der Konservativen für den Preußischen Landtag kandidieren konnte. Bodelschwingh sah in seiner parlamentarischen Tätigkeit eine Möglichkeit, gesetzlich etwas für die Wanderarmen zu bewirken. Sein Engagement für die Heimstättenbewegung und die Wanderarmen hatte Bethel für ihn immer mehr in den Hintergrund treten lassen. Dies trug wesentlich dazu bei, die Dinge dort zu komplizieren.

Ein Nebenmotiv für seine Kandidatur war jedoch auch seine tiefe Enttäuschung über Wilhelm II. 1901 hatte sich Bodelschwingh in der

Burenfrage brieflich an den Kaiser gewandt, damit dieser zugunsten der Buren intervenierte, zumal der Monarch zunächst moralisch Ohm Krüger unterstützt hatte. In diesem Brief versuchte Bodelschwingh, die Aversionen des Kaisers gegen England aufleben zu lassen, indem er an den Tod Friedrich III. erinnerte und an die *»bewußten Lügen der englischen Ärzte«*. Aber Bodelschwingh versuchte auch, dem Monarchen deutlich zu machen, daß dieser sich von seinem Volk entfremdete: *»Ich stehe mitten im Volk und höre den Pulsschlag der Volksseele wohl lauter schlagen als irgend jemand in Eurer Majestät Umgebung. Da kann es mir wahrlich nicht gleichgültig sein zu bemerken, wie das Volk seinen Kaiser immer weniger versteht und die Liebe zu ihm immer mehr erkaltet.«* Die Reaktion aus Berlin auf seinen Brief war für Bodelschwingh eine herbe Enttäuschung. Bodelschwinghs Burenaktivität wurde gestoppt, da Wilhelm sie nicht mehr für angebracht hielt.

Bodelschwinghs Freund, Pastor Julius Möller aus Gütersloh, der Vorsitzende der Christlich-konservativen Partei, hatte ihm die Kandidatur angetragen. Schon vor Jahren hatte Möller ihm eine Kandidatur für den Reichstag angetragen, doch 1897 glaubte er sie nicht mit seinen Werken in Einklang bringen zu können. Jetzt aber sah er die Möglichkeit, zu Gunsten der Wanderarmen gesetzlich etwas zu bewegen. Aber viele seiner Freunde hatten ihn gewarnt, den Weg in die aktive Politik zu gehen. Sein Arzt, Paul Huchzermeier, hatte dem Dreiundsiebzigjährigen aus gesundheitlichen Gründen davon abgeraten, zumal Bodelschwingh 1899 schon dem Tod sehr nahe gewesen war. Mitglieder des Bethel-Vorstandes versuchten ihn brieflich davon abzuhalten, sich in einen neuen Kampf in einer ihm noch unbekannten Arena einzulassen. Sein Vorhaben erfüllte sie mit tiefer Sorge, denn »die letzten Wochen haben Ihnen wie Ihren Freunden sichtlich einen Beweis gegeben, wie wenig Sie jetzt noch in früheren Jahrzehnten spielend überwundenen großen physischen Anstrengungen und seelischen Kämpfen gewachsen sind«. Schließlich warnten ihn die Vorstandsmitglieder davor, daß jeder Mensch, »auch der größte und stärkste«, seine Achillesferse habe, und »die unversöhnlichen Feinde der heutigen Gesellschaftsordnung, werden die verwundbare Stelle bald erspäht haben«.

Der Brief, der auch von Gustav Bansi, Deckert, seinen Vorgängern Friedrich Simon und Matthias Siebold unterzeichnet war und bei dem lediglich die Unterschriften der Vorstandsmitglieder Karl Siebold, Kehren und Ostermeyer fehlten, schloß mit dem Satz: »Wir, die Unterzeichneten, haben nicht die Macht, Sie zu hindern, den von Ihnen für den Augenblick als aussichtsvoll erkannten neuen Weg zu gehen, aber wir erkennen es als unsere Freundespflicht, Sie inständig zu bitten: Gehen Sie ihn nicht! Möchten die Ihnen verbliebenen Kräfte Ihren so reich gesegneten mannigfaltigen Wirkungskreise, der Konsolidierung und Sicherstellung Ihres ganzen Werkes und seiner einzelnen Teile auch ferner ungeteilt gewidmet bleiben.«[11] Doch Bodelschwingh blieb bei seiner Entscheidung, wohl wissend, daß er nun einen Mann seines Vertrauens in Bethel benötigte.

In einem Wort an seine Wähler vom 30. Oktober schrieb er: *»Diese Weltordnung der Selbstsucht, der Habsucht, des Mammons hat Gott, indem er der Welt seinen verlorenen Sohn gab, die Weltordnung der entsagenden Liebe gegenübergestellt.«* Er warnte dabei vor jenen Politikern, die harmlosen Leuten *»einen Himmel voll Geigen vorlügen, an den sie selbst nicht glauben«*. Anstelle der Streiks schlug er unparteiliche Friedensgerichte vor. So sehr er in dem Wort an die Wähler die Sozialdemokraten bekämpfte, die für ihn *»rücksichtslose Selbstsucht«* predigten, so wollte er die *»treuen Arbeiter«* als gleichberechtigt mit den Arbeitgebern an dem Friedenswerk beteiligen. In einem Wahlaufruf am 10. November 1903 brachte er erneut seinen Gedanken der Arbeiterheimstätten ins Spiel.

Als die zwanzigste Legislaturperiode des preußischen Abgeordnetenhauses am 16. Januar 1904 begann, war unter den vierhundertdreiunddreißig Mitgliedern auch der unabhängige Abgeordnete Pastor von Bodelschwingh. Er sollte bei dieser größten Volksversammlung im Deutschen Reich nicht auf seine eigentlichen politischen Gegner, die Sozialdemokraten, treffen. Denn denen war durch das Dreiklassen-Wahlrecht verwehrt worden, auch nur einen einzigen Abgeordnetensitz zu besetzen.

Fritz von Bodelschwingh mußte seinen Dienst in Bethel in einer spannungsgeladenen Atmosphäre antreten, die wahrscheinlich ihren Grund in der starken, stürmischen, aber oft ungeduldigen Persönlichkeit des Patriarchen von Bodelschwingh hatte. Pastor Carl Göbel, der zweite Brüderpfarrer in Bethel, warf Vater Bodelschwingh vor, von vornherein die Überzeugung zu haben, selber auf Gottes Seite zu stehen, während aus den anderen »der alte Adam« rede. Er titulierte ihn schließlich als »General von Bodelschwingh«. Bei Pastor Karl Möhrchen und leitenden Anstaltsmitarbeitern war die Stimmung immer mehr aufgeheizt worden, weil Bodelschwingh ihnen zwar ein selbständiges Arbeitsgebiet zugeteilt hatte, ihnen aber fortwährend hineinredete.

In einem Brief an seinen Bruder Gustav beschrieb Fritz die Situation sehr realistisch: »Der Kampf in der Anstalt wogt stark hin und her, teilweise mit sehr großer Leidenschaft, Siebold hat sein Amt in Bethel niedergelegt … Der Baumeister (Carl Siebold; M. H.) wollte gehen

Friedrich von Bodelschwingh mit Sohn Fritz (1877-1946)

und hat einen sechsmonatigen Urlaub genommen. Papa in starkem Konflikt mit Möhrchen, dem er auch wohl in der Erregung Unrecht getan hat. Das ist einem ja überhaupt immer eine große Sorge, daß er durch Vergeßlichkeit und Optimismus die Dinge vielfach anders sieht, als sie sind, und daß sich die Bilder im Laufe des Kampfes bei ihm selbst unmerklich verschieben.« Fritz war auch der Meinung, daß sein Vater »im Gefühl, den Sachen nicht mehr ganz gewachsen zu sein, sehr erregbar wird«.

Fritz war nach »vielen Seiten glücklich, daß der Kampf jetzt kommt. Er hat den Vorteil, Wilhelm seine kleinen Differenzen mit Papa vergessen zu machen. Während es in Bethel kracht, scheint in Sarepta mehr Friede zu herrschen. (...) Und Papa kann die Bitterkeit und persönliche Gehässigkeit noch am ehesten tragen. Selbst wenn man ihm teilweise mit Recht jetzt böse ist, werden die Schatten doch leichter durch die alte Liebe gegen ihn überwunden. Müßte später ein anderer die Suppe ausessen, würde dieses Gegengewicht fehlen.«[12]

Die gespannte Lage in Bethel erforderte es, daß der 27jährige Fritz am 14. Mai 1904, einen Monat nach seinem Dienstantritt, die inneren und äußeren Amtsgeschäfte Bethels übernahm, nachdem Pastor Matthias Siebold sein Amt als zweiter Pfarrer niedergelegt hatte. Mit einem Schreiben an alle Hausväter und Hausmütter bat Bodelschwingh, sich mit den *»äußeren Angelegenheiten vertrauensvoll an mich – und falls ich abwesend bin – an meinen Sohn zu wenden«*. Fritz von Bodelschwingh fügte unter dem internen Brief seines Vaters hinzu: »Für die Dauer meiner Arbeit unter Ihnen aber sehe ich meine Aufgabe vor allem darin, nicht eine Schranke zu sein zwischen Ihnen und unserem geliebten alten Vater, sondern ein recht festes Bindeglied. Die kleinen Dinge möchte ich ihm gerne abnehmen, damit er für die großen Zeit und Kraft behält.« Und tatsächlich gelang es ihm auch, nicht nur das Vertrauen der Mitarbeiter zu erwerben, sondern als »der geduldige Packesel« seines Vaters Bethel vor einem Chaos zu bewahren.

Wenn Fritz von Bodelschwingh von einem Optimismus sprach, der seinem Vater die Sicht für Realitäten versperrte, so wird dies in Bodelschwinghs Brief an den befreundeten Bremer Chirurgen Dr. Stadtler deutlich. Darin schrieb er, die *»kurzen Reisen«* nach Berlin, die jeweils von elf Uhr morgens bis fünf Uhr nachmittags dauerten, seien für ihn keine Anstrengung und ließen ihn endlich dazu kommen, etwas für sich zu lesen, und die sechs bis acht Wochen im Jahr, die er von Bethel abwesend sein müsse, sehe er als eine Erholungszeit für Leib und Seele an, weil er *»nicht unablässig von morgens bis abends angelaufen werde«*. Bodelschwingh hatte die Rechnung ohne sich selbst gemacht. Abgesehen davon, daß es über fünfzig Berlin-Reisen werden sollten, wurde er in Berlin tatsächlich nicht so sehr in Anspruch genommen, ging jedoch statt dessen selbst auf viele andere konfliktreiche Aufgaben zu.

Noch bevor er seine erste Rede im Landtag halten konnte, meldete sich sein Blasenleiden, das ihn in Abständen schon seit Jahren plagte, und zwang ihn ins Bett. Am 15. März hielt er dann im Parlament um 19.30 Uhr seine Jungfernrede. Sie galt nicht seinen *»Brüdern von der Landstraße«* und einem entsprechenden Gesetzentwurf, sondern setzte sich mit dem seit 1900 in Kraft befindlichen Fürsorgeerziehungsgesetz auseinander. Die Verbesserungsvorschläge, die er machte, fielen beim Innenminister, dem Freiherrn von Hammerstein, auf fruchtbaren Boden.

Die Rede trug dazu bei, sich – wie Alfred Adam vermerkt – »einen freundlichen Eingang zu verschaffen«; man respektierte ihn im Parlament, ohne daß man ihn sonderlich ernst nahm. Aber sie trug auch die unverwechselbaren Merkmale der Persönlichkeit von Bodelschwinghs. Er redete das Hohe Haus als *»liebes Haus der Abgeordneten«* an und ging in das *»Du«* und das *»Ihr«* über, und das Hohe Haus nahm es hin. Im Protokoll ist gelegentlich »stärkere Heiterkeit« vermerkt und am Ende sogar »stürmische Heiterkeit«.

Seine zweite Rede im Parlament, die er am 5. Mai 1904 zur Kanalvorlage hielt, schloß mit dem Satz: *»Der barmherzige Gott selbst wolle Ihnen, liebe Herren, sein Ja und sein Amen ins Herz und auf die Lippe geben«* und schloß mit einem *»Amen«.*[13] Einen Redner des Zentrums hatte er regelrecht der Lächerlichkeit preisgegeben, als er ihm bescheinigte: *»Nun Mann, Sie können reden! Ich sagte gleich zu meinem Nachbarn: Wenn ich so predigen könnte. (...) Nein, was war das für eine kräftige Rede, und doch, lieber Herr Kollege, wußte ich, als Sie zu Ende waren, nicht ganz genau, worauf Sie hinaus wollten.«* Wieder vermerkte das Protokoll »stürmische Heiterkeit«.

Bei dieser Rede, bei der es um den Ausbau der Schiffahrtsstraßen ging, flocht er sein Begleitthema ein: den Kampf gegen den Branntwein. Er wollte, daß der Schnaps aus den Baracken der Arbeiterlager verbannt wurde. Die Bauverwaltungen seien zwar der Meinung, *»ohne Schnaps kann man keine Kanäle bauen!«*, wie Bodelschwingh zitierte, aber er hielt dagegen: *»Es geht alles besser ohne Branntwein. Ich rede nicht vom grünen Tisch. Wir bauen jetzt seit dreiunddreißig Jahren in unseren Anstalten. Häuser inklusive Arbeiterhäuser sind inzwischen dreihundert und vierhundert fertig! Wir lassen aber keinen Tropfen Schnaps hinein.«*[14] Er schlug vor, als Hausverwalter Brüder aus deutschen Brüderhäusern zu nehmen, und lud, zur Zentrumsfraktion gewandt, *»unsere katholischen Brüder«* zur Mithilfe ein: *»Wir wollen die Barmherzigkeit nicht alleine pachten; wir haben auch unter den Trappisten, Franziskanern usw. treffliche Hausväter.«* Den erstaunten Abgeordneten versicherte er, *»wir arbeiten ganz brüderlich zusammen«.*

Der Verein »Arbeiterheim« habe auf seine Fahnen geschrieben, *»Landwirtschaft und Industrie miteinander zu verbinden«.* Die beiden seien *»innige Freunde«* geworden, und zwar in der Art, *»daß wir aus den Städten Industriearbeiter auf das Land übersiedeln, und zwar unbedingt mit einem ausreichenden Garten«.* So seien in den siebzehn Jahren *»hundertvierundachtzig Familienväter aus der Stadt – nicht umgekehrt – auf das Land angesiedelt«.* Er hoffte, daß es eine Novelle in der Gewerbegesetzgebung gebe: *»Von nun an kriegt keine neue Fabrik mit Dampfbetrieb eine Konzession, wenn sie nicht nachweist, wo läßt du deine Arbeiter.«* Man frage bis jetzt nur nach den Dampfkesseln, *»aber nach den Arbeitern wird nicht gefragt«.*

Bodelschwinghs Rede hatte ein starkes Presse-Echo. So schrieb das Berliner Tageblatt, die »Generaldebatte über die Kanalvorlage, die nun schon drei Sitzungen durch währt, drohte bedenklich zu verflauen. Da trat als rettendes Element der bekannte Bielefelder Pastor von Bodelschwingh auf den Plan, und sofort war die dem Ermüden nahe Stimmung im Saal und auf den Tribünen umgeschlagen. Eine Rede wie die gestrige des wackeren, menschenfreundlichen, tatkräftigen Pastors dürfte in unserer gesamten parlamentarischen Geschichte nicht ihresgleichen finden«, und die Kölnische Volkszeitung resümierte: »Der vierundsiebzigjährige ›wild‹-konservative Abgeordnete brachte einen ganz neuen und eigenartigen Ton in die Verhandlungen.«

Allerdings kritisierte die sozialdemokratische Bielefelder »Volkswacht«: »Die burleske und groteske Art, Parlamentsreden im Plauderstil zu halten und dabei die Hausvater-Allüren aus der frommen Fürsorgeanstalt in den politischen Redekampf einzuweben, erregte im Haus unbändige Heiterkeit.« Sigmar Mehring dichtete in der satirischen Zeitschrift ULK: »Wo sonst so seicht das Reden ging, ward frisch der Bann gebrochen.« Bodelschwingh war mit dem Presseecho nicht sonderlich zufrieden und fühlte sich mißgedeutet, darüber trösteten ihn auch nicht die zahlreichen Glückwünsche, die er erhielt.

Am wertvollsten erwies sich für Bodelschwingh die Visitenkarte, die ihm der Ministerialdirektor im Kultusministerium und Leiter der Universitätsabteilung, Geheimrat Althoff, nach Bethel schickte, mit den Worten: »Ridendo dicere verum (mit lachendem Mund die Wahrheit sagen; M. H.). Herzlichen Glückwunsch mit der Bitte um Aufnahme in Ihre Fraktion.« Damit hatte er einen neuen Freund gewonnen. Der erwies sich, als Bodelschwingh ein gutes Jahr später seine Hochschulpläne verwirklichte, als ein wichtiger Posten, dem sein Teil an den ebenso überraschenden wie reibungslosen Verhandlungen zuzuschreiben war. Die Visitenkarte stärkte aber auch Bodelschwinghs Position im Betheler Vorstand, als er dort am 9. Mai 1904 die Wiederaufnahme seiner Hochschulpläne auf die Tagesordnung brachte und sie in eine entscheidende Phase treiben konnte.

Bereits am 17. Juni kam Bodelschwingh im Abgeordnetenhaus erneut zu Wort: Einmal in Sachen Militär-Gesangbuch. Zum anderen vertrat er seinen eigenen Antrag zur Wanderfürsorge. Er forderte dabei zu beschließen: Die Staatsregierung aufzufordern, *»alsbald«* einen Gesetzentwurf vorzulegen, durch welchen die Fürsorge für arbeitssuchende, mittellose Wanderer mittels Einrichtung von einstweiligen Arbeitsstätten (Wanderarbeitsstätten) in Verbindung mit Arbeitsnachweisen geregelt würde. Er wollte nicht, daß den Provinzen ein Gesetzentwurf übergestülpt würde, sondern er riet zur Kooperation mit ihnen, und dies in kleinen Schritten, bei denen sie nicht überfordert wurden.

Zwar hatte Bodelschwingh durch seine originelle Rede auch diesmal wieder die Lacher auf seiner Seite, doch er imponierte ebenso durch enorme Detailkenntnisse. Diese rührten nicht nur aus den Erfahrungen, die er mit den Arbeiterkolonien hatte, sondern er hatte sich auch bereits 1903 durch Stöckers Vermittlung in Berlin sach- und fachkundig gemacht. Da hatte er das Polizeiasyl am Alexanderplatz, schlicht »Schule« genannt, besucht, das Städtische Obdachlosenheim in der Fröbelstraße mit seinen dreitausend Plätzen, das im Jargon »Palme« hieß, nach einer Palme, die die düstere Atmosphäre im Eingangsbereich auflockern sollte, und schließlich das Heim des Vereins für Obdachlose in der Wiesenstraße, die »Wiesenburg«. Sein Urteil darüber war, wie er dem Parlament mitteilte: *»unter allen wohltätigen Einrichtungen Berlins ist wohl keine so verderblich wie die Asyle«*. In den Biografien der zu Korrektionshaft Verurteilten sah er ein Auf und Ab, *»immer in ganz genauem Zusammenhang mit den Krisen in der Industrie, immer auf und ab steigen und fallen die Verhaftungen«*.

Schlimmer als diese Zahlen waren jedoch in seinen Augen jene Angaben, die er von den Vorstehern der Korrektionsanstalten hatte. *»Sie müssen nämlich wissen, meine Herren: Einmal zum Korrektionshaus verurteilt sein, ist in vielen Fällen schlimmer als die Todesstrafe,*

Schlafsaal in der Wiesenburg, einem Obdachlosenasyl in Berlin

und zwar darum, weil die armen Leute, wenn sie einmal im Sumpf sitzen, selten wieder herauskommen.« Für ihn aber war es in *»deutschen Landen nicht nötig, irgend jemand ein Almosen zu gewähren, der arbeiten kann«*. Er habe sich eine ganze Menge von Händen in Berliner Asylen für Obdachlose zeigen lassen ... *»Hände mit Schwielen drin –. Wenn Sie gestern abend ein paar Stunden mit mir im Asyl gewesen wären, so würden Sie eine ganze Anzahl gefunden haben ..., die noch arbeiten konnten und vielleicht auch wollten«*.

Bodelschwingh wollte also keine Korrektionsanstalt, die ihren Namen zu Unrecht trug, weil hier nicht korrigiert wurde. Erfahrungsgemäß käme man in den Arbeiterkolonien besser mit denen zu Rande, die vorher in Zuchthäusern und Gefängnissen gesessen hätten, als mit Männern aus Korrektionshäusern. Auch in dieser Rede fehlte nicht sein Leitsatz: *»Ohne Zucht keine Barmherzigkeit zu üben! Barmherzigkeit ohne Zucht ist Unbarmherzigkeit.«* Daher seine Schlußfolgerung: Zu jedem Asyl gehöre eine Arbeitsstätte und jede *»Erweiterung«* müsse *»zehn Meilen auf das Land hinaus verlegt werden«*. Er forderte die Landtagsabgeordneten auf, einmal eine Nacht im Asyl zuzubringen.

Er führte nicht nur im Parlament seinen *»heiligen Krieg gegen die Obdachlosigkeit«*, sondern auch als Praktiker und Publizist.

In einem Artikel des Berliner Lokalanzeigers vom 31. Juli 1904 rief er: *»Wer hilft mit? – Ein Wort zur Reorganisation der Berliner Asyle«*. Bodelschwinghs Plan war geboren, vor den Toren Berlins eine Musterkolonie zu schaffen, die Signalwirkung hatte. Dieser Gedanke war die Geburtsstunde von Hoffnungstal.[15] Bodelschwingh war es gelungen, in den ersten Monaten seiner Abgeordnetentätigkeit eine entscheidende Weichenstellung in Richtung Wanderfürsorge vorzunehmen; mit Hoffnungstal plante er die Gründung einer neuen Arbeiterkolonie, die Modellcharakter für die Stadt Berlin haben sollte.

Seit 1899 gab es in Bethel alle zwei Jahre eine »Theologische Woche«, wo biblisch orientierte Universitätsdozenten, Pfarrer und Studenten arbeiteten, um die enge Verbindung zwischen Theologie und Kirche sichtbar werden zu lassen.

In der Theologischen Woche 1904 setzte Bodelschwingh in Bethel eine entscheidende Markierung für die Gründung der Theologischen Schule. Nachdem er im Sommer bei einem Amrum-Aufenthalt in einem kleinen Kreis seine Hochschulpläne erörtert hatte, informierte er Schlatter, daß er während der Theologischen Woche eine halbe Stunde zur Mitteilung an die Versammlung benötige.

Am 28. September sprach er dort zum Erstaunen des überraschten

Vorstands über die *»Jüngste Zionstochter! Freie Hochschule«*[16], um den Versammlungsteilnehmern zu eröffnen: *»Sie sind nun auch im Irrtum, wenn Sie der Meinung sind, daß ich Sie um Rat fragen wollte.«* Vielmehr wolle er mitteilen, *»daß wir die Schule haben wollen«* und diese *»solle kein Treibhaus, sondern ein freies Ackerfeld«* sein, wo *»Sturm und Wetter darüber gehen. Kein Kasten, wo nichts hineinwogt von den ernsten Fragen der Bibelkritik und der Naturwissenschaft.«*

Im Hinblick auf die zukünftigen Dozenten sagte er, *»zwei fröhliche Wasserschöpfer muß ich haben; zwei fröhliche Gesellen. Sie müssen nicht nur oben abschöpfen; sie müssen auch graben, aus der ganzen Schrift schöpfen; sie müssen auch mit Pietät erfüllt sein gegen das Erbe der Väter«*. Schließlich forderte er, *»sie müssen ein weit offenes Auge haben, nicht nur für das Alte, sondern auch für alles Neue, was Gott tut«*.[17]

»Mit den Schulen«, so Bodelschwingh, *»hätten wir dann ein vierblättriges Kleeblatt: Sie* (die Schule; M. H.) *selbst, Bethel, Sarepta und Nazareth.«* Womit er die Schule von vornherein als eine selbständige Kooperation ansprach[18], die aber dennoch *»eine Zionstochter«* sein sollte. In der Diskussion sprach sich Schlatter dafür aus, den Begriff Hochschule zu vermeiden; anstelle von Professoren sollte nur von Dozenten gesprochen werden.

Aber Bodelschwingh ließ es nicht bei dieser Überraschung einer Neugründung, sondern konfrontierte seine Zuhörer und damit auch seinen Vorstand mit den Hoffnungstaler Gründungsabsichten, ein für ihn geradezu typisches Vorgehen, wobei offenbleiben muß, wieweit es zuvor informelle Kontakte gegeben hat. Jedenfalls konnte sich am 22. November der Betheler Kirchenvorstand offiziell mit seinem »jüngsten Kind«, der Theologischen Schule, beschäftigen und wurde bei der Suche nach den Dozenten eingeschaltet. Die Wahl fiel schließlich auf Dr. Samuel Jaeger, der am Eislebener Lehrerseminar tätig war, und Walter Kähler vom Studienhaus in Bonn. Sie wurden auch von den Vereinigten Vorständen berufen – Jaeger für das Alte, Kähler für das Neue Testament.

Doch dann tauchten neue Schwierigkeiten auf. In der Öffentlichkeit wurde von einem »partei-theologischen Privatunternehmen« gesprochen. Bodelschwingh setzte sich im Januar 1905 in der Denkschrift *»Die Freie Theologische Schule zu Bethel bei Bielefeld«*[19] mit den Argumenten seiner Gegner auseinander. Er verwies darauf, daß der Vorschlag der Generalsynode, *»im Gemeindeamt stehende, erfahrene und wissenschaftlich tüchtige Geistliche dem Minister* (als Professoren; M. H.) *für die Theologischen Fakultäten zu empfehlen, ohne nen-*

Programm

der

theologischen Woche in Bethel bei Bielefeld

vom 26.—30. September 1904.

Eröffnungsgottesdienst:

am 25 September, vorm. 10 Uhr in der Zionskirche zu Bethel.

Begrüßung der Teilnehmer:

abends $8\frac{1}{2}$ Uhr im kleinen Saal des Vereinshauses ebendaselbst.

Prof. D. Kähler-Halle:
Versöhnung und Neuschöpfung.

Prof. D. Schlatter-Tübingen:
Ausgewählte Stücke aus den Pastoralbriefen.

Prof. D. Lütgert-Halle:
Die Rechtfertigungslehre in Predigt und Seelsorge.

D. Lepsius-Lichterfelde:
Psychologie des Römerbriefes.

Missionsinspector P. Michaelis-Lichterfelde:
Was ist Gemeinschaft nach Gottes Wort?

Lic. th. Meyer-Bonn:
Jeremias.

P. D. v. Bodelschwingh:
Die Mitarbeit der Kirche an der theologischen Bildung ihrer zukünftigen Diener.

Die Vorträge finden statt täglich früh 9—10, mittags 12—1, nachmittags 4–5, jedesmal anschließend Diskussion; morgens gemeinsame Andachten, abends Ausflüge und freie Versammlungen. Diejenigen Teilnehmer, welche Quartier bei uns wünschen, werden gebeten, sich möglichst schnell bei Pastor Kuhlo zu Bethel bei Bielefeld zu melden. Es wird nach Möglichkeit Freiquartier gewährt werden.

Bethel, 30. August 1904. F. v. Bodelschwingh
Pastor.

Pastor Samuel Jaeger (1864-1927):
Ab 1905 erster Dozent an der Theologischen Schule in Bethel

nenswerten Erfolg geblieben ist. Der alte Zopf der Hochschulen, daß diese Männer erst ein dickleibiges wissenschaftliches Werk liefern sollen, hindert die Ausführung. Gerade die besten und tüchtigsten Geistlichen haben hierzu weder Zeit noch Lust«. Bodelschwingh glaubte sicher: *»Unsere Schule hat dieses Hindernis nicht. Sie hat die Freiheit, sich die besten Männer auszusuchen.«* Dabei wies er auf zwei Beziehungen der neuen *»Zionstochter«* mit Bethel hin, wobei der einzig materielle Zusammenhang sei, daß der Vorstand der Schule *»einen einzigen Morgen Land auf hundert Jahre verpachtet habe«*, um *»so lebendiger soll sie innerlich mit ihnen verbunden sein«*.

Die Lehrer der freien Schule würden ihren Kollegen von den anderen Anstalten *»mit Freuden dienen«*. In diesem Zusammenhang sprach er auch davon, daß sie in »Patmos« Dienst tun würden. Patmos, das Haus für die mehrfach-schwerstbehinderten Kinder, das später von seinem Sohn Fritz die »Hochschule der Diakonie« genannt wurde, war im gleichen Jahr gegründet worden. Insgesamt hatte Bodelschwingh bereits 60 000 Mark Spenden für die Theologische Schule bekommen. 50 000 stammten von Schwester Eva. Der Verlagsbuchhändler Mohn in Gütersloh hatte 5 000 gespendet, aber geraten, mit dem Bau eines Konvikts zu warten.

Doch um die Theologische Schule gegen viele Widersacher durchzusetzen, bedurfte es einer neuen Kampfschrift. Sie gedieh zu einer Auseinandersetzung mit Albrecht Ritschl, einem Wegbereiter der Liberalen Schule, die dann von Adolf von Harnack und anderen konsequent weiterentwickelt wurde. Bodelschwingh billigte Ritschl noch zu, daß er es redlich gemeint habe wie seine Schüler. *»Doch«*, so schrieb er, *»traute ich mich nicht, mit ihrer Theologie ein einziges epileptisches Kindlein recht zu pflegen und an einem einzigen Sterbebett mit getrostem Herzen zu stehen.«* Für ihn war es immer wieder *»der alte Schlamm eigener Kraft und Tugend, auf dem sie bauen, und nicht die Kraft des Glaubens an den Mann von Golgatha«*. Er sei der modernen Theologie nicht darum abhold, *»weil sie so wissenschaftlich, sondern weil sie so lieblos ist«*.[20]

Am 6. April 1905 kam im Preußischen Landtag eine Resolution der Gemeindekommission zur Beratung, nach der sich die Staatsregierung in angemessener Weise an den Kosten für die Wanderfürsorge beteiligen sollte. Den Kreisverwaltungen sollten zwei Drittel der aufgewendeten Kosten erstattet werden. Dazu sollte die Eisenbahn in Preußen den Arbeitslosen von und nach den Wanderstationen ermäßigte Tarife gewähren. Das neue Gesetzesvorhaben war für Bodelschwingh ein gerade noch tragbarer Kompromiß, und nach der Annahme lobte er: *»die Engel im Himmel werden sich freuen über den guten Entschluß, den wir heute fassen, das ist gewißlich wahr!«*

Immerhin war mit diesem Antrag, der gegen wenige Stimmen angenommen wurde, eine Grundlage für das »Wanderarbeitsstättengesetz« geschaffen worden, das dann 1907 auf der Tagesordnung des Parlaments stand. Bodelschwinghs Mitarbeiter, Pastor Karl Möhrchen, der Geschäftsführer des Herbergsverbandes, war in dieser Frage Fundamentalist, der immer nur reine Lösungen ohne Kompromisse wollte. Er machte seinem Vorsitzenden Bodelschwingh erhebliche Vorwürfe. Schließlich verschickte er sogar eine Petition an die Abgeordneten, die auf den nicht durchgesetzten Forderungen von 1892 basierte und nur mit »Herbergsverband« unterschrieben war. Bodelschwingh sagte dazu lediglich, er habe gehört, *»daß hier ein neuer Antrag verteilt worden ist, von einem Anonymus, der sich Herbergsverband genannt hat. Ich bin auch mit dem Herbergsverband verbunden, habe aber davon nichts gewußt.«* Doch Möhrchen blieb bei seinen Grundsätzen. Der Konflikt wurde auf der Vorstandssitzung des Herbergs-Gesamtverbands

Das Gehöft, in dem Bodelschwingh 1905 die Kolonie Hoffnungstal gründete

am 24. Mai 1905 ausgetragen und mit der Formulierung beigelegt, Möhrchens Kritik sei unangemessen und zu scharf.

»Der Verein Hoffnungstal für die Obdachlosen der Stadt Berlin« wurde am 16. Mai 1905 beim Amtsgericht I in das Berliner Vereinsregister eingetragen. Bodelschwingh gründete ihn von vornherein als eine eigenständige Einrichtung und juristisch selbständige Person, weil er der Sache weniger *»eine konfessionelle als eine humane Färbung geben«* wollte. Den Namen Hoffnungstal sollte die neue Kolonie tragen, weil er die feste Hoffnung hatte, *»daß hier viele bereits an gott- und menschenverzagende, im tiefen Sumpf des Vagabundentums versinkende Menschen aller Stände, die gezwungen sind, in den Asylen Berlins ihr Obdach zu suchen, wieder eine fröhliche Lebenshoffnung fassen werden«.*

Der Berliner Magistrat hatte ihm am 1. Juli 1905 das Kerkowsche Gut in Rüdnitz für sechs Jahre verpachtet. Dies aber bedeutete auch: Bodelschwingh hatte deshalb keine Möglichkeiten, Darlehen aufzunehmen, er war also auf Spenden angewiesen. In einer leerstehenden Scheune wurden die ersten 20 Notbetten aufgeschlagen. Gleichzeitig begann man damit, Baracken zu bauen, wobei die von Bodelschwingh konzipierten Einzelstübchen obligatorisch wurden.

Schuldschein

№ 0015

über

—— 1000 —— Mark.

Der unterzeichnete Vorstand bekennt hierdurch, von Herrn Paul Bamberg zu Friedenau Kaiserallee 87/88 für die Kolonie „Hoffnungstal" Post Bernau bei Berlin ein mit – 4 – Prozent verzinsliches Darlehn von

—— Eintausend —— Mark

erhalten zu haben.

Er verpflichtet sich, die Zinsen jährlich am 1. April zu zahlen, mit der Rückzahlung des durch diese Schuldscheine angeliehenen Kapitals nach spätestens sechs Jahren zu beginnen und jedes Jahr so viele Schuldscheine durch Auslosung zu bestimmen und den Betrag zurückzuzahlen, als es die Mittel des Vereins gestatten, ohne den Bestand und Weiterbetrieb der Kolonie zu gefährden. Sollte die Kolonie ihrem Zweck (siehe umstehenden Auszug aus den Satzungen) entzogen werden, so ist der Verein verpflichtet, die Summe dieses Schuldscheins nach sechsmonatlicher Kündigung zurückzuzahlen.

Berlin, den 27ten Juni 1908

Verein „Hoffnungstal" für die Obdachlosen Berlins

eingetr. Verein.

Der Vorstand

F. Bodelschwingh

Für die Kontrolle

Bodelschwingh ging unkonventionelle Wege, um seine Werke zu finanzieren

Am 1. Oktober 1905 emeritierte Bodelschwingh offiziell von seinem Pfarramt an der Zionskirche in Bethel. Er ging nun auf das 75. Lebensjahr zu und hatte intern die Weichen so gestellt, daß sein Sohn Fritz die Fäden in der Hand hielt und jederzeit seine Nachfolge antreten konnte. Emeritierung bedeutete jedoch für Bodelschwingh keineswegs einen Rückzug aus der Arbeit: Er wollte sich auf die Unternehmungen, die in der Gründung waren, konzentrieren. Das war neben Hoffnungstal die Theologische Schule. Darüber hinaus mußte auch die Missionsarbeit konsolidiert werden.

Im Oberkirchenrat in Berlin wie auch im preußischen Kultusministerium wurde versucht, die Schule zu verhindern. Am 15. Juli hatte der Regierungspräsident in Minden angeordnet, die Genehmigung des Vereins zu untersagen. Dahinter steckte ein alter Gegner Bodelschwinghs, der Vizepräsident des Evangelischen Oberkirchenrates Hermann von der Goltz. Der hatte beim Kultusminister bewirkt, daß dieser nun auf eine Änderung der Statuten des Vereins beharrte. Insbesondere sollte der Begriff »Schule« vermieden werden und durch die Formulierung »praktische Vorbereitungsanstalt für Geistliche« ersetzt werden. Schließlich einigte man sich auf die Kompromißformel »Verein zur Gründung und Unterhaltung einer praktisch-theologischen Schule in Bethel«.

Am 15. Oktober 1905 konnte die Eröffnung stattfinden. Bodelschwingh gab der Schule zur Eröffnung den Vers aus Jesaja 12 mit auf den Weg: »Ihr werdet mit Freuden Wasser schöpfen aus den Heilsbrunnen.«

Als erster Student hatte sich Adolf Studier eingeschrieben. Bis zur Eröffnung gesellten sich noch zehn andere dazu, so daß der Studienbetrieb mit elf Studenten begann; für Bodelschwingh natürlich sehr symbolträchtig, denn für ihn hatte *»der liebe Heiland nur zwölf gehabt, und darunter einen, der nichts taugte«*. Ein Judas war also rechnerisch nicht darunter. Aber nach einer Woche ging einer der Schüler mit einem Messer auf Walter Kähler zu, der das Ereignis so kommentierte: »Wenn auch unter den ersten Studenten kein Judas war, so waren es doch fehlsame Menschen«, denn der Student war dem Alkohol verfallen. Am nächsten Tag hielt Bodelschwingh dem Studenten »mit glühendem Zorn«, wie Alfred Adam berichtet, eine Strafrede und ordnete an, daß die Studenten sich innerhalb des Anstaltsgeländes auf *»Bethelsekt«* – eine Umschreibung für Mineralwasser – beschränken sollten.

Bodelschwingh, der sporadisch an der Schule mitarbeitete, hatte die Absicht, sie nicht nur zu einer Missionsschule auszubauen, sondern auch zu einer Schule für christliche Gewerkschaftssekretäre. Doch sehr bald entwickelte sie ihre eigene Dynamik und konzentrierte sich auf die Vorbereitung für das spätere Pfarramt.

Bodelschwingh hatte am 11. Dezember 1905 gegenüber der »Wiesenburg« den Vorwurf erhoben, *»daß gerade dieses Asyl noch mehr wie die ›Palme‹ die gründlichste und unbarmherzigste Erziehungsstätte für Bettler, Vagabunden, Diebe und Verbrecher ist, welche es vielleicht auf der ganzen Erde gibt«*[21]. Der Angriff galt auch dem sozialdemokratischen Abgeordneten Paul Singer, den er als Vorsitzenden des Kuratoriums für die Zustände mitverantwortlich machte. Dieser Angriff trug nicht dazu bei, Unterstützung aus sozialdemokratischen Kreisen zu bekommen; im Gegenteil, die Fronten verhärteten sich, und dies bedeu-

Besuch der Kaiserin Auguste Viktoria 1906 in Lobetal (neben ihr Bodelschwingh)

tete auch für Bodelschwingh neue Lasten. Im Jahr 1906 schrieb er allein in Sachen Hoffnungstal 600 Briefe – nicht nur mit Bitten um Spenden. Auch bei Bodelschwingh gab es tiefe Depressionen und Niedergeschlagenheit, so daß er zwischenzeitlich wieder aufgeben wollte, weil er an seinen Mitarbeitern zweifelte. Gegenüber seinem Sekretär Balduf, der ihn gefragt hatte, ob die Hoffnungstaler Gründung das Herzstück seines Lebens sei, antwortete er *»die schwerste mit in meinem Leben«*.[22]

Bodelschwingh hatte den Kaiser, der das Geld für einen Altarraum gestiftet hatte, nach Hoffnungstal eingeladen. Wilhelm II. kam zwar nicht, dafür am 27. Mai 1906 die Kaiserin Auguste Viktoria und Prinz Eitel Friedrich. Es war zwar nur ein einstündiger Besuch, aber eine Krönung für Bodelschwinghs spätes Werk. Zurück blieb eine Altarbibel, in die die Kaiserin als Widmung den 2. und 3. Vers des 71. Psalms hineingeschrieben hatte: »Errette mich durch Deine Gerechtigkeit …«

Es blieb nicht bei Hoffnungstal, der nächste Schritt war die Kolonie Lobetal, etwa zwei Kilometer von der Hoffnungstaler entfernt. Diese hatte ihren Namen aus 2. Chronik 20,26: »kamen sie zusammen im Lobetal …«, jenem Tal, wo es zuvor ein fürchterliches Gemetzel unter Israels Feinden gegeben hatte. Im dritten Schritt wurde gleich neben

Alte Arbeiter in Gnadental/Lobetal

Lobetal Gnadental gegründet, das heute zur Gemeinde Lobetal gehört. Hier sollten gebrechliche und alte Menschen wohnen.

Doch sich selber gönnte er kein »Gnadental«, wobei der 75jährige immer wieder die ihm verbliebenen Kräfte überschätzte. Im Mai 1906 fand ihn sein Sohn Fritz besinnungslos in seinem Schlafzimmer und schrieb darüber an seinen Bruder Gustav nach Dünne: »Der Vater hat heute morgen, wie schon vor einem Jahr einmal, einen Anfall von Besinnungslosigkeit gehabt, wohl durch Blutleere im Kopf und infolge von Überanstrengung. Der starke Blutverlust in der letzten Woche mag auch eine Rolle dabei mitspielen.« Hier bezog sich Fritz offenbar auf immer häufiger auftretende Blasenblutungen durch die Blasen- und Prostataerkrankung, die ihm seit seiner Wahl in den Landtag sehr zu schaffen machte. Bodelschwingh hatte einen Tag zuvor bis spät abends sehr angestrengt gearbeitet und laut Fritz an mehreren Sitzungen teilgenommen, »die allerdings ruhig verliefen, aber doch müde machten«. Heute »vormittag hat er wie gewöhnlich gearbeitet. Etwa um 10 Uhr fand ich ihn bei einer geschäftlichen Frage merkwürdig zerstreut, so daß es mich wunderte. Eine Viertelstunde später traf ich ihn dann oben in der Schlafstube in einem Zustand, in dem er sich auf nichts besinnen konnte. Er wußte weder, was er vorher getan, noch daß er heute nach Berlin wollte.« Mit Stille und Schonung fühlte er sich jedoch bald wieder, laut Fritz, »ganz wohl, hat natürlich schon wenigstens zehn Briefe diktiert«.[23]

1906 reiften bei Bodelschwingh die Pläne, die Berliner Missionsgesellschaft von Berlin-Lichterfelde nach Bethel zu verlegen, obwohl in Lichterfelde gerade das Missionshaus gebaut worden war. Die Rheinische Mission hatte den Vereinigungsplänen eine Absage erteilt, was für den Missionsinspektor Walter Michaelis von der Evangelischen Missionsgesellschaft für Deutsch-Ostafrika (EMDOA) für eine Verlegung nach Bethel sprach.[24]

Sein Amtsbruder Walter Trittelvitz begründete den Entschluß später damit, die Mission habe in Lichterfele keine Muttergemeinde gehabt, aber in Bethel eine Heimat gefunden.[25]

So wurde die Gemeinde der Kranken nun endgültig zu einer Gemeinde, die eine Mission trug. Sie prägten sich gegenseitig, die Gebende wurde zur Nehmenden und umgekehrt, ein Vorgang, der in Kirche und Diakonie beispielhaft war.

Nachdem am 24. Juli 1906 die Hauptversammlung der EMDOA beschlossen hatte, ihren Sitz nach Bethel zu verlegen, erfolgte bereits am 23. September die Begrüßung in der Betheler Zionskirche. Sie fand während der Theologischen Woche, aber ohne Bodelschwingh, statt. Der weilte zur Kur in Bad Wildungen, wo er Linderung von seinem Prostataleiden suchte. Tatsächlich hatte er sich Urlaub gegönnt und zusammen mit Frieda und Fritz seinen alten Freund Adolf Stöcker im Raintaler Hof bei Partenkirchen besucht. Von dort aus fuhr man nach Badgastein, wo Bodelschwingh von den radonhaltigen Bädern Linderung erhoffte. Doch das Gegenteil war der Fall: Die Blutungen setzten so heftig ein, daß er den Aufenthalt abbrechen mußte und in Bad Wildungen seine Kur fortsetzte.

Nicht nur der Neubau des Betheler Missionshauses brachte Veränderungen, sondern die Missionsarbeit vollzog sich von nun an in Form einer Ellipse, wobei die Zionsgemeinde den geistlichen Pol und die Dankortarbeit den missionarisch-organisatorischen Pol darstellte, dessen Leitung von einem Missionsinspektor wahrgenommen wurde.

Nachdem Bodelschwingh Singer und der von ihm betreuten Wiesenburg den Vorwurf gemacht hatte, sie sei unbarmherzig, weil sie nur Barmherzigkeit übe und keine Arbeit anbiete, hing nun das Experiment Hoffnungstal von der Arbeitsbeschaffung ab. Das bedeutete in der ersten Phase roden und bauen. Das konnte zunächst nur illegal erfolgen, da die Behörden mit dem ungestümen Drängen Bodelschwinghs in keiner Weise mithielten. So ließ er mit den Arbeiten einfach beginnen, übernahm aber für die illegalen Aktionen die Verantwortung und zeigte sich sogar wegen Forstvergehen selbst an, ohne jedoch einen Ankläger zu finden.

Bodelschwingh hatte die Absicht, dort *»in der Sandbüchse des lieben Gottes«* in der Mark Brandenburg Obst anzubauen. Eine Idee, die er von einem Forstmeister hatte und die wieder seine Spötter auf den Plan rief. Jetzt habe Bodelschwingh seinen landwirtschaftlichen Sachverstand verloren! Aber weit gefehlt.

Zum Hoffnungstaler Vorstand gehörte auch der Direktor der höheren Gärtner-Lehranstalt in Dahlem, Professor Echtermeyer. Mit ihm hatte Bodelschwingh die Obstbaugebiete in Werder an der Havel besichtigt, die ja auch in den märkischen Sand gesetzt waren. Was in Werder gelungen war, mußte doch auch in den Arbeiterkolonien Hoffnungstal und Lobetal gelingen. Unter Echtermeyers Anleitung und mit Hilfe seiner aus Dahlem mitgenommenen Schüler wurden die Gartenanlagen und die Obstplantagen in Lobetal angelegt und Jahr für Jahr erweitert. Dabei zeigte sich, daß von den Apfelsorten der Boskop oder der weiße Klarapfel besonders gut gediehen. Auch mit Johannis-, Stachel-, Erd- und Himbeeren wurden positive Erfahrungen gemacht, so daß die Fachleute verwundert mit dem Kopf schüttelten.

Auch bei der Vermarktung ging man neue Wege und machte sich

dabei Erfahrungen aus Holland zunutze. Das Obst wurde direkt in Spankörbe geerntet und in diesen noch am selben Tag in Bernau auf die Bahn gegeben. So gelangte es erntefrisch in die Berliner Geschäfte. Der Obstanbau war genau das, was Bodelschwingh für seine Kolonisten brauchte. Es war Arbeit in frischer Luft, und auch die Ältesten und Schwächeren konnten mit Sortieren und Verpacken beschäftigt werden.

Das Jahr 1907 sollte für den Politiker Bodelschwingh den Lohn für seine Beharrlichkeit bringen; das Wanderarbeitsstättengesetz, für das er den Anstoß gegeben hatte, stand zur endgültigen Beratung im Preußischen Landtag an. Am 8. Januar 1907 hatte die preußische Regierung den endgültigen Entwurf vorgelegt. Während Innenminister von Bethmann-Hollweg das Gesetz »als einen Akt der Armenpflege« und den Staat nur als Verwalter betrachtete, sah Bodelschwingh darin den entschlossenen Eingriff des Staates in den sozialen Bereich, den er durch die ständig wachsenden Nöte als gerechtfertigt und notwendig betrachtete. Das Gesetz gab den Provinzen den Rahmen vor, die notwendigen Einrichtungen zu schaffen. Aber sie hatten letztlich die alleinige Entscheidung und konnten den Landkreisen auferlegen, Wanderarbeitsstätten zu bauen.

Bethmann-Hollweg würdigte bei der ersten Lesung den Initiator mit den Worten: »Was aber gerade auf diesem Gebiet freier Wille vermag, das bezeugt mit seiner Person der wohl von uns allen gleich hoch geschätzte und verehrte Herr Abgeordnete von Bodelschwingh. Wenn sein in der Betätigung praktisch christentumserprobter Geist die dürren Buchstaben dieser Vorlage mit Leben durchdringt, dann wird die Arbeit, die Sie auf diese Lex Bodelschwingh verwenden wollen, nicht vergebens sein.«

Zu denen, die offen gegen den Gesetzentwurf opponierten, gehörte nach wie vor Pastor Karl Möhrchen, der im »Wanderer«, dem Organ des Herbergsverbandes, verlangte, daß das Gesetz zurückgezogen würde und ein früherer Entwurf wieder auf die Tagesordnung gesetzt würde. Bodelschwingh, der als Vorsitzender des Herbergsverbandes der Herausgeber des »Wanderers« war, erwirkte daraufhin vom Betheler Anstaltsvorstand den Beschluß, daß Möhrchen sich in Zukunft zurückzuhalten habe.

Bei der zweiten Lesung des Gesetzes am 8. Mai 1907 lud Bodelschwingh das Abgeordnetenhaus für den darauf folgenden Himmelfahrtstag nach Hoffnungstal ein.[26] Es werde ein feines *»Menü«* geben: Erbsensuppe mit Speck. Wer damit nicht zufrieden sei, der möge sich ein Butterbrot mitbringen. Immerhin konnte er darauf verweisen, am letzten Sonntag hätten ein Minister und zwei Ministerinnen mit ihm in Hoffnungstal gegessen und seien *»sehr zufrieden«* gewesen. Er wolle dann mit den Abgeordneten zwei Stunden wandern, damit sie mit eigenen Augen sehen könnten: *»Hoffnungstal ist eine Wanderarbeiterstätte erster Klasse.« »Berlin hat mit der Gründung dieser Arbeitsstätte in seinen Annalen einen Ehrentag eingetragen«*, lobte er. Die Stadt Berlin habe *»uns für ihre Arbeitslosen ihren großen Wald übertragen«*, und zwar unentgeltlich auf 18 Jahre. *»Wenn die Stadtverordneten von Berlin einem armen Manne, wie ich es bin, noch dazu einem armen Pastor, der nicht gerade viel gilt bei den Herren, dies Vertrauen schenken, so ist das etwas Großes, und ich bin dafür der Stadt Berlin im höchsten Maße dankbar.«* Von solchen Taten wünsche er sich, *»daß sie jede deutsche Stadt nachahmen möchte«*.

Zwei Tage später dankte er bei seiner Rede zur dritten Lesung den Abgeordneten auch *»im Namen meiner armen Brüder von der Landstraße«*. Was er vor drei Jahren vergeblich erfleht habe, sei nun zu seinem großen Erstaunen wirklich geschehen. Mit dem Gesetz, das dann letztlich einstimmig angenommen wurde, sei auch eine Wohltat für den Richterstand erreicht worden, denn die Richter brauchten nun keine armen Bettler mehr zu verurteilen, ohne *»zu wissen, ob sie aus Not oder aus Faulheit gebettelt haben«*.

Zum Schluß ging er auf sein Verhältnis zu den Stadtverordenten ein, denn einige Zeitungen hatten ihn – wie er meinte – falsch verstanden und berichtet, *»daß die Berliner Stadtverordneten uns Pastoren nicht leiden konnten. Das ist falsch«*. Er habe nur gesagt, *»dieselben möchten mich armen, alten, rabenschwarzen, hyperorthodoxen Pastor nicht leiden; als solcher gelte ich ja. (...) Mit meiner Orthodoxie ist es schwach bestellt. Ich kenne nur einen Glauben, der in der Liebe tätig ist; einen anderen kennen auch alle meine Freunde nicht.«*

Bodelschwingh hatte ein wichtiges Vorhaben zu Ende gebracht. Oft war er, wenn seine Initiative in den Ministerien auf die lange Bank geschoben wurde, wütend geworden, hatte zu Balduf gesagt: *»Ich gehe jetzt zum Finanzministerium und werfe dort die Fenster ein; dann sollen sie mich einsperren, statt der armen Leute.«*[27] Gustav berichtet jedoch auch von anderen Enttäuschungen, die dem damals populärsten Abgeordneten nicht erspart blieben. Als er sich auf die Rednerliste des Parlaments hatte setzen lassen, aber beobachten mußte, daß vor seinen Namen immer wieder andere gesetzt wurden, hatte er traurig gesagt: *»Junge, laß uns gehen! Sie wollen mich nicht.«*[28]

Das Gesetz mußte nun noch das Herrenhaus, die 1. Kammer des

Landtags, passieren. Hier gab es nur eine Gegenstimme und die stammte vom Grafen von der Schulenburg-Grünthal. Er war nicht nur der Nachbar der neuen Kolonie Hoffnungstal, sondern auch der zuständige Amtsvorsteher. Zunächst spendete er Bodelschwingh und seinen Mitarbeitern großes Lob, aber die Kolonisten verdammte er in Grund und Boden. Sie seien Tagediebe und Schürzenjäger, amoralisch und asozial. Er sagte voraus, Bodelschwinghs Brüder von der Landstraße würden nie wieder zu einer geordneten Lebensführung zurückkehren. Seine Rede blieb zwar ohne Wirkung, jedenfalls was die Annahme des Gesetzes betraf, hatte aber ein großes Echo in der Presse.

Bodelschwingh nahm den Fehdehandschuh auf und schrieb seinem Widersacher einen offenen Brief, der ebenfalls große Publizität erlangte. In ihm hielt er dem Grafen entgegen, *»wenn Sie nun an unseren Kolonisten in Hoffnungstal und Lobetal kein gutes Haar lassen, und zwar ohne jede Einschränkung, und über alle zugleich den Stab brechen, so kann ich nicht anders, ich muß diese Ihre Einstellung als ein schweres Unrecht bezeichnen …«* Die Kolonisten, so Bodelschwingh, seien seine Freunde und Brüder: *»Ich versichere Ihnen, daß unsere Hoffnungstaler in mehr als einer Beziehung Ehrenmänner, Helden sind, die Größeres geleistet haben, als ich von mir rühmen kann. Und ich will bei dieser Ehrenrettung keine Ausnahme machen, wie Sie bei Ihrer Anklage auch keine machen.«*

Die große Leistung der Kolonisten sah Bodelschwingh darin, daß sie trotz der widrigsten Umstände und im größten Elend ihren Lebensmut und ihren Willen zur Rehabilitation bewahrt hatten und ihn in die Tat umsetzten, sobald sie dazu Gelegenheit hatten. *»Daher verstehen Sie nun wohl, Herr Graf, wie Sie mich bis auf's Blut verwundet haben mit Ihrer Anklage und daß, wenn ich den Ehrbegriffen folgen wollte, die in unserem Stande leider noch herrschen, mir nichts anderes übrig bliebe, als Ihnen meinen Sekundanten zu schicken, um mit scharfer Waffe die Beleidigung meiner Brüder zu rächen«*. Da er aber diesen Zwangsvorstellungen über Ehre nicht mehr unterworfen sei, zöge er daher mit *»scharfen, aber geistigen Waffen – gegen Sie ins Feld«*. So scharf der Brief auch gehalten war, er klang versöhnlich aus und bot dem Grafen an, das erste Stübchen von Gnadental zu spenden und, *»wenn es sein könnte, um das erste Kostgeld dazu«*.[29]

Die Auseinandersetzung mit dem Grafen von der Schulenburg-Grünthal nahm tatsächlich ein überaus versöhnliches Ende und ist ein Beispiel dafür, wie Bodelschwingh aus Widersachern Freunde machen konnte. Der Amtsvorsteher leistete »liebliche Sühne« indem er Bodelschwingh für den Ausbau von Hoffnungstal und Lobetal Ländereien aus seinem Besitz überließ. Der Ausbau von Lobetal gestaltete sich finanziell sehr schwierig, weil kein Grundbesitz beliehen werden konnte. So kam der erfindungsreiche Bodelschwingh schließlich auf die Idee, Schuldscheine auszugeben. Wobei die Schuldner mit Sicherheit wußten, es würde keine Einlösung der Schuldverschreibung geben.

Die Arbeiterkolonie Hoffnungstal sollte jedoch nicht Bodelschwinghs letzte Gründung sein. Als er 1907 die Berliner Bankiersgattin Blumenthal-Plaut durch Hoffnungstal führte, meinte sie: »Eine solche barmherzige Anstalt in frischer, freier Natur müßten wir auch für die versinkende Frauenwelt Berlins haben, ebenso weit von der verführerischen Hauptstadt entfernt und ebenso allen freiwillig nach Rettung Verlangenden aufgetan wie Hoffnungstal für die versinkende Männerwelt.«

Damit traf sie bei Bodelschwingh einen wunden Punkt. So sehr er von der Familie her dachte, sein soziales Rettungswesen bezog sich zunächst auf Männer. Nun wurde auf seine Anregung hin ein »Komitee für Rettungsarbeit an der weiblichen Jugend« in Berlin gegründet. Der Hoffnungstaler Wirtschaftsleiter von Blücher und der Berliner Pfarrer Behrend entdeckten, daß das Obdenhoffsche Landgütchen in Erkner an der östlichen Peripherie von Berlin zum Verkauf stand. Es wurde aufgekauft und in ihm eine Heimstätte für »gefallene Mädchen« gegründet, die den Namen »Gottesschutz« erhielt. Der abgeleitete Name kam aus Psalm 59,10: »Gott ist mein Schutz.«

Hoffnungstal wurde schließlich auch als gemeinnützige Stiftung

Die Kolonie Gottesschutz bei Erkner für Frauen

anerkannt, wodurch sich die finanzielle Situation wesentlich entspannte. Prinz Eitel Friedrich von Preußen, der Schirmherr der Arbeiterkolonie, hatte eine große Christusstatue, den einladenden Christus, gestiftet, der vor den beiden Kolonisten-Baracken in Lobetal aufgestellt wurde. Es war eine Nachempfindung der Plastik von Bertel Thorvaldsen, der nachhaltig den süßlichen Zeitgeschmack bestimmte. Dem konnte sich auch Bodelschwingh nicht entziehen. Er hatte nicht nur eine Nachbildung in seinem Arbeitszimmer; auch in der Zionskirche wurde ein nachempfundenes Relief über dem Eingangsportal angebracht.

Die Arbeit in Lobetal bewirkte, daß die kaiserliche Huld, die durch Bodelschwinghs Burenengagement einen Dämpfer erhalten hatte, wieder zu ihm zurückkehrte. 1907 verlieh ihm Wilhelm II. bei seinem dritten Besuch in Bielefeld den Hohenzollernschen Hausorden, das Komturkreuz zweiter Klasse.

Im gleichen Jahr erhielt Bethel eine eigene Druckerei, was für die publizistischen Aktivitäten von größter Bedeutung war. Dort wurde dann auch die neu gegründete Zeitschrift »Beth-El« gesetzt. Sie wurde von dem Missionar Wilhelm Heienbrock redigiert, inhaltlich aber maßgeblich von Samuel Jäger bestimmt. Es sollte neben dem »Boten von Bethel« und dem »Bethel-Anzeiger« eine monatliche Publikation werden, wo auch das wachsende Dozentenkollegium der Theologischen Schule mitarbeitete. Nicht nur religiöse, diakonische und missionarische Themen hatte sie zum Inhalt, sondern auch allgemeinbildende und in beschränktem Maße politische.

Mit der Verabschiedung des Wanderarbeitergesetzes sah Bodelschwingh im wesentlichen seine parlamentarische Arbeit als abgeschlossen an und lehnte die ihm erneut angetragene Kandidatur ab. Sie wäre von seiner Gesundheit her gesehen auch nicht mehr vertretbar gewesen. Die letzte Zeit seines Mandates nutzte er dazu, um sich für eine reichsgesetzliche Regelung »für seine Brüder von der Landstraße« zu bemühen. Wie sein Sekretär Franz Balduf berichtete, suchte Bodelschwingh sehr viele Abgeordnete auf und versuchte sie in seiner patriarchialischen Art zu beeinflussen. Balduf berichtete: »Er sprach mit einer ganzen Anzahl Abgeordneter wegen dem Gesetz und fand teils freudige Zustimmung, teils waren sie reserviert.« Gegenüber den letzteren sparte Bodelschwingh nach den Besuchen nicht mit Ausdrücken wie *»Esel«* und *»Schafsköpfe«*.

In dieser Zeit kam es auch zu einer Begegnung mit August Bebel im Reichstag. Das Treffen war von dem Bielefelder SPD-Abgeordneten Carl Severing vermittelt worden. Severing, der von Bodelschwingh unbekümmert als *»Bruder Severing«* angeredet wurde, war von seinem Bielefelder Landsmann im Reichstag angesprochen worden: *»Du mußt mir den Bruder Bebel und den Bruder Naumann suchen helfen ... Ich will mit euch einen Teller Erbsensuppe essen, und dabei können wir alles besprechen, was ich auf dem Herzen habe.«*[30]

Severing führte ihn in das Restaurant des Reichstags und plazierte ihn an den für die sozialdemokratische Fraktion reservierten Tisch. Naumann kam hinzu, und Bodelschwingh versuchte, den Vorsitzenden der sozialdemokratischen Partei für die Not der Arbeitslosigkeit und der Massenarmut zu informieren und zu interessieren. Severing schilderte später, »der alterfahrene Parlamentarier Bebel konnte dem hilfesuchenden Pastor nicht viel Tröstliches sagen«, zumal der die Kernfragen des Problems gelöst sehen wollte.

Bebel, der sich als Führer des vierten Standes sah und bei aller Ideologie des Klassenkampfes Realpolitik machte, hielt es mit Heine, »den Himmel überlassen wir den Engeln und den Spatzen«, was Bodelschwingh nicht darin hinderte zu sagen: *»Wissen Sie, lieber Freund, unsere Sache geht auf die Ewigkeit.«*

Während das Gespräch zwischen Bebel und Bodelschwingh von gegenseitiger Achtung getragen war und Bodelschwingh sich von ihm mit *»ich komme öfter zu Euch«* verabschiedete, hatte Bodelschwingh für den späteren Führer der Liberalen nur ein *»Naumann, ach Naumann«* übrig. Balduf berichtete: »In dem ›Ach Naumann!‹ lag ein so schmerzlicher, aber auch barmherziger Ton, daß in diesen zwei Worten die ganze Lebensgeschichte ausgesprochen war.« Friedrich Naumann hatte am Rauhen Haus gewirkt und war Vereinsgeistlicher der Inneren Mission und Stöckers früherer Mitarbeiter im Evangelisch-sozialen Kongreß gewesen. Er war mit Bodelschwingh bereits 1888 in Bethel zusammengetroffen. Es war jedoch zu einer Entfremdung gekommen, weil Naumann in seinem Organ »Die Hilfe« »Lieder einer freiwilligen Fabrikarbeiterin«[31], Elisabeth Gnauck-Kühne, der Vorkämpferin der Frauenbewegung, veröffentlicht hatte. Die aber waren für Bodelschwingh eine Diskriminierung der weiblichen Fabrikarbeit, die er zwar christlich beeinflussen wollte, die er aber für unvermeidlich hielt, und so hatte er am 7. Februar 1895 enttäuscht an Naumann geschrieben: *»Sie haben es mir wirklich damit unmöglich gemacht, meine Aufsätze, die ich für Sie vorhatte, an Ihr Blatt zu schicken.«*

6. »*Bruder, was stirbst du leicht*«

Die letzten Jahre

»Bruder, was stirbst du leicht ...« hatte Bodelschwingh 1905 am Sterbebett sitzend zu seinem alten theologischen Mentor und Freund aus der Minden-Ravensberger Erweckungsbewegung, Carl Siebold, gesagt. Siebold war bereits 1884 nach Bethel gekommen und hatte Bodelschwingh als Hilfsprediger einen Teil der seelsorgerlichen Arbeit abgenommen. Nun, als es ans Sterben ging, waren beide von der Glaubensgewißheit erfüllt, sich in der himmlischen Ewigkeit wiederzusehen.

Aber trotz kindlicher Fröhlichkeit am Sterbebett des Freundes – die letzten Jahre Bodelschwinghs waren auch gekennzeichnet von der Trauer um mehrere seiner Freunde. Zu ihnen gehörte Adolf Stoecker, der am 7. Februar 1909 starb. Nachdem Bodelschwingh ihn 1906 auf seinem Raintaler Hof besucht hatte, hatte es 1907 noch eine letzte Begegnung gegeben, als Stoecker auf der Heimreise in Bethel Station machte. Bodelschwingh schrieb in einem Nachruf für die »Erinnerungsblätter«, den Ernst Bunke erbeten hatte, daß er Stoeckers politischen Kampf nicht bejahen konnte; er habe ihm gewünscht, von politischen Feinden frei nur den Kampf mit dem Sündenelend zu führen. Aber wegen Stoeckers *»hinabsteigenden Andachten«* habe er *»alles abgebeten, was ich im Leben an ihm auszusetzen gehabt habe«*.

Er glaubte, seinem Freund noch einen letzten Dienst erweisen zu können, indem er dessen christlich-soziales Blatt »Das Reich« zu erhalten versuchte. Bodelschwingh bemühte sich, Andrew Carnegie zu bewegen, dafür fünfzigtausend Mark zu spenden, aber statt dessen bot ihm der amerikanische Industrielle an, eine größere Spende für Bethel zu machen, um mit ihr auch in Bethel seine Idee eines Völkerfriedens zu manifestieren.

Mit einem Schlag wäre er alle Sorgen um Hoffnungstal ledig gewesen. Carnegies Brief, der nicht erhalten ist, kann nur aus Bodelschwinghs Antwort vom 16. Dezember 1909 rekonstruiert werden. Darin lehnte Bodelschwingh das Ansinnen aus zwei Gründen ab: Der erste war, er wollte sich nicht in die Abhängigkeit eines einzigen Spenders begeben, und die Spenden der vielen Bethelfreunde, auch wenn sie groschen- und markweise zustande kamen, erschien ihm eine sicherere Finanzierungsgrundlage zu sein. Zum anderen aber meinte er, Carnegies Hoffnung auf einen irdischen Frieden nicht

Bodelschwingh und der Hofprediger Adolf Stoecker (1835-1909)

Raum geben zu können, da *»aller Krieg vor der Wiederkunft des Herrn ein Ende haben wird, und zwar darum, weil der Herr selbst ganz bestimmt gesagt hat, daß man bis ans Ende der Tage von Krieg und Kriegsgeschrei hören werde. Solches Kriegsgeschrei wird erst verstummen nach der letzten Posaune, welche die Wiederkunft Christi ankündigen wird.«* In diesem Brief setzte er sich dann eingehend mit dem Krieg und seinen Folgen auseinander, indem er nicht nur die *»Wunden«*, sondern den *»Segen«* sah[1], weil die Not beten lehre.

Bodelschwingh, der im militärisch geprägten Bürgertum groß geworden war, war gegenüber dem Militär, nicht aber gegenüber den Soldaten, sehr kritisch und stellte fest:

»Nein, was unsere Kriege so grausam macht, sind keineswegs vor allem die während eines Krieges geschlagenen leiblichen Wunden.

Die schwersten Leiden, die der Krieg mit sich bringt, kommen vielmehr über ein Volk in der Zeit des Friedens, in welchem die junge Mannschaft der zivilisierten Nationen auf den Krieg vorbereitet wird ... Daß durch das böse Vorbild und die unflätigen Reden älterer Kameraden unsere junge Mannschaft in ihrem innersten Seelenleben und an ihren Gewissen Wunden erleidet, die viel schlimmer sind als die schlimmsten Wunden, welche der Krieg schlägt ... In welchem nach gewonnener Schlacht unsere Kriegsleute auf ihren Kriegslorbeeren ausruhten und vergaßen, was Gott an ihnen getan hatte ...«

Carnegie war von Bodelschwinghs Brief bitter enttäuscht. Sein Freund, Frank Buchman, schrieb nach Bethel: »wenn dieser Brief doch nie geschrieben wäre! Jetzt sind Sie um die Millionen gekommen, die Carnegie drauf und dran war, Ihnen zu schenken«. Doch Bodelschwingh fühlte sich in Wirklichkeit befreit. Der nun an Bethel vorbeigegangene Dollarsegen hatte bei ihm wahre Alpträume ausgelöst. Im Traum hatte er gerufen, als der längst verstorbene Anstaltsbote den Sack mit Goldstücken ins Zimmer schüttete: *»nimm mir die Millionen wieder ab«*[2].

Nach seinem Rückzug aus der Politik beschäftigte er sich in den letzten Lebensjahren vordringlich mit der Bethel-Mission, die ihre Arbeit von Tansania nach Ruanda ausgedehnt hatte. Dabei hatte er ein besonderes Vertrauensverhältnis mit Ernst Johannssen, den er mit *»Mein geliebter Bruder«* anredete und dem er in seinen Briefen auch sehr Persönliches anvertraute. So schrieb er ihm am 5. Februar 1908 nach Kirinda, daß sein zweiter Sohn Wilhelm an einer überaus heftigen Lungenentzündung erkrankt war, die ihn *»an den Rand des Grabes brachte, so daß ich mehrfach mit meinen Kindern schon von ihm Abschied zu nehmen hatte ... Allein eine Folge war eine Vergiftung seines Blutes und damit eine Verdunkelung seines Bewußtseins, so daß er schon über vierzehn Tage meistenteils in tiefer Dunkelheit oder heftigem Delieren darliegt und ich ihn nach unserem Morija bringen mußte. Doch brechen bereits die ersten Lichtstrahlen wiederkehrenden Bewußtseins durch die Dunkelheit hindurch ...«*[3]

Durch Wilhelms Krankheit mußte Bodelschwingh im April selbst die Einsegnung von siebenundvierzig neuen Schwestern vornehmen. Aber auch Lobetal zwang ihn immer wieder zur Aktivität. Im Jahre 1909 waren es immerhin noch siebzig Briefe, die er dafür schreiben mußte. Am 21. Mai konnte die Lazarus-Fachwerk-Kapelle, die Bodelschwingh von der Berliner Stadtsynode für tausend Mark angekauft hat, in Lobetal neu errichtet werden. Gleichzeitig konnten die Erweiterungsbauten von Gnadental eingeweiht und der erste theologische

Leiter, Pastor Friedrich Onnasch, in sein Amt eingeführt werden. Bodelschwinghs Absicht war, die Hoffnungstaler Einrichtungen durch einen großen Kreis von Mithelfern tragen zu lassen. Die vielen Schultern waren ihm auch hier eine sicherere Grundlage für die Arbeit als die Abhängigkeit von einigen Großgeldgebern.

Sein Leben lang hatte Bodelschwingh für den Menschen als individuelles Geschöpf Gottes gekämpft. Bis in sein hohes Alter fühlte er sich dem Individuum Mensch verpflichtet. Zu seinem Menschenbild gehörte es, daß auch die Ärmsten nicht in Massenquartiere zusammengepfercht wurden, sondern ein kleines, persönliches Eckchen hatten, in das sie sich zurückziehen konnten. Darum setzte er sich bis kurz vor seinem Tod dafür ein, daß auch die Soldaten, ähnlich wie die Kolonisten in Lobetal, Einzelstübchen bekamen. An den Kriegsminister Josias von Heeringen schrieb er: *»Ich weiß es aus meiner eigenen Militärzeit und habe es seitdem in einem fast achtzigjährigen Leben ungezählte Male bezeugt gefunden, welche Gefahren das Zusammenleben in den gemeinsamen Quartieren für die Soldaten mit sich bringt. Ein einziger unsauberer Bursche verdirbt oft eine ganze Stube. Und je größer die Stuben sind, desto größer die Gefahr.«*[4]

Er wies auf die Erfahrungen von Hoffnungstal hin, *»der Unterschied zwischen den Kolonien mit Massenquartieren und dieser Kolo-*

Mit Enkelkind

Bodelschwingh im Alter mit seinem Betreuer

nie mit Einzelquartieren ist ein überraschend großer. Während in den übrigen Kolonien trotz eines gleichwertigen Aufsichtspersonals und trotz einer gleich guten Verpflegung die Haltung und der Ton unter den Kolonisten immer noch zu wünschen übrigläßt, ist beides in der Kolonie Hoffnungstal geradezu mustergültig zu nennen.«

Doch dieser Vergleich zwischen einer Kaserne und einer Arbeiterkolonie war vermutlich für das Militär zu abwegig, so daß Bodelschwinghs Pläne von vornherein zum Scheitern verurteilt waren. Aber das war er gewohnt, denn immerhin hatten sie auch dreißig Jahre zuvor seine Idee eines lenkbaren Luftschiffs für eine Utopie gehalten, und jetzt waren sie dabei, Pläne zu schmieden, wie aus der Luft Krieg geführt werden konnte.

Anfang 1909 war es ihm gelungen, Gustav von seiner Pfarrstelle in Dünne nach Bethel zurückzuholen, der nun die Aufgabe seines persönlichen Gehilfen hatte. Damit waren nun alle drei Söhne in Bethel tätig. Aus der Nähe sah Gustav, wie es mit dem Gesundheitszustand seines Vaters bergab ging. »Mit zitterndem Herzen freilich beobachten wir, wie in den ersten Monaten des Jahres 1909 die frische Farbe auf dem Angesicht des geliebten Vaters verloren und sein sonst munterer Schritt mühsam und schleppend wurde.« Bodelschwingh selber spornte sich an, indem er sich selber befahl: *»Vorwärts, fauler Kerl.«*

Doch nachdem er am 18. April noch die siebenundvierzig Schwestern eingesegnet hatte, wurde er am 19. April von einem Schlaganfall getroffen. Er war nicht allzu schwer, aber es machten sich Sprachlähmungen bemerkbar, und Bodelschwingh mußte nun selbst in den Rollstuhl.

Wieder einmal suchte er Linderung in Bad Wildungen. Hier beschäftigte er sich, wie Gustav berichtete, eingehend mit dem Schicksal der Juden und sagte zu dem Sohn: »Über allen bitteren Erfahrungen ist die Liebe erkaltet, aber wir müssen mehr für sie tun.« Als Seelsorger fühlte er sich auch für die jüdischen Mitbürger verantwortlich.

Bodelschwingh blieb nicht lange in Bad Wildungen, er hatte Heimweh. *»Haltet mich nicht auf, ich muß nach Hause«*, bat er. Ob er damit Bethel oder seine überidische Heimat meinte, wußten seine Kinder nicht. So brachten sie ihn aufgrund des Rates von Dr. Paul Huchzermeier nach Eckardtsheim in den Eichhof. Nun war er in Bethel, aber nicht mitten im Zentrum. *»Was ist aus der Wüste geworden!«* sagte er anerkennend und zugleich fragend zu seinem Werk. Der Eichhof, der bis Ende August 1909 nun sein Quartier sein sollte, war 1901 gegründet worden, ein Haus für nervenleidende Männer, die, wie es damals hieß, bemittelten Ständen angehörten. Sie hießen in der Anstalt Pensionäre und brauchten nicht geschlossen untergebracht zu werden. Wie Fritz von Bodelschwingh schrieb, hielt sein Vater es dort nach der Devise, die er immer anderen empfohlen hatte: *»Das beste Mittel, um über die eigene Krankheit wegzukommen und sie innerlich zu überwinden, besteht darin, daß man sich anderer annimmt.«*[5] Seinen besorgten Ärzten verkündete er: *»Meine Herren, die Arbeit können Sie mir wohl verbieten, aber die Heiterkeit meines Gemütes, die sie mir bringt, können Sie mir dafür nicht wiedergeben.«*

Am 14. August 1909 nahm er in Bethel seine Tätigkeit wieder auf, wenn auch mit sehr eingeschränktem Programm. Der Morgen gehörte der Schreibtischarbeit. Wenn ihn die Müdigkeit beim Diktieren übermannte, murmelte er: *»es will nicht mehr«*. Nach einem kurzen Schlummer raffte er sich wieder auf und diktierte weiter. Am Nachmittag besuchte er, wenn es eben ging, die einzelnen Häuser. In seinen letzten Jahren hatte sich sein Interesse besonders auf die psychisch Kranken konzentriert.

Vor Weihnachten bekam er eine Lungenentzündung. Nachdem die Krise überstanden war, raffte sich Bodelschwingh auf Anraten seines Arztes aus dem Bett auf und wanderte, gestützt auf seine Stöcke, im Zimmer auf und ab, ruhte sich immer wieder im Sessel aus, schlief einen Augenblick, um dann wieder seine Wanderungen aufzunehmen. Die Überwindung der Lungenentzündung hatte offenbar seine Kräfte wieder regeneriert, so daß, wie Gustav berichtete, der Vater nach Weihnachten mit größerer Frische als vorher seine Arbeit wieder aufnehmen konnte.

Er durfte noch erleben, daß die Provinzen Hannover und Sachsen das Wanderarbeitsstättengesetz annahmen. Seine Gedanken galten aber in seinen letzten Monaten vordringlich der Mission. Es war die Zeit, wo Berichte über das furchtbare Leiden der einheimischen Kongobewohner nach Deutschland drangen. Er ließ sich diese Berichte Abschnitt für Abschnitt von Gustav vorlesen, wobei er ihn immer wieder unterbrach: *»ich kann es nicht hören; es ist nicht wahr, es kann nicht sein«*, um dann nach einer Zeit zu sagen: *»Lies weiter! Wir müssen die Sache zu Ende hören.«* Er machte sich Vorwürfe, daß Bethel so wenig weibliche Hilfskräfte nach Afrika hinübergesandt hatte, und beratschlagte mit Missionsinspektor Trittelvitz, wie dem Elend in Afrika entgegenzutreten sei. Mit dem später zur Legende gewordenen Satz spornte er Trittelwitz an: *»nur nicht zu langsam; sonst sterben sie drüber!«*

Sehr offen sprach er mit Gustav, daß dieser nach dem Tod des Vaters mit seiner Familie nach Afrika gehen solle, um die Mission zu verstärken. Diesmal sollte Gustav folgen.

Am 6. März 1910 wurde sein neunundsiebzigster Geburtstag im Betheler Gemeindesaal, dem Assapheum, gefeiert. Doch sowohl er wie auch die Gemeinde spürte – es war ein Geburtstag des Abschieds. Als man ein Hoch auf ihn ausbringen wollte, wehrte er ab und ließ statt dessen das Lied singen »Je kleiner ich, je größer du«. Studenten, die ihn begrüßen wollten, streckte er die Hände entgegen und sagte: *»Meine lieben jungen Freunde, seht, das ist es, was ihr lernen müßt, worauf es ankommt: Hände ausstrecken, Hände ausstrecken!«*

Und doch, er wünschte sich, noch sechs Jahre zu leben. Caroline von Zacha vertraute er an: *»Man hat sich sein ganzes Leben auf den Himmel gefreut, aber wenn es nun so dicht dran ist, dann wird es doch sauer.«* Mit Harnack hatte er sich nicht versöhnen können, aber versöhnlich waren seine Gedanken im Hinblick auf die Sozialdemokratie. Seine Zukunftsrichtung war: *»Liebe erweisen, mit ihnen zusammen die große Wohltat zeigen, daß sie mit uns zusammen für das Reich der Wohlfahrt der Menschen sorgen.«*

Bodelschwingh hatte zutiefst daran geglaubt, daß er die Wiederkunft Christi noch erleben würde. Als sein Lebensweg zu Ende ging, vertraute er seinem designierten Nachfolger und jüngsten Sohn Fritz an: *»Wir müssen alle Tage vor den Toren Jerusalems leben.«*[6]

Der 30. März 1910 war der Mittwoch nach dem Osterfest. Am 29. hatte er noch gearbeitet, einen Brief an Christoph Blumhardt den Jüngeren geschrieben und Briefe an die Missionare in Ruanda. Das Abendgebet beendete er mit den Worten: *»sorget nicht, Kinder! Alle Eure Sorgen werfet auf ihn!«* Im Gebet hatte er auch seiner Schwiegertochter Adelheid gedacht, die gerade eine Lungenentzündung durchmachte. Im Bett notierte er einige Gedanken zu einem Aufruf zur Hilfe für die Kongolesen, ließ sich von seiner Tochter Frieda noch einmal Nachrichten aus der Ostafrikanischen Mission vorlesen. Alles schien friedlich. Dann traf ihn gegen 21.30 Uhr ein neuer Schlaganfall, der ihn linksseitig lähmte. Er konnte nur noch die rechte Hand bewegen.

Die Hoffnung, daß er sich wie vor einem Jahr wieder erholen würde, erfüllte sich nicht. Diesmal konnte er nicht sagen: *»nun geht wieder an Eure Arbeit«*, er konnte nicht mehr sprechen. Mit der rechten Hand zeigte er nach oben. Das Leben des Friedrich von Bodelschwingh neigte sich dem Ende zu. Am 2. April 1910 schloß er seine

Auf dem Totenbett

Augen. Er starb inmitten seiner Familie. Als die Glocken der Zionskirche seinen Tod verkündeten, fielen die Glocken der Stadt Bielefeld ein. »Ein Trauergeläute, und doch zugleich ein Siegesgeläute!« berichtet Fritz. »Uns aber war zumute, als müßte bei diesem Sterben alle Trauer in Freude untergehen und alles Leid in Danken endigen.«

Bodelschwingh, der zu den großen Gestalten nicht nur der Diakonie, sondern auch der Sozialgeschichte gehört, hatte in seinem Vermächtnis geschrieben:

»Die Hauptsache bleibt, daß die Anstalten in bisherigem Frieden miteinander zusammenbleiben. Jeder Versuch, dieselben geistlich und leiblich und materiell streng voneinander zu scheiden, wird die schwersten Folgen haben und den Frieden zerreißen. Sehr herzlich möchte ich bitten, daß unserer Anstalt einesteils das Gepräge der Armut und Niedrigkeit, andernteils der weiten Barmherzigkeit bewahrt bleibe. Nie soll das Geld Königin sein, sondern die Barmherzigkeit. Hierbei wird die Anstalt sich auch materiell am besten stehen. Nicht die festen Kapitalien, sondern der Glaube soll die Sicherheit von Bethel sein und bleiben. Der barmherzige Heiland, der diese Anstalt bisher mit Gnade erhalten hat, wolle alle Zeit mit seinem teuren Wort und Sakrament in derselben wohnen und walten, damit sein Name gepriesen und Elenden geholfen werde.«[7]

Trauerzug der Sarepta-Schwestern, 6. April 1910

Nach dem Willen des Verstorbenen übernahm sein Sohn Fritz bereits am 3. April die Amtsgeschäfte. In seiner Antrittsrede vor den Ärzten, Pastoren und anderen leitenden Beamten ging er auf das Vermächtnis seines Vaters ein: »Dieser Geist alleine wird uns den Ausweg zeigen aus mancherlei Schwierigkeiten und Konflikten, die uns nicht erspart bleiben werden. Dieser Geist wird alleine uns untereinander die Fehler tragen helfen, die wir machen, und die Versehen in Ordnung bringen, die vorkommen.«[8]

Unter großer Anteilnahme der Bethelbewohner, der Kirche und der Öffentlichkeit wurde Bodelschwingh am Mittwoch, dem 6. April 1910, auf dem Friedhof neben der Zionskirche, dem grünen Hügel von Bethel, zur letzten irdischen Ruhe gebettet. Eine Ruhestätte vor den *»Toren Jerusalems«*.

Friedrich von Bodelschwingh gehörte zu den wenigen Persönlichkeiten, die im 19. Jahrhundert das soziale Gewissen des Protestantismus verkörperten. Er wurde zu einer Vorzeigefigur der Kirche, der in vielen kirchlichen und diakonischen Institutionen mit seinem Namen verewigt wurde, aber eine nennenswerte Gefolgschaft der Privilegierten blieb ihm versagt. Seine Lobby bestand aus Behinderten und sozial Schwachen. Er war ein Mann, der seinen kindlichen Glauben lebte, der sich an der Kirche rieb, sie aber nie verließ, der sich nie in ihren oder seinen eigenen Dogmen verfing.

Bodelschwingh war ein Mann des 19. Jahrhunderts, der jedoch nie in den Konventionen seiner Zeit erstarrte. Er konnte sich den Irrungen und Wirrungen seiner Zeit nicht immer entziehen, seine Ideen aber führten ins 20. Jahrhundert. Ohne es zu wollen, war er auf seine Weise ein Vorkämpfer im sozialen Bereich. Sein soziales Engagement war ein Teil seines Christentums. Weil ihm auch im tiefsten Leid Barmherzigkeit widerfahren war, war er barmherzig geworden.

Sein Mitarbeiter Walter Trittelvitz meinte: »Man lernt erst mit der Zeit Vater Bodelschwinghs Ausdrucksweise verstehen und auf ihren eigentlichen Kern reduzieren.«

Zu: 1. Elternhaus – Kindheit – Jugend

1 M. Ludwig Hofacker: Predigten für alle Sonn-, Fest- und Feiertage, 35. Auflage, Stuttgart 1878, S. 201ff

2 Skrofeln oder Skrofulose = Drüsen- und Lymphknoten-Erkrankung mit einer Bereitschaft, auf Reize mit Entzündungen zu reagieren. Im vorliegenden Fall ist zu vermuten, daß es sich auch um einen tuberkulösen Prozeß handelte.

3 Friedrich von Bodelschwingh sen.: Erinnerungen aus meinem Leben, Teil 1, in: Beth-El, 1. Jg. 1909, S. 37 (im folgenden zitiert unter »F. v. B.: Erinnerungen«)

4 Alfred Adam (Hrsg.): Friedrich von Bodelschwingh. Briefwechsel, Bd. 2, Bielefeld-Bethel 1975, S. 748) (im folgenden zitiert unter »Briefwechsel«)

5 Nur ein Teil der Erinnerungen, die sich im Besitz von Luise von Bodelschwingh befanden, sind, wie dem Verfasser mitgeteilt wurde, im Hauptarchiv der v. Bodelschwinghschen Anstalten Bethel (HAB) vorhanden. Nur ein Teil wurde in der Zeitschrift Beth-El abgedruckt, so daß auf M. Gerhardts Biographie vielfach zurückgegriffen wurde: Martin Gerhardt: Friedrich von Bodelschwingh. Ein Lebensbild aus der deutschen Kirchengeschichte, Bethel 1950 (hier: Bd. I, S. 61)

6 Nachdem Ernst 1833 mit vier Jahren gestorben war, wurde der 1834 geborene Sohn wieder auf den Namen Ernst getauft.

7 M. Gerhardt, Bd. I, S. 70

8 ebenda, S. 73

9 Heinrich von Treitschke: Deutsche Geschichte im neunzehnten Jahrhundert, Bd. V, Leipzig 1928, S. 12

10 ebenda, S. 602

11 Brief Ernst von Bodelschwinghs an Geheimrat Fallenstein v. 30. März 1848, veröffentlicht in: Briefwechsel, Bd. 1, S. 223ff, Bielefeld-Bethel 1975

12 M. Gerhardt, Bd. I, S. 44

13 ebenda, S. 85

14 ebenda, S. 48

15 ebenda, S. 95

16 F. v. B.: Erinnerungen, in: Beth-El, 5. Jg., Jan. 1913, S. 13

17 Briefwechsel, Bd. 1, S. 7, vgl. auch F. v. B.: Erinnerungen, in: Beth-El, 5. Jg., S. 32

18 ebenda, S. 32

19 ebenda, S. 70

20 ebenda, S. 72. Bodelschwingh widmet seinem Abschied aus Gramenz in seinen Erinnerungen einen breiten Raum.

21 Wilhelm Brandt: Das Studium Bodelschwinghs, in: Jahrbuch der Theologischen Schule Bethel, 2. Bd., hrsg. v. Theodor Schlatter, Bethel 1931, S. 105

22 Martin Gerhardt bezweifelt in einer Anmerkung zu seiner Biographie, Bd. I, S. 140 die Objektivität der Selbsteinschätzung Bodelschwinghs.

23 ebenda, S. 144

24 F. v. B.: Erinnerungen, in: Beth-El, 5. Jg., S. 113

25 Gustav Menzel: Pastor Fritz und die Bethel-Mission, in: Bethel Nr. 31, Bielefeld-Bethel 1987

26 F. v. B.: Erinnerungen, in: Beth-El, 5. Jg., S. 181

27 Brief v. E. Senfft, HAB Best. Slg. D III s Nr. 2

28 M. Gerhardt, Bd. I, S. 181

29 Heute ebenso wie Bethel ein Stadtbezirk von Bielefeld
30 Der Marthashof in Berlin, wo Ida v.B. zuvor war, gehörte damals zum Kaiserswerther Diakoniewerk. Dort lernte Ida ihre Freundin Hedwig von Brauchitsch, die spätere Kaiserswerther Oberin, kennen. (Vgl. auch: Caroline von Zacha: Leben, Leiden und Sterben der Pastorin von Bodelschwingh, in: HAB A 337)
31 F. v. B.: Erinnerungen, in: Beth-El, 5. Jg., S. 245
32 Briefwechsel, Bd. 1, S. 29ff
33 M. Gerhardt, Bd. I, S. 225
34 F. v. B.: Erinnerungen, in: Beth-El, 6. Jg. 1914, S. 32

Zu: 2. Gassenkehrer-Pastor – Gemeindepastor – Feldprediger

1 F. v. B.: Erinnerungen, in: Beth-El, 6. Jg., S. 2
2 vgl. Karl Witt: »Jesus nimmt die Sünder an«. Ein Lebensbild des Lehrers Heinrich Witt, Neumünster o.J.
3 Die Hügelschule in Paris bildete eine der Wurzeln der späteren Deutschen Schule in Paris. Vgl. Wilfried Pabst: 120 Jahre Deutsche Schule in Paris, Gütersloh 1980
4 Briefwechsel, Bd. 1, S. 65
4a 1862 bekam Friedrich von Bodelschwingh das Angebot, als Pastor an die Deutsche Botschaft nach Konstantinopel zu gehen. Es ist ungeklärt, ob das auf den Einfluß seines Onkels Karl zurückging, der seit 1862 wieder Finanzminister war.
5 ebenda, S. 67
6 ebenda, S. 69ff
7 M. Gerhardt, Bd. I, S. 291
7a Carl Siebold und Paul Huchzermeier waren führende Pastoren der Minden-Ravensberger Erweckungsbewegung.
8 Adalbert von Arnim war ein Hochstapler und Betrüger. Mutter Schnepper war eine Elsässerin, die in der Nachbarschaft zusammen mit ihrem Sohn Jules eine Dachkammer bewohnte und das Anwesen in Ordnung hielt.
9 Briefwechsel, Bd. 1, S. 77ff
10 Friedrich von Bodelschwingh: Von dem Leben und Sterben vier seliger Kinder, in: Aus der Schmerzhütte, Erstes Bändchen, 4. Aufl., Bethel 1910, S. 124ff
11 zit. nach M. Gerhardt, Bd. I, S. 337
12 Briefwechsel, Bd. 1, S. 80
13 Die Wahl wurde vermutlich heimlich von Bodelschwinghs Schwager Constantin Freiherr von Quadt-Wykradt-Hüchtenbrock betrieben, dem Landrat von Hamm.
14 zit. nach M. Gerhardt, Bd. I, S. 352
15 Gustav von Bodelschwingh, Friedrich von Bodelschwingh: Ein Lebensbild, 14., gekürzte Aufl., Bielefeld 1978, S. 47
16 ebenda, S. 50
17 Westfälischer Hausfreund, Nr. 51, 17. Dez. 1865
18 Das vom Konsistorium eingeleitete Disziplinar-Verfahren führte nicht zum Ziel, denn Brockhaus konnte dem Konsistorium eine zufriedenstellende Erklärung geben.
19 M. Gerhardt, Bd. I, S. 377
20 Westfälischer Hausfreund, 8. Dez. 1866
21 ebenda, 20. Mai 1866
22 ebenda, Nr. 29 bis 35, 38 bis 42, 1866 (»Aus dem Tagebuch eines Feldpredigers«)
23 F. v. B.: Von dem Leben und Sterben vier seliger Kinder
24 G. von Bodelschwingh, S. 55
25 M. Gerhardt, Bd. I, S. 446

26 ebenda, S. 431
27 Westfälischer Hausfreund, Nr. 28 und Nr. 44, 1867
28 Friedrich von Bodelschwingh: Tagebuch-Aufzeichnungen aus dem Feldzug 1870, Gadderbaum bei Bielefeld 1896
29 zit. nach M. Gerhardt, Bd. I, S. 461
30 vgl. Hartmut Lehmann: Friedrich von Bodelschwingh und das Sedansfest, in: Historische Zeitschrift, Heft 202/3, Juni 1966, S. 546
31 M. Gerhardt, Bd. I, S. 468
32 ebenda, S. 496f
33 HAB Slg A VI, 1,7

Zu: 3. Bethel – Sarepta – Nazareth

1 Protokoll HAB Bestd. 143, 1
2 M. Gerhardt, Bd. I, S. 501
3 Brief von John Bost (Übersetzung), HAB Sig BI 2, 1,3
4 Franz Balke: Was erfordert die christliche Fürsorge für die Epileptischen? (Vortragsmanuskript) Bonn, 27. Juni 1865, HAB Slg B I 2 Nr. 4
5 Grundsteinurkunde Archiv Sarepta
6 Protokoll des Verwaltungsrates vom 6. Sept. 1872, HAB Best. S. 151, 2
6a nach Bernhard Gramlich: Friedrich von Bodelschwingh. Werk und Leben, Stuttgart 1981, S. 128
7 M. Gerhardt/Alfred Adam, Friedrich von Bodelschwingh. Ein Lebensbild aus der deutschen Kirchengeschichte, Bd. II, Bethel 1952, S. 27
8 Der Bethel-Psalm wurde immer wieder neu vertont.
9 G. v. Bodelschwingh: Friedrich von Bodelschwingh, S. 71
10 ebenda, S. 67
11 ebenda, S. 63
12 Brief an Eva von Tiele-Winckler v. 24.11.1888, in: Briefwechsel, Bd. 1, S. 205
13 Jahresbericht Sarepta, Archiv Sarepta
14 M. Gerhardt/A. Adam, Bd. II, S. 47
15 Friedrich von Bodelschwingh: Das Evangelische Diakonissenamt. Ein Beitrag zum Wegräumen von Vorurteilen, gehalten am 18. Jani 1877 in Lippstadt, S. 19 (Archiv Sarepta)
16 Bielefelder Sonntagsblatt Nr. 5, 4. Febr. 1877
17 F. v. Bodelschwingh: Das Evangelische Diakonissenamt
18 M. Gerhardt/A. Adam, Bd. II, S. 58f
19 F. v. Bodelschwingh: Diakonissenamt, S. 14
20 G. v. Bodelschwingh, S. 75
21 Robert Frick: Was kann von Nazareth Gutes kommen? , Neunkirchen-Vluyn 1977, S. 10ff
22 Vorst. Protokoll vom 2. Dez. 1878, HAB Slg A VI 1,7
23 G. v. Bodelschwingh, S. 76. Letztlich macht Bodelschwingh also doch Unterschiede zwischen Frauen und Männern; vielleicht auf Grund seiner Erfahrungen der Pflege im Krieg.
24 G. v. Bodelschwingh, S. 77
25 M. Gerhardt/A. Adam, Bd. II, S. 97
26 Monatsschrift für Diakonie und Innere Mission, 4. Jg. 1879/80, S. 7
27 M. Gerhardt, Bd. I, S. 101ff
28 HAB Best. 1/A7

29 Robert Frick: Was kann von Nazareth ..., S. 25
30 Brief an einen Diakon, in: Briefwechsel, Bd. 1, S. 296
31 Alfred Adam (Hrsg.): Friedrich von Bodelschwingh. Ausgewählte Schriften, Bd. I, Bielefeld-Bethel 1975, S. 42ff (im folgenden zitiert als »Ausgewählte Schriften«)
32 ebenda, S. 47
33 M. Gerhardt/A. Adam, Bd. II, S. 123ff, s.a. G. v. Bodelschwingh, S. 103
34 Jagielski: Die Überhandnahme der Bettelei und ihre Bekämpfung
35 M. Gerhardt/A. Adam, Bd. II, S. 134
36 Mitteilungen der Freunde von Bethel und Sarepta, Nr. 15, HAB B iv 1a
37 Briefwechsel, Bd. 1, S. 135ff
38 G. v. Bodelschwingh, S. 111
39 Fritz von Bodelschwingh: Aus einer hellen Kinderzeit, 12. Aufl., Bethel 1969, S. 111
40 Gerhard Ruhbach: Wir fragen nach Friedrich von Bodelschwingh, dem Pastor, in: Beth-El, Nr. 24, hrsg. v. Johannes Busch, Bielefeld-Bethel 1981, S. 32
41 F. v. Bodelschwingh: Aus einer hellen ..., S. 100
42 G. Ruhbach, S. 32

Zu: 4. Der christlich-soziale Antisozialist

1 Briefwechsel, Bd. 1, S. 157ff
2 ebenda, S. 159ff
3 G. v. Bodelschwingh, S. 114
4 HAB B I 31 15 b und BB I 3,1 15b
5 Ausgewählte Schriften, Bd. II, S. 92
6 ebenda, S. 83
7 Hier sei auf den marxistischen Historiker Ernst Engelberg verwiesen – E. Engelberg: Bismarck, Urpreuße und Reichsgründer Berlin (Ost) 1985, sowie seine Äußerung in einem Fernsehinterview im ZDF mit Günter Gaus über seine Bismarckforschung. Bismarck sei ein Revolutionär von oben gewesen, der allerdings immer nur zu Reformen bereit gewesen sei, wenn zuvor die Sozialisten den entsprechenden Druck gemacht hätten.
8 Bodelschwingh schrieb am 7. März 1901 an Kaiser Wilhelm II. (in: Briefwechsel, Bd. 2, S. 631): *»Von Beginn meines Predigtamtes habe ich grundsätzlich nie Politik getrieben, weder hohe noch niedere, sondern habe mich stets auf patriotische Kundgebungen beschränkt.«*
9 Briefwechsel, Bd. 1, S. 252
10 ebenda, S. 186ff
11 G. v. Bodelschwingh, S. 121
12 Mehr Luft, mehr Licht und eine ausreichend große eigene Scholle für den Arbeiterstand, in: Ausgewählte Schriften, Bd. I, S. 83ff
13 Brief an Wilhelm Graf von Wedel-Sandfort, in: Briefe, Bd. 1, S. 262ff
14 Friedrich von Bodelschwingh: Zu Schutz und Trutz gegen gute und böse Gerüchte, Bethel 1897
15 HAB Best Sig C III 3,4 Aufzeichnung des Bethelarztes Dr. Blümcke vom 18. Okt. 1935. Die Theorie, daß F. v. B. bewußt nach dem Vorbild von W. Griesinger die erste Psychiatrie an einem nichtuniversitären Krankenhaus errichtet hat (Bethel-Heft 22, 1980, S. 3), ist aus den Beständen des Hauptarchivs Bethel nicht zu belegen. Vielmehr muß aus den Aufzeichnungen von Dr. Blümcke vermutet werden, daß die Nachbarschaft von Akut-Krankenhaus und Psychiatrie in Bethel rein zufällig war.

16 Ausgewählte Schriften, Bd. II, S. 239ff
17 ebenda, S. 239
18 G. v. Bodelschwingh, S. 197
18a ebenda, S. 201
19 Christian Ahlmann: Von allerlei großen und kleinen Leuten – erlebte Geschichte, Bethel 1924, S. 29ff
20 M. Gerhardt/A. Adam, Bd. II, S. 447
21 Briefwechsel, Bd. 1, S. 270
22 ebenda, S. 267
23 Gustav Menzel: Die Bethel-Mission – aus 100 Jahren Missionsgeschichte, Neukirchen-Vluyn 1986, S. 44
24 Friedrich v. Bodelschwingh: Freiwillige vor, vervielf. Aufruf an die Mitglieder der evang. Jünglingsvereine, Advent 1890, Bethel bei Bielefeld
25 G. Menzel: Die Bethel-Mission, S. 51
26 Fritz v. Bodelschwingh: Aus einer hellen Kinderzeit, S. 116ff
27 Friedrich von Bodelschwingh: Schwert und Kelle, in: F. v. Bodelschwingh: Ausgewählte Schriften, Bd. II, S. 187ff
28 G. v. Bodelschwingh, S. 148ff
29 Der Name »Dankort« wurde erstmals im Jahre 1904 offiziell verwandt. Mit dieser Institution wird die Arbeit von Hannibal Volkmann fortgeführt. Der Ort, eine Verbindung von missionarischer und volksmissionarischer Arbeit, soll ein Ort zum Danken sein. Dort werden die Spenden verwaltet. Der erste Dankort-Leiter, Missionar Wilhelm Heienbrock, baute den Dankort auch zu einem Werbebüro für die Arbeit in Bethel aus, von dem Sendboten in die Gemeinden entsandt wurden.
30 »Brot für Steine«, in: Schriften, Bd. II, S. 614. Siehe auch Bethel-Anzeiger, 7. Jg., Nr. 43 vom 23. Okt. 1904: »Schutz dem Walde«
31 G. v. Bodelschwingh, S. 187
32 M. Gerhardt/A. Adam: Bd. II, S. 660
33 Als einzige berichtete Caroline von Zacha über sie (vgl. Anmerkung 33).
34 Caroline von Zacha: Einige Mitteilungen aus dem Leben, Leiden und Sterben der Pastorin von Bodelschwingh, Bethel. (Vermutl. Erscheinungsjahr 1895.) Nur für einen kleinen Kreis mit Zustimmung von F. v. B. gedruckt, HAB A 337
35 M. Gerhardt/A. Adam: Bd. II, S. 356
36 Briefwechsel, Bd. 2, S. 471
37 M. Gerhardt/A. Adam, Bd. II, S. 263
38 ebenda, S. 260

Zu: 5. Der Parlamentarier – die letzten Gründungen

1 Friedrich von Bodelschwingh: Ein Notschrei zugunsten einer Gesetzesvorlage zum Schutz der Wanderarmen (den Mitgliedern der gesetzgebenden Körper gewidmet), Gadderbaum 1894, HAB B VI, 10,3 Nr. 10
2 in: Vorwärts, Bielefeld, Nr. 297 vom 19. Dez. 1893 und Nr. 298 vom 20. Dez. 1893
3 Theodor Wangemann: Aus meinem Wandertagebuch, in: Arbeiter-Kolonie, 1893, HAB Sig 10 J / 1893, S. 253ff, 257ff und 321ff. Siehe auch das »Gelbe Buch des Kandidatenkonvikts Bethel« HAB Sign. 10 J / 1883
4 M. Gerhardt/A. Adam, Bd. II, S. 298ff
5 F. v. Bodelschwingh: Wer schenkt uns einen Morgen Hochmoor? (1898), in: Ausgewählte Schriften, Bd. II, S. 611ff

6 M. Gerhardt/A. Adam, Bd. II, S. 399ff
7 F. v. Bodelschwingh: Die freie theologische Fakultät, in: Schriften, Bd. II, S. 217ff
8 Briefwechsel, Bd. 2, S. 709ff, S. 717 ff u. 720ff
9 M. Gerhardt/A. Adam, Bd. II, S. 670
10 Als zweiter Brüderpfarrer war nach wie vor Carl Göbel im Amt.
10a Briefwechsel, Bd. 2, S. 637, 639
11 M. Gerhardt/A. Adam, Bd. II, S. 556
12 ebenda, S. 403
13 ebenda, S. 562
14 Ausgewählte Schriften, Bd. II, S. 552
15 F. v. Bodelschwingh: Wer hilft mit? Ein Wort zur Reorganisation der Berliner Asyle. Sonderdruck aus dem Berliner Lokalanzeiger, Berlin 1904, auch in: Schriften, Bd. II, S. 688
16 Jelle van der Kooi: Die Entstehung der Theologischen Schule, in: Gerhard Ruhbach (Hrsg.), Kirchliche Hochschule 1905-1980, Melle 1980, S. 42f
17 ebenda und Bethel-Anzeiger, 7. Jg., Nr. 41 vom 9. Okt. 1904 und Nr. 42 vom 16. Okt. 1904
18 Bethel, Sarepta und Nazareth waren eigenständige Stiftungen, die durch Bodelschwingh und seine Söhne miteinander verflochten waren. Fritz von Bodelschwingh gründete 1921 dann den Anstaltsbund, der jedoch nur eine moralische, keine rechtliche Bedeutung hatte. Erst 1985 wurde unter dem Druck der Finanzbehörden eine Satzungsänderung herbeigeführt, und es entstanden die v. Bodelschwinghschen Anstalten Bethel, die seitdem von einem Gesamtvorstand geleitet werden. Die Theologische Schule wurde 1980 vor dem 75. Jubiläum zur Kirchlichen Hochschule mit Promotions- und Habilitationsrecht, auf der volle Studiengänge absolviert werden können und die mit der Universität Bielefeld in der Lehrerausbildung kooperiert. Träger ist die Zionsgemeinde unter Beteiligung der Evangelischen Kirche von Westfalen.
19 F. v. Bodelschwingh: Die freie theologische Schule zu Bethel bei Bielefeld (1905), in: Schriften, Bd. II, S. 300ff
20 ebenda, S. 305
21 M. Gerhardt/A. Adam, S. 599
22 Franz Balduf: Der Mensch glaubt dem Wort. Erinnerungen eines Betheldiakons, Bethel 1951, S. 30ff
23 M. Gerhardt/A. Adam, Bd. II, S. 609
24 Walter Michaelis: Erkenntnis und Erfahrungen aus 50jährigem Dienst am Evangelium, Gießen 1949, S. 73
25 G. Menzel, Die Bethel-Mission, S. 189, sowie Nachrichten aus der ostafrikanischen Mission, S. 161ff und Walter Trittelvitz: An meine 8 000 Kinder, Bethel 1909, S. 93
26 F. v. Bodelschwingh: Einladung der Abgeordneten nach Hoffnungstal (1907) und Rede zum Entwurf eines Wanderarbeitsstättengesetzes, 10. Mai 1907, in: Ausgewählte Schriften, Bd. II, S. 579ff und S. 582ff
27 F. Balduf: Der Mensch glaubte dem Wort, S. 23
28 G. v. Bodelschwingh, S. 226
29 Ausgewählte Schriften, Bd. II, S. 351f
30 M. Gerhardt/A. Adam, Bd. II, S. 629 und F. Balduf, S. 22. Die Verfasser schildern das äußere Geschehen unterschiedlich. Naumann gehörte damals noch zu den Sozialdemokraten.
31 M. Gerhardt/A. Adam, Bd. II, S. 267

Zu: 6. Die letzten Jahre

1 Brief an den Großindustriellen Andrew Carnegie, in: Briefe, Bd. II, S. 747ff
2 M. Gerhard/A. Adam, Bd. II, S. 646
3 Brief an Missionar Johanssen vom 5. Febr. 1908, in: Briefwechsel, Bd. 2, S. 727
4 Brief an den Kriegsminister von Heeringen, in: Briefe, Bd. 2, S. 757ff
5 Friedrich von Bodelschwingh d.J.: Vater Bodelschwingh. Ein Blick in sein Leben. 19. Aufl., Bethel 1963, S. 59
6 M. Gerhard/A. Adam, Bd. II, S. 677
7 in: DER RING, April 1985, S. 8
8 HAB Slg A XII 2,1 Nr. 7. Die Antrittsrede von Fritz von Bodelschwingh beruhte auf dem Vermächtnis seines Vaters, in dem dieser mahnte: *»Nie soll das Geld Königin sein, sondern die Barmherzigkeit.«*

6. März 1831	Friedrich Christian Carl von Bodelschwingh wird auf Haus Mark in Tecklenburg (Westfalen) geboren, als sechstes Kind des Landrats Ernst von Bodelschwingh (1794-1854) und seiner Frau Charlotte, geb. von Diest (1793-1869). Ältere Geschwister: Ludwig (1823), Karl (1824), Frieda (1826), Franz (1827), Ernst (1829). Vater Ernst wird noch im gleichen Jahr als Oberregierungsrat nach Köln versetzt und zum Regierungspräsidenten in Trier ernannt
1833	Bruder Ernst stirbt an Skrofulose. Geburt der Schwester Sophie
1834	Ernst von Bodelschwingh wird Oberpräsident der Rheinprovinz in Koblenz. Geburt eines Bruders, der wieder auf den Namen Ernst getauft wird
1842	Ernst von Bodelschwingh wird von König Friedrich Wilhelm IV. als preußischer Finanzminister nach Berlin berufen
1843	Friedrich wird zum Spielgefährten und Jugendfreund des Kronprinzen Friedrich Wilhelm – des späteren Kaisers Friedrich III.
1844	Ernst von Bodelschwingh übernimmt das Kabinettsministerium und 1845 in Personalunion auch das Innenministerium
1845	Bruder Karl stirbt. Bruder Ludwig erliegt einer Duellverletzung
1848	Ernst von Bodelschwingh demissioniert als Minister
1849	Abitur in Dortmund. Friedrich hospitiert im Bergwerk. Landwirtschaftlicher Eleve auf der Staatsdomäne Kienitz im Oderbruch
1851	Militärzeit, schwere Erkrankung, Friedrich wird vorzeitig als »Halbinvalide« entlassen
1852	Verwalter auf Gut Gramenz in Pommern
1854	Tod des Vaters. Entschluß, Theologie zu studieren. Übersiedlung nach Basel – entscheidender Lehrer C.A. Auberlen, Kontakte zur Baseler Mission
1856	Studium in Erlangen. Kontakte mit Wilhelm Löhe in Neuendettelsau und Johann Christoph Blumhardt in Bad Boll. – Fortsetzung des Studiums in Berlin
1857	Besuch in Hamburg bei Johann Hinrich Wichern im »Rauhen Haus«

1858	4. April Abschlußexamen der Theologie in Münster. Pastor der Evangelischen Gemeinde Augsburger Konfession in Paris.
1859	Rede auf dem 10. Deutschen Evangelischen Kirchentag in Hamburg. – Kontakt mit Wichern
7. Dezember 1860	Umzug zum »Grünen Hügel« in La Villette, Paris. – Erweiterung des Hauses auf dem »Grünen Hügel«
10. Dezember 1860	Einweihung einer Schule und Kapelle im Pariser Vorort Batignolles
18. April 1861	Hochzeit mit seiner Cousine Ida v. Bodelschwingh (15. April 1835 bis 5. Dezember 1894), Tochter des preußischen Finanzministers Karl v. Bodelschwingh
1862	Der preußische Gesandte Otto v. Bismarck macht ihm das Angebot, Gesandtschafts-Geistlicher in Konstantinopel zu werden. Bodelschwingh lehnt ab
1863	Besuch des Diakonissenmutterhauses Kaiserswerth und Angebot, die Leitung der Düsseltaler Anstalten zu übernehmen. – 7. Februar Geburt des ersten Kindes und Erkrankung seiner Frau, die eine Rückkehr nach Deutschland erfordert
1. Mai 1864	Amtsantritt als Gemeindepfarrer in Dellwig an der Ruhr
1865	Erste Ausgabe des Wochenblattes »Westfälischer Hausfreund«
1866	Feldprediger bei der preußischen Mainarmee im Krieg gegen Österreich
1869	Zwischen 12. und 25. Januar sterben seine vier Kinder Friedrich, Elisabeth, Karl und Ernst während einer Epidemie in Dellwig
1870	Feldprediger beim VII. Armeecorps der Preußischen Armee
1871	Angebot aus Bielefeld, die Leitung der 1867 gegründeten »Anstalt für Epileptische« und des im Entstehen begriffenen Diakonissenhauses zu übernehmen
1872	Einführung in sein neues Amt in Bielefeld.
25. Februar	Grundlegender Beschluß, die Anstalt für Epilepsiekranke und das Diakonissenhaus räumlich zusammenzulegen
15. September	Grundsteinlegung des Diakonissenmutterhauses Sarepta in Bethel
1873	Schlüsselübergabe des ersten Neubaus »Haus Bethel« (noch vor Bodelschwinghs Zeit geplant)
1874	Beschluß, die Anstalt für Epilepsiekranke »Bethel« (Haus Gottes) zu nennen
1875	Fertigstellung des Diakonissenmutterhauses in Bethel
1877	Gründung der Diakonen-Brüderschaft »Zoar« (eine

	Winzigkeit), später in »Nazareth« umbenannt – In rascher Folge entstehen die Pflegehäuser Bethlehem, Karmel, Bethabara, Siloah. Zahlreiche Handwerksbetriebe werden gegründet
1880	Bau einer Wasserleitung. – Bodelschwingh beschäftigt sich mit der Konstruktion von Luftschiffen
Dezember 1881	Beginn des Bromkali-Versands zur ambulanten Versorgung von Anfallskranken
16. März 1882	Gründung der Arbeiterkolonie Wilhelmsdorf in der Senne und damit Beginn der organisierten Wanderarmenhilfe, aus der die Nichtseßhaften-Arbeit hervorgegangen ist
27. Juni 1883	Vortrag über die öffentliche Fürsorge für Epilepsiekranke auf dem Armenpfleger-Kongreß. – 16. Juli Grundsteinlegung der Zionskirche
28. November 1884	Einweihung der Zionskirche
1885	Streik in Bielefeld. 30. März Brandstiftung im Ackerhof »Hebron«, 2. April im Anbau Eben-Ezer (Freudenruf: »Bodelschwingh brennt«). – Sommer: Gründung des Arbeiter-Heimstättenvereins (erste Bausparkasse)
1886	Gründung der Evangelischen Missionsgesellschaft für Deutsch-Ostafrika in Berlin. – Bethel erhält eine Telefoneinrichtung
1888	Friedrich III. stirbt an Krebs. Bodelschwingh bemühte sich vergebens, ihm seelsorgerlich beizustehen
1890	Gründung der Seehospize auf Amrum. – Erste Entsendung von Betheldiakonen in die Mission. – 1. November Gründung des Betheler Kandidatenkonvikts
5. Dezember 1894	Tod seiner Frau Ida. Erster »Bote von Bethel« erscheint
18. Juni 1897	Das Kaiserpaar besucht Bethel
1898	Erste »Theologische Woche« in Bethel mit 220 Teilnehmern. – Gründung der Zweiganstalt Freistatt im Wietingsmoor
1899	Als Kurprediger in Badgastein. – Schwere Erkrankung Bodelschwinghs
1901	Gründung der »Kaiser-Wilhelm-Stiftung«, eines Sozialwerks für Kriegsinvalide in Badgastein
12. November 1903	Wahl als unabhängiger Abgeordneter in den Preußischen Landtag
16. Januar 1904	Beginn der 20. Legislaturperiode des preußischen Abgeordnetenhauses. – 5. Mai vielbeachtete Rede Bodelschwinghs im Abgeordnetenhaus. – Bodelschwinghs jüngster Sohn Friedrich (Pastor Fritz) wird zum Gehilfen seines Vaters bestellt

1. Oktober 1905	Bodelschwingh emeritiert von seinem Pfarramt. – Die Arbeiterkolonie Hoffnungstal nordöstlich von Berlin wird gegründet. – Am 15. Oktober Eröffnung der Theologischen Schule Bethel
1906	Die Missionsgesellschaft Berlin III (EMEDO) wird nach Bethel verlegt. Bau des Missionshauses in Bethel
1908	Bodelschwinghs letzte Gründung: Die Frauenkolonie Gottesschutz östlich von Berlin
19. April 1909	Bodelschwingh erleidet einen Schlaganfall
2. April 1910	Friedrich v. Bodelschwingh stirbt in Bethel. – Sein jüngster Sohn Fritz wird zu seinem Nachfolger bestellt. – 5. April Beisetzung auf dem Betheler Friedhof

LITERATUR- UND QUELLENVERZEICHNIS
(weitere Literatur in den Anmerkungen)

Beth-El Jg. I-VI

Bethel-Anzeiger 7. Jg. 41/42/43

Bielefelder Sonntagsblatt 1877, Nr. 5

Bethel, Beiträge aus der Arbeit der von Bodelschwinghschen Anstalten, 1981: Nr. 18 hrsg. von Alex Funke / Nr. 24 hrsg. von Johannes Busch

Friedrich von Bodelschwingh: Von dem Leben und Sterben vier seliger Kinder, 28. Auflage Bielefeld-Bethel 1959

Bote von Bethel Nr. 1, Bethel bei Bielefeld 1894

Günter Brakelmann: Evangelische Kirche und Arbeiterbewegung, in: Festschrift für Eugen Loderer zum 60. Geburtstag, hrsg. von Willy Brandt, Köln 1981

DER RING, Informationszeitschrift der von Bodelschwinghschen Anstalten, Bielefeld-Bethel 1985, Januar und April

Diakonie und Innere Mission, hrsg. von Theodor Schäfer, Hamburg 1880

Dokumente zur Geschichte der Kirchlichen Hochschule Bethel 1905-1980, hrsg. von Gerhard Ruhbach, Bielefeld-Bethel 1980

Michael Freund: Das Drama der 99 Tage, Köln/Berlin 1966

Emil Frommel: Nachtschmetterlinge, Berlin 1895

Alex Funke: Friedrich von Bodelschwingh, der Vater, Hamburg 1981

Manfred Hellmann: ... sonst sterben sie drüber! Perspektiven aus dem Leben des Friedrich von Bodelschwingh, Bielefeld-Bethel 1983

Theodor Heuss: Deutsche Gestalten, Tübingen 1947

Ernst Johanssen: Führung und Erfahrung, Bethel bei Bielefeld 1931

Ekkehart Lebouton: Die Lutherischen in der Gastein, 2. umgearbeitete Auflage, Wien 1969

Johannes Rau: Wir fragen nach Friedrich von Bodelschwingh - dem Sozialpolitiker, in: Bethel, Heft 24, 1981

Hermann Rother: Westfälische Geschichte, Band 2, Gütersloh 1951

Kurt Schlutius: Die Nordseebäder der Insel Amrum, Hamburg 1893

Martin Siebold: Kurze Geschichte und Beschreibung der Anstalten Bethel, Sarepta, Nazareth, Wilhelmsdorf und Arbeiterheim bei Bielefeld, Bielefeld-Gadderbaum, 3. Auflage 1898

Werner Siebold: Karl Siebold, ein großer Baumeister Niedersachsens, Düsseldorf 1940

Walter Trittelvitz: An meine 80 000 Kinder, Bethel 1909

Carl-Friedrich von Weizsäcker: Pastor Fritz und die Bodelschwingh-Tradition, in: Bethel, Heft 18, Bielefeld-Bethel 1977 HAB Sign. 10 J/1983 und Sign. 11J 1894

Westfälischer Hausfreund 1. Jg. 51; 2. Jg. 29/30; 3. Jg. 28/31-35/38-42; 4. Jg. 44

Wohnsitz: Nirgendwo vom Leben und vom Überlegen auf der Straße, Hrsg.: Künstlerhaus Bethanien, Berlin 1982

100 Jahre Zionskirche Bethel 1884-1984, hrsg. von Peter Fenner, Bielefeld-Bethel 1964

Benutzte Archive

Hauptarchiv Bethel (HAB)
Kaiserswerther Archiv
Archiv Nazareth
Archiv Sarepta
Archiv Stadtverwaltung Dortmund
Archiv der Vereinigten Evangelischen Mission Wuppertal (VEM)